1959 yılı [illegible] ası. 1992'de psikiyatri [illegible] Araştırma Hastanesi Psikiyatri Kliniği Şefi oldu. Halen Sağlık Bilimleri Üniversitesi Tıp Fakültesi Ankara Bilkent Şehir Hastanesi Psikiyatri Kliniği Eğitim ve İdari Sorumlusu. Türkiye Günlüğü dergisinin yayın kurulunda; birçok tıp ve beşerî bilimler alanındaki derginin danışma kurullarında bulunuyor. *Türk Grup Davranışı* kitabı ile Türkiye Yazarlar Birliği 2006 yılı "Yılın Fikir Adamı Ödülü"ne layık görülen Erol Göka'ya 2008 yılında da Türk Ocakları "Ziya Gökalp İlim ve Teşvik Ödülü" verilmiştir. Erol Göka 2020 yılında Türkiye Yazarlar Birliği'nden kültür, sanat hayatına uzun süreli katkılarından dolayı "Üstün Hizmet Ödülü" almıştır.

Yayınlanan kitapları içinde öne çıkanlar:

Psikiyatri ve Düşünce Dünyası Arasında Geçişler (1996; 2021).
Varoluşun Psikiyatrisi (1997; 2020).
İnsan Kısım Kısım: Toplulukların Anlaşılmasında Psikolojik Bilimler (2004; 2019).
Türklerin Psikolojisi. (2008; 2017)
Yedi Düvele Karşı: Türklerde Liderlik ve Fanatizm (2009; 2022).
Hoşçakal: Kayıp, Matem ve Hayatın Zorlukları (2009; 2018).
Türk'ün Göçebe Ruhu (2010; 2019).
Geçimsizler: Kişilikleri Tanıma ve Geçinmeyi Kolaylaştırma Kitabı. (Dr. Murat Beyazyüz ile birlikte, 2011; 2019).
"Gerçek" İnsanın Yüzünde Yazar mı: Batı, İslam ve Bilim Dünyasında Kişiliği Yüzden Tanımak. (Dr. Murat Beyazyüz ile birlikte, 2012; 2022).
Hayatın Anlamı Var mı? (2013; 2019).
Mutedil Müslümanların Günümüzdeki Düşmanları (2016).
İnternet ve Psikolojimiz: Teknomedyatik Dünyada İnsan (2017).
Yalnızlık ve Umut: Günümüzde Varoluşsal Çaresizlikler ve Çıkış (2020).
Kalpten: Varoluş Merkezimiz Kalp ve Temel Eylemi Merhamet (2020).
Psikoloji Varoluş Maneviyat (2021).
Hayat Oyunu (2023).
Aile ve Aşk Üzerine (2024).

Kapı Yayınları 1008
Psikoloji 50

UMUDA İMKÂN ARAMAK
Fikir Turu Yazıları
Erol Göka

1. Basım: Haziran 2025

ISBN: 978-625-6661-81-3
Sertifika No: 43949

Editör: Müge Uzbilek Akkuş
Kapak Tasarımı: Adnan Elmasoğlu
Sayfa Tasarımı: Nadiye Sarıbıyık

Kapı Yayınları
Ticarethane Sokak No: 15 Cağaloğlu/İstanbul
Tel: (212) 513 34 20-21 Faks: (212) 512 33 76
e-posta: bilgi@kapiyayinlari.com
www.kapiyayinlari.com

Baskı ve Cilt
Melisa Matbaacılık
Matbaa Sertifika No: 45099
Çiftehavuzlar Yolu Acar Sanayi Sitesi No: 8 Bayrampaşa/İstanbul
Tel: (212) 674 97 23 Faks: (212) 674 97 29

Genel Dağıtım
Alfa Basım Yayım Dağıtım San. ve Tic. Ltd. Şti.
Ticarethane Sokak No: 15 Cağaloğlu/İstanbul
Tel: (212) 511 53 03 Faks: (212) 519 33 00

Kapı Yayınları, Alfa Yayın Grubu'nun tescilli markasıdır.

UMUDA İMKÂN ARAMAK

~ Fikir Turu Yazıları ~

Erol Göka

kapı

İÇİNDEKİLER

ÖN SÖZ

Ben önceleri tuhaf, anlaşılması zor bir dünyada yaşadığımıza inanır; o nedenle daha anlamaya yönelik, hayli teorik yazılar yazmaya çalışırdım. Yaşlandıkça kendimi daha huzurlu ve huzurda hissetmeye ama bir yandan da tam tersine dünyamız ve insanlığın geleceği adına daha tedirgin olmaya başladım. Artık yaşadığımız dünyayı sadece tuhaf değil fakat aynı zamanda giderek insanlar, tabiat ve canlı türleri açısından daha tehlikeli olan bir yer olarak görüyordum.

Dünyanın niye bu hâle geldiğini ve niye endişemin katlanarak arttığını değerlendirebilmek için aynı zamanda yaşadığımız modern zamanların şifresi niteliğinde olan iki kavram önereceğim. Birincisi, "dünyanın büyüsünün bozulması"... "Dünyanın büyüsünün bozulması" ilk olarak 18. yüzyılın sonlarında Alman şair Friedrich Schiller tarafından akılcılığa; hakikati olgularda arayan bilimciliğe yönelmeyi, hayatın mitolojiden ve dinden arındırılarak tam anlamıyla gerçekliğe dönmesi ve dünyevileşmesi anlamında kullanıldı. Daha sonra Alman sosyolog Max Weber tarafından modern zihnin alametifarikası olarak tanımlandı. Modern akılcılaşma süreci sayesinde dünya artık gizemli, büyülü ya da ilahi bir karaktere sahip olmaktan çıkması bu kavramla anlatılmaya çalışıldı.

Kimileri bu süreci alkışlarla karşıladılar, kimileri de endişeyle ama 20. yüzyılın sonunda George Ritzer, *Büyüsü Bozulmuş Dünyayı Büyülemek* kitabını yazmak zorunda kaldı. "Bir varmış bir yokmuş; bir zamanlar, orman büyülü imiş, ağaç gövdelerinde ve ağaç kökleri arasında ruhlar ve cinler yaşarlarmış. Ancak şimdi orman, orman idaresi tarafından işletilmektedir" sözlerinde apaçık görüldüğü gibi modernleşme; insan yaşamının büyülü ve Tanrısal olmadığını, her şeyin hesaplanabilir ve öngörülebilir olduğunu göstermiştir. İnsanlar artık Tanrı'dan daha az korkmaya başlamışlar, modern bilimin ve özellikle tıbbın gelişmesiyle insanların yaşamlarına dair algıları köklü bir biçimde değişmiştir. Ancak akılcılaşma, aynı zamanda modern bürokrasiye ve kapitalizme de yol açmış, kâr elde etmek için her türlü aracı kullanmaya başlamıştır. Tüketim eksenli bir hayat çizgisi her şeyi maddileştirmiş, manevi ve ruhsal ihtiyaçlar öne çıkmış, insanlar kendilerini "evsiz ve yurtsuz" hissetmeye başlamıştır. Kapitalizm bunu da suiistimal etmekte, kendi çıkarına kullanmakta gecikmemiş, tüketime; "büyülü" ve "eğlenceli" bir kılıf bulunmuştur. Adeta "madem sizin büyüye ihtiyacınız var, alın size sihir ve büyü!" dercesine, dünya, yeni tüketim araçları/tüketim katedralleri vasıtasıyla yeniden büyülenmeye girişilmiştir.

Dünyanın büyüsünün bozulmasından bahsetmişken, çok ilginç bir kitaptan daha bahsetmeme müsaade edin. Türkçe baskısına Aziz Nesin'in de uzun bir ön söz yazdığı *Kapitalizmde Korku* kitabında Dieter Duhm, 1970'lerde onca bilimsel ve teknolojik gelişmeye rağmen nasıl olup da "Gece karanlığında mezarlıktan tek başına geçen insanın korkulacak ussal hiçbir neden yokken yine de korkmasını ve üstelik bu korkunun sosyalist ülkelerde bile geçmemesini" konu edinir. Ona göre, kaynağı bireysel olan bir korkudan korkudur bunun nedeni ve bireysel kaynaklı bu korkudan korkunun kökeni de yine toplumsal hayatta, kapitalizm şartlarındadır. Sonradan inzivaya çekilen ve New age manevi akımların etkisiyle kendini komün yaşamına adayan psikanalist Duhm, şüphesiz bu kitabını artık savunmuyordur ama kitap, bir zamanlar insanların modernlikten kendilerinin tüm korkuların geçirmesini beklemesini düşünecek kadar beklenti içinde olmalarını göstermesi açısından ilginçtir. Elbette, bu beklenti asla gerçekleşmediği gibi ruhsal hayat daha sıkıntılı bir hâl almış, başta kaygı ve endişe gibi psikolojik rahatsızlıklar insanlığın büyük derdi hâline gelmiştir.

Neyse, devam edeyim. Önereceğim ikinci şifre kavram, "katı olan her şeyin buharlaşması"... Marx ve Engels tarafından 1848 yılında kaleme alınan *Komünist Manifesto*'da geçiyor kavram ilk olarak. "Üretimin durmadan altüst edilmesi, bütün toplumsal koşulların aralıksız sarsılışı ve bitmek bilmeyen bir belirsizlik ve çalkantı, burjuva dönemini öteki bütün dönemlerden ayırt eder. Peşlerinde kadim ve hürmete şayan bir önyargılar ve kanaatler silsilesini sürükleyen tüm durgun, donuk ilişkiler silinip süpürülüyor; yeni ortaya çıkan her şey daha kemikleşemeden miadını dolduruyor. Katı olan her şey buharlaşıp havaya karışıyor, kutsal olan her şey dünyevileşiyor ve insanlar nihayet kendi gerçek yaşam koşulları ve diğer insanlarla ilişkileriyle yüzleşmeye zorlanıyor." Böyle diyorlar. Ne ki, "katı olan her şeyin buharlaşması" kavramıyla feodalizmden kapitalizme geçişi anlatmaya çalışan Marx ve Engels, bu olup biteni bir umutsuz gidişin tezahürü olarak görmezler, tam tersine devrimci bir sınıf olan burjuvazinin eski toplumun tüm artıklarını silip atacağı için pek memnundurlar. Tüm Aydınlanmacı düşünürler gibi Marx ve Engels de dünya ve birey ne kadar akılcı anlaşılırsa yani bilim ve teknoloji ne kadar gelişirse dünyayı yönetmenin de o kadar kolay olacağını savunmaktadırlar. Kapitalizmin kendisinin de birçok sorun getireceğini bilirler ve dikkatlerini o sorunlara ve nasıl çözüleceklerine çevirirler. Bilimin ve teknolojinin gelişmesiyle dünya denetimimiz altından daha da uzaklaşacağını, tüm gezegenin tehlike altına gireceğini hatta insanın insanlıktan çıkacağını akıllarının ucundan dahi geçirmezler. Onlar geçirmedi ama tilmizleri Marshall Berman, 1987'de *Katı Olan Her Şey Buharlaşıyor* adını verdiği kitabında tehlikeyi kısmen gördü, "Modernizm çocuklarını yiyor!" diye haykırdı, 2000'li yılların "sağlıklı" modernizmini kurmak için geçen yüzyılın modernistlerine dönmeyi salık verdi.

Evet; modernlikle birlikte "dünyanın büyüsü bozuldu", "katı olan her şey buharlaştı", geldik bugüne. Bugün, akademiklerin hiç de çekinmeden, "insan tarihsel bir kategoriydi aşıldı, "insan-sonrası" (posthuman) çağa geldik" diyebildikleri bir zamana düşmüş bulunuyoruz. Artık eski bakışlar, eski teoriler bir işe yaramıyor, "bindik bir alamete, gidiyoruz kıyamete" misali yuvarlanıyoruz. Kimse artık modernliğin insan-merkezli olduğundan dem vurmuyor; biyoteknoloji, nöropsikofarmakoloji, implantlar, dijital teknoloji siborg, metaverse, yapay zekâ gibi insanların arkasında ne olduğunu tam bilmeden kullanıverdiği kavramlar gırla gidiyor.

Yanınızda sadece cep telefonunuz varsa bile kırlara, dağlara, öbür ucuna dahi gitseniz dünyanın hep içinde, orta yerindesiniz. Eskiden nereye gitsek kendimizi de götürüyorduk şimdi koca dünya bizimle geliyor. O her şeyiyle, her zaman yanı başımızda artık. Yeter ki bağlanalım, yeter ki "online" olalım. Burası dünya, buradan çıkış yok!

Teknoloji ve medya tarafından belirlenmiş ve çerçevelenmiş olan bu dünyaya "teknomedyatik dünya" diyorum, yaşadıklarımızı en iyi bu kavram ifade ediyor. Bu dünya yeni bir deniz; eskisinden tamamen farklı olma özelliğiyle "yeni", her birimizi içindeki balık kılacak kadar kapsayıcı olması hasebiyle "deniz"... O yüzden "yeni denizin balıklarıyız" diye ilave ediyorum. Bu yeni denizi anlamadan psikolojilerimizi değerlendirebilmek mümkün değil. Derya içre balıklarız, deryadan bihaber...

"Teknik" her tarihsel dönemde vardı ama modern zamanlarda "teknoloji" dediğimiz önceden insanlık tarihinde hiç bilinmeyen bir şekle dönüştü. İletişimlerimizin cereyan ettiği bir ortam anlamında "medium" her zaman vardı ama "medya" denilen inanılmaz karmakarışıklık modernlikle birlikte ortaya çıktı. Önce yazı yaygınlaştı, sonra görsellik ve en nihayet dijitallik işin içine katıldı; geldik kablolarımızın damarlarımız kadar mühim olduğu siber zamanlara...

Teknoloji ve medya farklı oldukları kadar birbirlerine benziyorlar, biri olmadan diğeri mümkün değil birbirlerinin mütemmim cüzü onlar... Dikkatli baktığımızda ikisinin de ortak özelliği, hemen kendisini ele veriyor: Sunilik. Suni; yani varlığın sahici hâlinde var olmayan, insan tarafından yapılmış, yapıntı...

Suniliği anlatabilmek için hakikatle gerçek arasındaki ayrımın üzerinde durmak lazım. Sunilikte, şeylerin ve ilişkilerin yaratılıştan olmayan, sahici varoluşlarına sonradan eklenen yanları öne çıkıyor. Suni olan gerçek olmasına gerçek ama hakiki değil. Bir şeyin suni olması onun gerçek olmadığı anlamına gelmiyor ama orijinal, sahih hâlinden yani kendi hakikatinden farklı olduğu manasını taşıyor. Nasıl modern tarım teknolojisinin işleminden geçmiş bir meyve gerçek olmasına gerçek ama otantik hâlinden farklı bir şekil ve usareye sahip ise modern medyanın aracılık ettiği iletişim ortamları da (yani medya), elbette iletişim olma özelliklerini hâlâ muhafaza ediyorlar ama alışıldık, halis iletişimden hayli farklılar...

Teknomedyatik dünyada insan-insan ve insan-tabiat ilişkileri suni bir karakterde. Sanallık da sunilikle bağlantılı... Sunilik ve sanallık, otantik insan varoluşu üzerine en büyük değişimi, (isteyen zararı diye okuyabilir) kavramların aracılık ettiği düşünce ve gerçeklik bağını çok zayıflatarak yapıyor. Kavramlar, etkilerini giderek yitiriyor, imaj ve fantezik olan öne çıkıyor. Bir nevi "felsefesizleşme" bu... Bu yüzden artık 'iyi hayat' sorunuyla ilgilenmiyoruz. Kendimizi, kaderimizi mühendislerin eline bırakmış durumdayız. Ama galiba bunların kökeninde de suniliğin sahih olana baskın çıkması var. Yaşantımızdan çıkardığımız sezgisel, pratik bilgilerin değerini bilmiyoruz. Hikmet, irfan kelimelerin anlamlarının yanından bile geçmiyor zihnimiz. En bilime inananlarımız bile, her fırsatta falın, büyünün, new age inançların kuyusunda astral seyahat yapmaya bayılıyor. Önceleri kuş uçuşundan bahsediyorduk, sonra ses, daha sonra da ışık hızından bahsetmeye başladık... Hızı o kadar önemsiyoruz ki, teenninin ne demek olduğunu dahi unuttuk. Bütün bunlar olup biterken, hiç farkına varmadan hakikat tasavvurlarımız da değişti. İnternete de ilişkilere de mütemadi bir akışkanlık içinde bağlanıp duruyoruz. İlişki dilimizle internet dilimiz benzeşiyor. Bir ilişki ağında sörf yapmaya çalışıyoruz. Kolayca girilip çıkılıveren, ayrıca bakım, özen ve ciddiyet gerektirmeyen, şık ve kullanıcı dostu, 'delete' tuşuna basınca kurtulması mümkün ilişkiler arıyoruz.

Enformasyon teknolojilerinin; tıptan mimariye, şehircilikten arşivciliğe, üretim süreçlerinden satış ve pazarlamaya, silah sanayinden otomotive, kütüphanecilikten istihbarata nasıl dev değişikliklere yol açtığını biliyoruz. Onları bir kenara bırakıp sadece gündelik hayatımızda olanlara baksak bile, şaşkınlıktan küçük dilimizi yutacağımız bir panorama var ortada. Her geçen gün biraz daha dijital ortam olmadan elimizin kolumuzun bağlanacağı, akıllı telefonumuzun yeni bir uzvumuz hâline geldiği bir ağ oluşuyor. Birçok işi internet sayesinde kolayca hallediyor, hızın büyüsüne kapılıp "vay be!" diye hayranlık belirtiyoruz. İnternet; alışveriş, bankacılık, hastane randevusu ve yolculuk işlemleri gibi konularda giderek ilk seçenek hâline geliyor. Medya; gazete, dergi ve kitap okuma, televizyon izleme, sohbet etme, oyun oynama, eğlenme hatta ödev yapma, ders dinleme, sınav sonucu öğrenme, haberleşme alanlarında çoktan olmazsa olmaz durumda. Hayatın böylesine dijitalleşmesi, sanallığın her gün biraz daha fazla gerçeğin yerine ikame olması, dilimizi de "dil" olmaktan çıkarıyor. Ciltler dolusu kitaplardansa sosyal medya cıvıldaşmaları bize daha çekici geliyor. "Bir yere gitmek", "gezinmek", "yolculuk", "sörf yapmak"; "siteler", "sayfalar", "adres", "yerleşimler", "dünyalar", "odalar", "alanlar" dediğimizde artık yirmi yıl öncesinden bambaşka şeyler kast etmiş oluyoruz.

Bütün bu değişimlerin hayatımıza getirdiği kolaylıkları, faydaları reddetmek nankörlük olur. Kabul. Bütün bu olanların daha fazla hız ve daha çok haz, daha uzun ömür adına ne kadar çok şeyden vazgeçtiğimizi, kaybettiklerimizi de görmek zorundayız. Hatta bu gidişin insanlığın ve bildiğimiz dünyanın sonu olduğunu görmemek de safdillik değil midir? Bir süreden beri "insan hakları" ve "demokrasi" gibi kavramların, bu "hunhar yenidünya"da ne kadar kullanışsız olduklarını, bu dünyaya asıl şiddet ve fanatizm gibi kavramların uygun düştüğünü zaten fark ediyorduk. Özellikle Gazze'den sonra iyice idrak ettik ki egemenler, bu paranoid sosyopatlar, çıkarlarını korumak için her yolu deneyecekler; ne dünya savaşı çıkarmaktan ne nükleer silah kullanmaktan asla çekinmeyeceklerdir. İnsanlar, insanlık, dünyanın geleceği onların umurlarında bile değildir!...

Evet; "Artık yaşadığımız dünyayı sadece tuhaf değil fakat aynı zamanda giderek insanlar, tabiat ve canlı türleri açısından daha tehlikeli olan bir yer olarak görüyordum." Bu yüzden epeyden beri teorik sıkılıktan vazgeçtim; bu kaygımı, endişemi dile getirmeye, hepimizi yeniden hiç değilse "insanın mükerremliği" kavramı etrafında birleşmeye çağıran, olabildiğince okunur ve anlaşılır olmak isteyen yazılar, kitaplar yazıyorum. Kendimi tekrar ettiğim, eski söylediklerimden iktibaslar yaptığım çok oluyor ama olsun! Elinizdeki kitap da onlardan biri…

Her kitapta olduğu gibi bu kitapta da teşekkürü ve minnet hislerimi duyurmayı hak eden birçok insan var. Sevgili eşim ve çocuklarım, torunum, annem, kayınvalidem, kayınpederim, başta sevgili Soner olmak üzere akrabalarım, başta kitabı okuyup düzeltme zahmetine katlanan Dr. Şeyma Uygun olmak üzere klinikteki çalışma arkadaşlarım… Ve elbette hemen tamamı, www.fikirturu.com sitesindeki yazılarımın tekrar düzenlenmesinden oluşan bu kitaba izin veren internet sitesi yöneticileri; her zaman çalışmalarıma değer veren Ömer Erdem olmak üzere Kapı Yayınları size ne kadar teşekkür etsem azdır…

Nisan 2025, Ankara

I. BÖLÜM

SKANDALSIZ DÜNYANIN SKANDALI: GAZZE

"SKANDAL"I KALMAYAN DÜNYADA "ADALET" OLUR MU?

Adaleti Tınmayan Hukukçu: Hans Kelsen

Ünlü kamu hukukçusu Hans Kelsen, adaletin toplumsal bir düzende mümkün olan ama zorunlu olmayan bir nitelik olduğu, yalnızca ikinci dereceden insani bir erdem olarak ele alınması gerektiği kanaatindedir. Kelsen'e göre adalet, insanlığın bir türlü gerçekleşmeyecek hülyası olarak kalacak, asla mutlak olarak tanımlanamayacak, sadece tek tek insanların öznel bakımdan adilliğinden söz edilebilecektir.

Kelsen, Sigmund Freud ile çağdaş bir Viyana Yahudisiydi. Takipçisi olmasa da onunla fikir alışverişinde bulunuyor, tartışma halkasında yer alıyordu. 1973'te vefat edene kadar Kelsen'in İsrail sorunu ve Siyonizm tartışmalarında nerede yer aldığını bilmiyorum. Ama ölümünden sonra 1985'te yayınlanan *Adalet Yanılsaması* (The Illusion of Justice) kitabında toplumsal adaletin olmayacağı fikrinin zihinde iyice yerleştiğinden haberdarım. Onun "Adalet Nedir?" risalesinde adaletle ilgili bir fikir birliğinin asla sağlanamayacağına ilişkin kanıtlarından birisi de "en yüksek değer olarak bireyin yaşam hakkı ile ulusun çıkarları, savaşta öldürme hakkı ve ölüm cezası" arasındaki çelişkinin asla giderilemeyeceğidir.

"Belirli ahlaki kabullerden/inançlardan birine göre insanın yaşamı, her bir bireyin hayatı en yüksek değerdir. Bu görüşe göre bir insanın canına kıymak, birini öldürmek, savaşta, hatta ölüm cezasının infazında dahi kesinlikle yasaktır. Bilindiği üzere anti-militaristlerin ve ölüm cezasını ilke olarak reddedenlerin görüşü bu yöndedir. Bununla birlikte en yüksek değerin ulusun menfaati ve şerefi olduğu düşüncesi zıt bir ahlaki inanca yol açmaktadır. Bu nedenle her vatandaş, ulusun çıkarı ve onuru gerektiğinde, savaşta kendi hayatını feda etmek ve ulusun düşmanları olarak addedilen kişileri öldürmek zorundadır ve bu durumda ağır ceza suçlarına ölüm cezası vermek meşru görünmektedir. Birbirine zıt görüşlerin dayandığı iki değer yargısı arasında rasyonel-bilimsel bir karara varmak kesinlikle mümkün değildir." İşte böyle diyor Kelsen.

Onun toplumsal adalete neden inanmadığı (ki "öteki"nin filozofu olarak bilinen Yahudi düşünür Emanuel Levinas'ın benzeri bir çelişkisini bu açıdan ele almıştık. Bakınız: http://www.erolgoka.net/benim-levinasim/) bir başka yazının konusu... Şimdilik Kelsen'in bu dünyada adaletin asla tam olarak mümkün olamayacağı tezini zihnimize kaydetmemiz yeterli, zira bu yazıda Kelsen'in aksi bir fikir ileri süreceğim. Adaletin daima idealleştirmemiz ve gerçekleşmesi için her zaman mücadele etmemiz gereken bir erdem olduğunu söyleyecek ve bugün Gazze'de yapılan katliam örneğinden yola çıkarak neden gerçekleşmediğinin ve artık gerçekleşmesinin her geçen gün daha da zora girdiğinin pek çok nedenlerinden birisini ele alacağım.

Üzerinde duracağım bu neden, sosyopsikolojiktir ve insanlığın; hepimizi "Nasıl olur!" diye olumsuz yönde hayrete sevk eden ortak hissiyatı hızla yitirmeye başlaması, bir başka deyişle "skandal" kavramının giderek anlamsızlaşmasıdır. Modern zamanlarda hızla anlam kaybına uğrayan, olumsuzluklara karşı bizi asgari insani müştereklerde birleştiren "skandal" kavramına ve başına gelenlere bir bakalım.

Skandal Nedir?

"Skandal" sözü köken olarak Yunancadır. Önce Latinceye sonra diğer Avrupa dillerine geçmiştir. Türkçede 20. yüzyılda görülmeye başlanmıştır. İlk olarak Hüseyin Rahmi Gürpınar'ın *Mürebbiye*'de (1898) kullandığı tespit edilmiştir. "Utanacak bir hâlin ortaya çıkmasından doğan durum" manasına gelen skandal sözü, dilimize yerleşmeden önce (ve elbette şimdi de) "rezalet" ve "kepazelik" olarak karşılanıyordu.

Dikkatle bakıldığında toplumu toplum yapan, toplumsal ahlakın ve hukukun ortaya çıkmasına neden olan hususlardan birinin, "skandal" diye nitelenecek olaylar karşısında ortak tavır alma zorunluluğu olduğu görülür. O zorunluluk ki, hepimizi kötülükler karşısında birleştirir, insan haklarının zeminini oluşturur. Günümüz toplumunda "skandal" kavramının önce ikili bir işleve sahip olduğu, daha sonra da her şeyin olağanlaşmasıyla birlikte anlamını yitirmeye başlaması üzerine, ilk kez 1997'de Prenses Diana'nın tam olarak asla açıklığa kavuşturulamamış olan bir kazaya kurban gitmesi üzerine düşünmüş, şöyle yazmıştım:

"Ünlü birinin, çoğumuzun tanıdığı bir çiftin başına hiçbirimizin asla kendimiz için istemediğimiz bir durum geldi ya, artık kendi hayatlarımızın üstüne kapanabilir, bu skandalla bağlantı mesafemizin uzaklığına göre şiddeti ayarlanmış bir biçimde şükredebiliriz. Her gün benzeri tablolar yaşayıp da kazara olayda yer almayanlarımız, bu skandalda adımız geçmediği için, böyle olayların semtine bile uğrama ihtimali olmayan bir hayat sürenlerimiz, hayatlarımızı eleştirme zahmetinden kurtulup meşruluğunu görme saadetine eriştiğimiz için şükreder dururuz. Şükretmekle kalmaz, bu skandala rağmen hayatın devam ettiğinden emin olduktan hemen sonra skandalla ilgili bilgileri, görüntüleri oburca yağmalamaya girişiriz. Neler olduğuyla ilgili hayretlerimize, aslında neler olması gerektiğiyle ilgili ahlaki çıkarımlarımız, bu olayın ardından kimlerin hayatının cehenneme döneceğiyle ilgili sezgilerimiz ilave olur. Ahlar, vahlar, serzenişler, yazıklanmalar ve mutlaka 'su testisi su yolunda...' benzeri atasözlerinin eşliğinde yapılan derin(!) fikir kortejleri... 'Medya ürünü' denecek kadar medyatik, yani ünlü, yani hepimizin şöyle ya da böyle hakkında bir fikir sahibi olduğu, evli ve henüz küçük bir bebeği olan genç bir hanım, eğlenmek için tek başına 'dışarı' çıktığında ve her nasılsa dışarıda bekâr bir genç adamla 'duygusal bir yakınlaşma' yaşayıp yine her nasılsa sabaha karşı onun evine gittiğinde ve orada ruhu bedeninden ayrıldığında, öldüğünde bunlar oldu.

Tuhaf bir dünyada yaşıyoruz, sürekli skandal üreten bu dünyadaki hayatlarımızı yine skandallar kurtarıyor. Skandallar sayesinde dünyadaki yaşantılar, dahası kendi hayatlarımız üzerine düşünmekten beraat ediyoruz. Skandallar her türlü hayatı temize çıkarıyor, bize bizi meşrulaştırıyor, bırakın hayatlarımız üzerine düşünmeyi; ölüm ve fanilik üzerine var olan bilgi haznemizi bile daraltıyoruz. Bilincimizi yaşanan dünyadan ve kendimizden uzak tutmayı bir kez daha başarabiliyoruz. Bir kez daha bilincimizi bilinç olmaktan çıkarma muzafferiyeti gösterebiliyoruz."

"Skandal" sözü o zamanlar hâlâ kullanılıyordu sözünü ettiğim bu ikili işlevi nedeniyle ama bir yandan da teknolojinin ve medyatikliğin insanın kendisinden daha belirleyici olduğu "teknomedyatik dünya"da giderek anlamsızlaşıyordu, zira artık hiçbir şey hepimizi insanlık durumu adına, insanlığın geleceği adına endişelendirmiyor, olağanlaşıyordu. Hannah Arendt'in yıllar önceki "kötülüğün sıradanlaşması"na ilişkin tespitlerinde gördüğü tablo (Bakınız: https://www.erolgoka.net/kotulugun-siradanligi/), adeta her şey gibi küreselleşiyordu. Bu olağanlaşmayı aşabilmek için artık tepki göstermek yetmiyor, tepkilerin de medyatik ve yaratıcı olması gerekiyordu. Mesela kürklü hayvanlara karşı yapılan mezalimi protesto etmek için kadınlı erkekli yüzlerce çırılçıplak insan, içli dışlı vaziyette bir araya gelip bir fotoğraf pozu verseler bile dikkatimizi bir süreliğine ancak celp edebilirdi. Üstelik o pozu verdikleriyle kalırlar, anneleri babaları dahi o fotoğraftaki çıplak çocuğunu tanıyamaz, zaten tanısa da bir şey olmazdı.

Şöhretin Kadar Konuş!

Uzun lafı kısası günümüz dünyasında sıradan insanlar, skandal oluşturma çaplarındaki yapısal darlık nedeniyle sıradandırlar. Hepimizin tanıdığı ünlüler, medyatik şahsiyetler tam da burada kendilerini bizim için feda ederler. Bu tuhaf dünyanın devam edebilmesi için yine "skandal" lazımdır ama "skandal"ı artık sadece şöhretler çıkarabilir ya da şöhretin kadar skandal çıkarabilirsin... Bu yüzden medya, habire "ünlü" yaratmaya girişir. Kendini, kitleler zavallı hayatlarını meşrulaştırabilsinler diye feda etmek isteyen kadınlı erkekli fedai ruhlar da öylesine çoktur ki, cenge gider gibi atarlar kendilerini kameraların önüne...

Ünlülerin her hareketlerinden skandal çıkabilir ama en çok da ölümlerinden. Biz modernler ölümle öylesine savaş hâlindeyizdir ki, bu savaşta yenik düşen ilahlarımız ve ilahelerimiz için debdebeli cenaze törenleri düzenler, ağıtlar yakarız. Yakınlarımızın, akrabalarımızın, komşularımızın ölümü için duyduğumuz kederden çok daha fazlasını; hiç tanımadığımız, bize hiçbir hayrı olmayan ünlülerin, mesela Lady Diana'nın ya da Kraliçe Elizabeth'in, mesela Michael Jackson'un ölümünde duyarız. Zenginler, ünlüler, güzeller, daha dün dans ederken izlediğimiz, çok sevdiğimiz(!) insanlar, nasıl olur da ölüyorlar, inanamayız! Oyun gibi gelir onların sayesinde ölüm bize. Ünlülerin, özellikle genç ünlülerin ölümleri, kendi ölümümüzle yüzleşmemizin önüne geçen bu özelliği yüzünden başlı başına skandaldır. Bir de genç ünlü ölümü, trajik yükü arttıran bir olay örgüsünün peşinden gelmişse... Ölümü oyunlaştırma keyfinin yanı sıra dedikodu için ne çok konu yığar ziyafet masasına. Dedikoduya daldıkça kurtuluruz gerçek ateşinin yakıcılığından...

Sıradan insanların her gün benzeri birçok olay yaşadığını ama skandallaşmadığı için bu olayların gündelik hayatın dağdağasında kaybolup gittiğini, olsa olsa üçüncü sayfa haberleri içinde yer alabildiğini görmezden geliriz. İnsanlık için dertlenen düşünürlerin, milyonlarca sıradan insanın bu türden dertlerini çözmeye çalışan ruhiyatçıların felakete doğru gittiğimizle ilgili haykırışlarına kulaklarımız sağırlaşır.

Bu gösteri toplumunda ünlüler kervanına katılma şansı elde edememişsek mutlaka bir yolunu bulup kendimizi göstermek, benliğimizi bir biçimde ifşa etmek, ifşa edilen öteki benlikleri seyre dalmak, artık sadece "bir an" süren şaşırtıcı etkiyle karşılaştığımızda onları başkalarına nakletmektir temel yaşama amacımız. Bunlara dahi gücümüz kalmamış, yorgun düştüğümüz zamanlarda bir sosyal medya fenomenine; sürüsüne bereket elimizdeki ekranları dolduran, neyi nasıl düşünmemiz gerektiğini söyleyen çağdaş sofistlerin kanallarına bağlanırız olur biter...

Devrimci Durum

Bizi birleştirecek, insanlık adına, insanlığın geleceği adına kaygılandıracak skandallar olmadığında insaniyetimizin felç olduğunu, tepkilerimizin dumura uğradığını, Gazze'de yaşanan insanlık-dışı katliamlar nedeniyle bir süredir açık biçimde yaşıyor, kemik iliklerimize kadar çaresizliğimizi hissediyoruz. Biz insani tepkiler veremediğimizde katliamları göze almış olanların; "insan hakları", "evrensel hukuk", "temel hak ve özgürlükler" gibi kavramları nasıl ayaklar altına alarak insanlık suçlarını meşrulaştırabileceklerini ve üstelik kendilerine taraftar da bulabileceklerini, yani bu dünyada skandalın kalmadığını şaşırarak görüyoruz.

Ama durun! Gazze katliamıyla birlikte bambaşka, yepyeni bir durum daha ortaya çıktı. Bazı öncü bilinçler, vicdanlı kalpler böyle devam edemeyeceğimizi; Gazze katliamının hepimizi birleştirecek bir skandal, bir rezalet, insanlığın yerlerde süründüğü bir perişanlık olduğunu derinden idrak etti ve bizi uyandırmaya çalıştılar. Onlar sayesinde şaşkınlığımız uzun sürmedi; "teknomedyatik dünya"nın bizi uzunca bir süredir içine gark ettiği "her şeyin olağanlaşması", "kötülüğün sıradanlığının küreselleşmesi" süreci dahi bizi uykuda tutmaya yetmedi. Gazze'de yaşanan katliamları "skandal", "utanacak bir hâlin ortaya çıkmasından doğan durum, büyük rezalet, kepazelik" diyenlerimiz birer birer ortaya çıkmaya, ileri atılmaya başladı. Sevinçle görüyoruz ki, insanların büyük çoğunluğu; kahir ekseriyeti artık kalbin, merhametin, vicdanın, bizi insan yapan ortak ahlaki zeminin yanında saf tutmuş, kötüye, kötülüğe karşı adalet idealinde birleşmek istiyor.

Başta Birleşmiş Milletler, uluslararası kurum ve kuruluşlarsa ne derin uykularından uyanabildiler ne de felçli hâllerinin düzeleceğine dair bir emare gösterebildiler. Dünya halkları ile uluslararası kurum ve kuruluşların tepki(siz)lerinin böylesine tezat teşkil etmesi, bariz bir kriz hâline işret ediyor.

Bilindiği gibi Marksist literatürde "Yönetenlerin eskisi gibi yönetemediği, yönetilenlerin eskisi gibi yönetilmek istemediği koşullar", "devrimci durum" diye nitelenir.

Kim ne derse desin Gazze'de yaşanan katliamlar, uluslararası kurum ve kuruluşların çözüm bulamayan lakayt tavrı ile kalbi, vicdanı olan büyük insanlığın bundan dehşetengiz rahatsızlığı göz önüne alındığında dünya çapında bir devrimci durumla karşı karşıya bulunduğumuzu, büyük bir değişimin arifesinde olduğumuzu söylemek kehanet olmayacaktır. Belki Kelsen'in dediği gibi adalet tam gerçekleşmeyen bir insanlık hülyasıdır ama adalet talebi ve arayışı hiç bitmeyecektir!... Nasıl hep hakikati, iyiliği, güzelliği arıyorsak adaleti de arayacak ve hâkim kılmaya çalışacağız zira insanız. İnsan!...

MUTLAK ANLAMDA İYİ OLAN TEK ERDEM: ADALET

Herkes adaletten bahsediyor ama onu tam olarak bilmenin ve "adaletli" olanı tanımlanın güçlüğünü de kabul etmek gerekir. Gazze'de katliamlar başladığında yazdığımız bir önceki yazıda; Yahudi kökenli ünlü kamu hukukçusu Hans Kelsen'in, sanki yüzyıl önceden Gazze soykırımını meşrulaştırmak istercesine, adaletin toplumsal bir düzende zorunlu olmayan bir nitelik olduğu, yalnızca ikinci dereceden insani bir erdem olarak ele alınması gerektiği şeklindeki kanaatinden bahsetmiştik. Kelsen'e göre adalet, insanlığın bir türlü gerçekleşmeyecek hülyası olarak kalacak, asla mutlak olarak tanımlanamayacaktı. Onun ileri sürdüğü kanıtlardan birisi de "en yüksek değer olarak bireyin yaşam hakkı ile ulusun çıkarları, savaşta öldürme hakkı ve ölüm cezası" arasındaki çelişkinin asla giderilemeyeceğiydi.

Biz ise Kelsen'in insanı ideallerinden uzaklaştıran ve zulmü bir şekilde meşrulaştıran bu bakışına, şiddetle karşıyız. "Eğer adalet yoksa, insanlığın yeryüzünde yaşıyor olmasının bir değeri kalmaz!" diyen Kant'la aynı fikirdeyiz. O nedenle söz konusu yazımızı "Belki Kelsen'in dediği gibi adalet tam gerçekleşmeyen bir insanlık hülyasıdır, ama adalet talebi ve arayışı hiç bitmeyecektir!.. Nasıl hep hakikati, iyiliği, güzelliği arıyorsak, adaleti de arayacak ve hâkim kılmaya çalışacağız zira insanız. İnsan!.." diyerek bitirmiştik. Oradan devam etmek istiyoruz.

Bugün liberal demokratik sistemlerde "adalet" dediğimizde öncelikle hukuka uygunluğu kast ediyoruz. "Adil insan" olmak, kendini yasaların ve başkalarının meşru haklarının üstüne koymayı reddedebilecek bir olgunluk düzeyi gerektiriyor. Adalet, ayrıca hep eşitlikle birlikte anılıyor. "Eşitlik"-ten farklılıkların aynılaştırılması, vakıanın özgünlüğünün ortadan kaldırılması değil hukuk karşısında ve haklarda eşit olmak anlaşılıyor.

Adalet kavramı, hukukla sınırlı değil; siyasetin de felsefesinde ve pratiğinde olmazsa olmaz nitelikte bir yer tutuyor. Siyasette "adalet", "adil yönetim", "adil yönetici" kavramları başlı başına bir tartışma konusu.

Adalet, toplum hayatı için de çok önemli. Hak, hukuk ve adalet mefhumları olmadan insan ilişkisi ve toplum hayatı söz konusu olamaz. Öyle ki, adaletin her toplulukta şu veya bu ölçüde bulunduğunu, aksi takdirde kolektif hiçbir işlevin yerine getirilemeyeceğini söylüyor bazı düşünürler. Haksız değiller. Her değer adaleti gerektirir, her toplum onu talep eder. Adalet olmadan meşruiyet de gayri-meşruiyet de olmaz. Kaldı ki, adaletin olmadığı yerde hemen zulüm baş gösterir. İla nihai zulümle payidar olmak ise insan şerefine, haysiyetine aykırı olup mümkün değildir.

Psikolojimizdeki Adalet Hissi

Adalet kavramının ahlaki ve psikolojik boyutları üzerinde durmadan, bir erdem olarak adaletin psikolojimizdeki yerini aydınlatmadan, adaleti ve onun zirvesi demek olan "hakkaniyet"i anlayamayız; Aristoteles'in "hakkaniyet, yasaya göre doğru olan değil, yasal adaletin düzenleyicisidir" sözünün künhüne varamayız. "Haklı olan güçlü kılınamadığında güçlü olan haklı kılınır"; "çıkarı adalete boyun eğdirmek gerekir yoksa adaleti çıkara değil" sözleri bizim için bir anlam taşımaz. İşin özünü anlamadığımızda, adaleti yasallıkla ve yasalar karşısında eşitlikle sınırladığımızda, yasaların adil olmaması hâlinde; ne olacağını, ne yapılacağını, psikolojimizin nasıl tepki vereceğini konuşmamız mümkün olmaz. Tüm bunlar için, ahlak ile psikoloji arasındaki yüksek gerilim hattında kafa yormamız gerekiyor. Mutlaka adaleti yalnızca hukuki ve toplumsal bir gereklilik olarak değil fakat aynı zamanda psikolojimizde yerleşmiş bir erdem olarak ele almamız gerekiyor.

Bir hüküm, bir davranış, siyaseten doğru olabilir, hukuken meşru bulunabilir ama pekâlâ ahlaken uygun olmayabilir; içimizdeki adalet terazisinin tartısından geçer not almayabilir. Siyasi olanın gerçekten doğru, hukuki olanın sahiden meşru olabilmesi için ahlakın da uygunluk onayına ihtiyaç var. Siyaseti ve hukuku, kitabına uydurmak kabilinden anlamak, sadece bir tekniğe indirgemek istemiyorsak kalplerin de mutmain olacağı bir şekilde kavramaya mecburuz. "İçimizdeki adalet terazisi" ve "kalplerin mutmain olması" gibi ifadeler, modern insana pek yabancı... Ya bu kavramlardan hiç bahsetmeyeceğiz ya da modernliğe bir eleştiri yönelteceğiz. Benim tercihim elbette ikincisi...

Modernliğin insanlığa katkıları kadar alıp götürdükleri de var. Modernliğin insanlıktan uzaklaştırdıklarını anlatabilmek için son zamanlarda "haz ve hız" formülü gündeme getiriliyor. Bence de bu iki kavram, modernlik eleştirisinde çok önemli. Adalet söz konusu olduğunda elbette hızdan bahsetmeyeceğiz çünkü "gecikmiş adalet, adalet değildir" mottosu tartışılmayacak kadar doğru. İlk bakışta ilgisiz gibi görünüyor ama adalet bahsinde "haz"dan yola çıkan eleştiri hem mümkün hem çok mühim. Zira modern zamanlarda saadet, mutluluk, bahtiyar ve mesut insan, anlık keyif ve zevk çerçevesinde ele alınıyor. Şimdi'ye, an'ı yaşamaya her şeyden daha çok önem verilince bir felaket silsilesi de başlamış oluyor. Geleneksel dünyanın insanına ve düşünürüne bu saçmalığı asla izah edemezsiniz. Geleneksel dünyada hazza dayalı bir mutluluk anlayışı çok garip karşılanıyor, insana uygun olmadığı kabul ediliyordu. İnsana uyan, idealleştirilen ve uğruna mücadele edilen şey, anlık zevkle değil ancak erdemle bağlantılı olabilirdi.

Ahlaki Davranışın Amacı

Eski Yunan'da "ahlaki davranışın nihai amacı nedir?" sorusuna, genellikle "bizatihi ve en yüksek iyi olan mutluluktur" diye cevap veriliyor. Bizatihi ve en yüksek iyi olan mutluluğun ise şimdilerde pek çoklarının karıştırdığı gibi "haz" ve "keyif" ile bir alakası yok. Mutluluk, erdemlerle alakalı olarak ele alınıyor. Mesela Platon'a göre insanda; "akıl, öfke ve şehvet" olmak üzere üç meleke ve her bir melekeye karşılık gelen bir erdem var. Aklın erdemi bilgi, öfkenin erdemi yiğitlik, şehvetin erdemi ise iffet... Bu üç erdemin mutabakatı ve insicamından meydana gelen bir diğer temel erdem ise adalet. "Adalet, diğer erdemler gibi bir erdem değil. Hepsinin ufku adalet ve onların birlikte var olmalarının yasası..." Platon mutluluğun adalete, doğruluğa uygun davranmakla ortaya çıkacağını, mutsuzluğun ölçüsüzlük ve adaletsizlikten kaynaklandığını düşünüyor. Hazlardan, mal mülk, şöhret ve güç sahipliğinden mutluluğun sadır olması imkânsız... Kısacası "adalet, mutluluğun yerini tutmaz ama adaletten muaf mutluluk da olmaz."

Eski Yunan filozoflarının, kutsal metinlerin erdeme dayalı mutluluk anlayışını Müslüman düşünürler de (Farabi, İbn-i Miskeveyh, İbn-i Sina, İbn-i Hazm, Ragıp el-İsfehani, İmam Gazali) sürdürdü. Müslüman düşünürler gerek kendilerinden önceki gerek aynı çizgiyi devam ettiren sonraki Batılılardan farklı bir şekilde, gerçek mutluluğun dünyevi değil uhrevi olduğuna, en büyük mutluluğun (seadetü'lgusva) ahretteki güzel hayatta bulunduğuna da inandılar.

Genel bağlamı böyle çizdikten sonra, şimdi gelin, tekrar adalet mevzuuna odaklanalım. Demek ki adalet hem temel hem de tek başına tanımlanması çok zor ancak diğer erdemlerin harmonisiyle birlikte ve onların yanı sıra ortaya çıkan bir erdem... Bu dört temel erdemi, insan vicdanının ana koreografları olarak belirlersek, vicdan sayesinde beşer olmaktan insanlığa yükseldiğimizi de hesaba katarsak, öyle veya böyle adalet hissinin varoluşumuzda demirlemiş olduğu sonucuna ulaşabiliriz. Adalet hissi sadece varoluşumuzda demirlemiş olmakla kalmıyor, fakat aynı zamanda tüm davranışlarımıza da ayar veriyor.

Erdemler, ahlak felsefesinin içinde mütalaa edilir ama takdir edersiniz ki, onları hayata geçirecek olan bizatihi insandır. Erdemli bir insandan bahsettiğimizde artık kişiliğin ve psikolojin engebeli arazisinde geziniyoruzdur ve düşmemek için her türlü tedbiri alsak yeridir. Hükmümüz ve eylemimiz, ekonomik olarak çıkarımıza, siyaseten oy toplayıcı, hukuken meşru olsa bile ahlaken uygun değilse ya da katı bir ahlakçılık diğer alanlarla bütünlüğümüzü koparıyorsa, hemen içimizdeki adalet hissi devreye giriverir. Ki erdemler, iç dünyamızda tam da adalet hissinin üzerinde ikamet ederler. Adaletin timsali olan terazi, esasen iç dünyamızdadır. Kantarın topuzu kaçtığında, mizan bozulduğunda yani adil olunmadığında, içimizdeki adalet terazisinin sismografı kayda geçer. Vicdanımız sızlamaya başlar. Adil olmayan yargılamalardan sonra, hepsi bundan ibaret olmamalı dedirten, "ilahi adalet"in varlığından bizi emin kılan işte vicdanımızın bu kayıtları ve sızısıdır.

Bu söylediklerimiz, "Adalet nedir? Bir şeyi lâyık olduğu yere koymak. Zulüm nedir? Lâyık olmadığı yere koymak..." diyen Mevlâna'nın sözüne bir parça açıklık getirebilir. "Adilleri adil yapan adalet değildir, adaleti adiller yapar; adalet onu savunacak adil kişiler var olduğu sürece değerlidir" ifadeleri artık bizim için daha anlaşılır ve gerçekçi hâle gelir.

Adaletin en nihayetinde erdemli insan işi olduğunu kavrarız. Ve tabii gerçek adalet için biricik vazifemizin erdemli insanlar yetiştirmek olduğunu da...

İfratı Olmayan Erdem: Adalet

Adaletin mutlaka üzerinde durmamız gereken bir özelliği daha var. Diğer erdemlerin ifrat hâli onları erdem olmaktan çıkarıyor, dert durumuna dönüştürüyor. Mesela cömertlik iyi ama fazlası zarar ve israf... Minnet iyi ama aşırı bağlılık ve kendinden vazgeçme hâlini almadığı sürece. Çalışkanlık iyi ama rızık, kendine, ailesine ve topluma karşı sorumluluk mücadelesi olmaktan çıkıp iflah olmaz bir işkolik kılığına bürünmemişse... Yine aynı şekilde merhameti de doğru anlamak gerekiyor. Bize göre merhamet tüm diğer erdemler gibi adalet için de temel teşkil ediyor, kökeninde yer alıyor. Merhametli olmadan, haksızlığa uğrayan, zayıf ve mağdur olanın yanında yer almadan adil olmak mümkün değil. Ama uygun biçimde anlaşılmamış, her hâlükardâ aşırı yumuşak olmak sanılmış olan hatalı bir merhamet anlayışı, suçu ve suçluyu aklamak hâline dönüşebilir. Oysa adalet farklı...

Adalet, tüm diğer erdemleri de içerir, o nedenle fazlası da eksiği de olmaz; "mutlak anlamda iyi olan tek erdem" (Andre Comte-Sponville). O, "erdemlerin en kusursuzudur; ne akşam yıldızı ne de sabah yıldızı böylesine harika bir şeydir" (Aristoteles). O yüzden hep "adalet" dememiz, mütemadiyen adalet için mücadele etmemiz gerekiyor. Adaleti insanlığın asla vazgeçmemesi gereken bir ideal olarak yüceltmemiz, adalet için mücadelenin sonu yoktur dememiz, mütemadiyen adalete susamış gibi onu aramamız şarttır.

Bitirirken şunu da söyleyelim. Akademide "adalet"in daha ziyade Batı'da olduğu, ülkemizde ve Doğu toplumlarında ise sadece çok kullanılan boş bir "yüceltme" olduğuna dair bir görüş var. Batı ve Doğu'da hukukun işleyişini, toplumdaki adaletsizlikleri Batı lehine ele alan, Doğu'yu yerden yere vuran ciddi bir külliyat bulunuyor. Çoğunlukla da haklılar. Ama meseleyi şimdiye kadar konuştuğumuz çerçevede, "ideal" olan bağlamında kavramaya çalıştığımızda bizim de söyleyeceklerimiz olmalı. Özellikle Gazze katliamlarını meşru gören Batılı siyasilere karşı mutlaka söz almalıyız. Kanaatimce bu konudaki sözlerin en kısa ve en güzellerinden birini, dostum Rahmetli Aydın Menderes söyledi:

"İnsan hakları, hürriyetler, hukuk devleti, demokrasi gibi kavramları tek bir kelime ile ifade etmek istersek bu adalet olur... Batı'nın adaleti ile İslam'ın etkisi altındaki Doğu'nun adaleti birbirinden çok farklıdır... Adalet, Şarkta a priori, Batı'da ise a posteriori bir kavramdır. Şarkta adalet; hayatın anlamı, bu ve öbür dünyanın anahtarı, huzurun tek bayrağıdır. Bunun içindir ki adalet, uygulansa da uygulanmasa da zihinlerde ve vicdanlarda her zaman var olmuştur.

Batı'da ise durum, tam tersinedir... Roma, adaleti değil düzeni esas alır ve acımasızdır. Bütün feodal otoriteler de kilisenin kendisi de öyledir. Sanayileşmeye geçişte, Batı'nın emperyalizmi de acımasızdır. Herkesin adaleti bir kenara bırakıp, birbirini ezip, hakkını yediği bir düzenin devamı toplumsal kesitler arasında bir güç dengesizliğinin devamına bağlıdır... Batı'da insan hakları, demokrasi, hukuk gibi (hepsi adaletle ilintili) kavramlar, çifte standartlı bir uygulamaya konu olurlar. Adalet, batılıların kendi aralarında gereklidir. Başka toplumlara ve insanlara tam tersini yaparlar. Hâlbuki İslam, adaleti bütün insanlar için emretmektedir. Adalet hem talep etmek hem de uygulamak açısından fıtri bir olaydır. İslam'da fıtratın dinidir. Kendisinin bir yaratıcısı olduğuna inanmayan, bütün insanların bu yaratıcı önünde eşit olduğunu göremeyen insan, adaletten çok zulme meyyal olur... Gücün temerküzü şirke yol açar. İslam bunu istememektedir."

GAZZE VE DÜNYANIN GELECEĞİ

İtiraf etmeliyim, Batı toplumlarındaki her türlü karşı-propaganda ve yasağa rağmen, Filistin yanlısı insani tutumu hiç beklemiyordum. İmrenerek hayranlıkla takip ediyorum. Kim ne derse desin, şu anda dünyanın en zor ama mutlaka çözülmesi gereken psikolojik problemi; Gazze soykırımına karşı Batı'da adeta "Güneş batıdan doğuyor" dedirtecek kadar güçlü bir tepki verilirken Doğu ve Müslüman toplumlarının solcusuyla sağcısıyla felç olmaları, tepkilerini ortaya koyamamalarıdır. Biz de dâhil olmak üzere Müslüman toplumların görünüşteki tepkisizliği hakkında birçok görüş öne sürülebilir. Mesela devlet ve lider algısının farklılığından, sivil toplumun zayıflığından ve sözleşme kültürünün olmayışından yola çıkılarak birçok tez dile getirebilir. Ben bu tartışmayı sonraya bırakarak bu yazıda daha ziyade Batı toplumunda, Gazze katliamıyla birlikte ortaya çıkan devasa tepkiye odaklanacağım.

Sanıyorum Batı toplumunun Bosna'daki sessizliği üzerine "Duyguötesi Toplum" tezini geliştiren Mestroviç de bu fevkalade değişime şaşırmış ve hayrandır. Çünkü o Batı toplumunun Gazze'ye gelene kadar dünyada olup biten vahşetlere sessiz kalması hakkında güçlü bir teori geliştirmişti. Batı toplumundaki Gazze katliamıyla birlikte ortaya çıkan değişime kafa yormak için onun tezlerinden hareket etmek uygun olabilir.

Mestroviç'in Duyguötesi Toplumu

Mestroviç'in, Batı toplumunun Bosna katliamı ve dünyadaki vahşetler karşısındaki ölümcül sessizliği hakkındaki tezlerinden oluşan *Duyguötesi Toplum* kitabını özetlemeye çalışayım: Mestroviç'in görüşleri Hocası David Riesman'ın *Yalnız Kalabalık* adlı kitabında yer verdiği tezlerine dayalıdır. Riesman daha 1950'ler Amerika'sında yalnız ve yabancılaşmış bir insan tipinin bir psikolojik rahatsızlığı değil neredeyse tüm Amerikalıları kapsayan bir olgu olduğundan bahsetmiş, onları tarif etmeye çalışmıştı.

Riesman, Batılı insanın Rönesans'a kadar geleneklerle yönetildiği, Rönesans'tan 20. yüzyılın başlarına kadar olan dönemde ise aile çevresinin belirlediği "içe-yönelimli tip"in hâkim olduğu kanaatindeydi. Rönesans, Reform, Karşı-Reform ve Sanayi devrimi ile birlikte gelenekten kopuş sürecinin başladığını, bunun sonucu olarak 1950'ler ile ABD'nin "Yalnız Kalabalık" toplumu hâline dönüştüğünü, üretim çağından tüketim çağına geçildiğini, artık moda ve propaganda tarafından yönetilen "dışa-yönelimli" bir toplumsal karakter tipinin baskın hâle geldiğini söyledi.

"İçe-yönelimli kişi"de, kültürden ziyade ailesinin yol göstericiliği barizdi, yolunu ebeveynin ve çevresindeki otorite kişilerin rehberliğinde tayin ediyordu. Davranışlarında ayıplanma korkusunun etkisi belirgindi. Oysa "dışa-yönelimli kişi", ebeveynin sinyallerinden daha çok dışarıdaki geniş çevre radarının etkisi altındadır. Aile, onun için sıkı sıkıya bağlı olduğu bir birim değil sadece geniş sosyal çevrenin bir parçasıdır. "İçe-yönelimli" karakter, kendini 'ahlakçı' olarak "dışa-yönelimli" karakter ise 'yorumcu' olarak dışa vurur.

Mestroviç, Riesman'ın "öteki-yönelimli tip" kavrayışını daha da geliştirerek Kosova olaylarının olduğu zamana ve günümüzün koşullarına uyarlamaya çalıştı... "Öteki-yönelimli tip", "içe-yönelimli tip"in aksine bir tutku kaybından mustariptir. Duyguları McDonaldlaştırılmıştır. "McDonald's, toplama kampı modelinden ilham alarak bütün dünyayı 'akılcılığın demir kafesi' içine hapseden toplumsal, ekonomik, kültürel bir sistemin adı"dır. "İnsan duygularının zenginliği "öteki-yönelimli tip"te iki temel kategoriye, 'zarif' olma ve 'öfkeli' olmaya indirgenmiştir. "Öteki-yönelimli tip" tercihlerin, görüş açılarının, perspektiflerin bir Samanyolu galaksisi ile karşı karşıya olduğundan bunlardan herhangi birine bağlanmaktan acizdir. Kitle hâlinde bir enformasyon tüketicisi olarak yaşar, çünkü dünyadaki işlerin gidişatını gerçekten değiştirmek için elinden hiçbir şey gelemeyeceğine inanmıştır. Bu yüzden, "öteki-yönelimli tip" duygular âleminde kendisini ve başkalarını manipüle ederken kendisi de medya, hükümetler ve başkaları tarafından manipüle edilir.

"Öteki yönelimli insan tipi"nin oluşturduğu topluma duyguöteci diyen Mestroviç'e göre bu toplum bir tasarıdır. Duyguöteci kültürel ikonlar tarafından öteki-yönelimliliğe mecbur bırakılan batılı toplumlarda insanların duygusal enerjileri kurumuş, umursamaz hâle gelmiş ve aciz duruma düşmüşlerdir. "Duyguötecilik duygusal karmaşayı önlemek, duygusal ilişkilerde başıboşluğu engellemek, duygusal hayatın 'vahşi' bölgelerini medenileştirmek ve genelde toplumsal dünya iyi bakımlı bir makine kadar pürüzsüz işlesin diye duyguları düzenlemek için tasarlanmış bir sistemdir.." "Geçmişte, geleneksel, içe-yönelimli tipler hayatlarına yön vermek için bir ya da birkaç sabit yıldıza odaklanırdı. Ama biz bilgiç duyguöteci tipler herhangi bir görüş açısına bağlanamayacak kadar çok şey biliyor, çok şey hissediyoruz. Bu yüzden de biz çarpışan açıklamaların ve beraberinde gelen çarpışan duyguların Samanyolu galaksisine maruz kalıyoruz." Ama bunların hiçbirine bağlanamıyor ve kararlılıkla davranamıyoruz. Bu, duyguöteciliğin hem vaadi hem trajedisidir.

Batılıların zalimlikleri, televizyondan izlemekle yetinip 'zarif" bir üslupla açıklama yapmaları bu duyguöteci sistem nedeniyledir. Herkesten 'zarafet' beklenen ve konuşma ve davranışın politik doğruculuk tarafından kodlandığı duyguöteci toplumda, bütün katarsis yolları fiilen tıkalı olduğundan sistemin amacına ulaşması mümkün değildir. Mestroviç, Batı'da insanların dışavurul(a)mamış travmalar yüzünden giderek "yürüyen saatli bombalar"a dönüştüklerine dikkat çeker. Yazar, "Batılı endüstrileşmiş ülkelerin kamusal hayatlarından dışlanmış sapkınlıklar, iğrenç alışkanlıklar, çıplak şiddet ve öteki barbarca olgular yalnızca yeniden ortaya çıkmakla kalmıyor, kişiye özel fantezi âleminde zamanla daha etkili hâle geliyorlar" diye uyarır. Ona göre duyguötesi toplumlarda medya nedeniyle yapaylık/sahtecilik artmış, kutsal çökmüş, kolektif bilinç kaybolmuştur. Ölüm akılcılaştırılmakta bu yüzden matem süreci asla tamamlanamamaktadır.

Mestroviç, hocası Riesman gibi umutlu da değildir, postmodernistlerin bir hoşgörü devrimi olacağı şeklindeki beklentilerini asla ciddiye almaz. Daha 1997'de "bir devrim olacaksa büyük ihtimalle, eski moda, şiddete dayalı bir devrim olacaktır" der. Farklı kültürlerin batıda bir arada geçinip gitmelerinin ila nihai mümkün olmayacağının altını çizer. Batı'da işlerin, George Orwell'in tahayyül ettiğinden bile daha kötüye gideceği kanaatindedir. (Mestroviç'in görüşlerinin ayrıntısı için şu iki yazıma bakılabilir: http://www.erolgoka.net/duyguotesi-toplum/http://www.erolgoka.net/bati-toplumunun-olumcul-sessizligi/)

Peki Ne Oldu, Batılı Duygusuz Topluma?

Gazze'deki soykırım girişimine gelene kadar Mestroviç'in tezleri doğruydu diyebilirim kendi adıma. Ama İsrail'in Filistinlilere karşı pervasız saldırıları ve katliamlarıyla birlikte adeta bir nitelik değişimi başladı; tıpkı kapitalizmin tüketim toplumuna, modernliğin post-modernliğe dönüşümünde gündeme gelen bir değişim. O yüzden, neden "Batılı vicdan şimdi Gazze soykırımın da ayağa kalktı?" sorusuna cevap vermek için yeni bir bakışa ihtiyacımız var. Yöneticileri yasaklarla, cezalarla önüne geçmeye çalışsalar da Gazze soykırımına verilen muazzam tepkilerden anlıyoruz ki, Batı toplumları bir süredir içine düştükleri duyguötesi kuyusundan çıkmak, duyguları olduğunu ve kalplerindeki merhameti göstermek istiyorlar.

Evet çok büyük bir değişim, dönüşüm yaşıyoruz. Hatta öyle ki, Ekim 2023 Gazze soykırımı ve direnişinden sonra yeni bir milat ortaya çıktığını, bundan böyle hiç değilse modern tarihin son dönemini "Gazze'den önce-Gazze'den sonra" diye adlandırmamız gerekebileceğini düşünüyorum. Çin'in yükselişi, Rusya'nın yeniden ayağa kalkması ve Ukrayna ile savaşa tutuşması gibi jeo-stratejik gerçekleri hesaba katarak ama aynı zamanda (değişimin esasen sosyo-psikolojik zeminde olduğuna dikkat çekebilmek maksadıyla) parantez içine alarak nedenler üzerine henüz tam olgunlaşmamış ön-fikirlerimi şöyle açıklayabilirim.

Önce bu noktaya gelinmeden son yüzyılda neler olduğunu gözümüzün önüne getirmeye çalışalım: 70 yıl boyunca yüzlerce Holocaust filmi, romanı, fikri ile yoğrulduk... Özellikle 2000 sonrası dönemde antisemitizm gerekçeli yasakların giderek arttığı, Siyonizm-Evanjelizm ortaklığının kıyameti beklenen ve hatta zorlanması gereken bir durum diye sunduğu bir konjonktürün içine düştük.

Yüzlerce yıl Batı'nın en büyük insani çelişkisi olan Yahudi-Hıristiyan gerilimi, Holocaust ve 2. Dünya Savaşı sonrası İsrail'in kurulmasıyla İslam dünyasının kucağına bırakılmıştı. Yahudi sorununun bu transferi, batı dünyasını karışık hisler içine sokan tuhaf bir çözüm şekliydi. Aslında –mış gibi yapıyorlar, bu yapılanın gerçek bir çözüm değil sadece bir erteleme olduğunu kendileri de biliyorlardı. Ama özellikle Demirperde'nin ve Kuzey'den çığ gibi üzerlerine gelen büyük

Rus tehdidinin nispeten ortadan kalkmasından ve bu boşluğu ikame etmek için "İslami terör" kavramının icadından sonra psikolojilerinin seçim yapması biraz daha kolaylaştı. Artık komünizm umacısı yoktu; kendilerine yeni bir "öteki" bulmaları lazım geldiğini görüyorlardı; bu, "İslam ve Müslümanlar" olacaktı. Bu yüzden başlangıçta istemeye istemeye biraz nazlanarak uygulamaya koydukları Siyonist tezleri ve İsrail devletini, iki kutuplu dünyanın sona ermesinin ardından daha şevkle sahiplenmeye başladırlar. Keskin bir dönüşle ezeli düşmanları Yahudileri ve İsrail'i gün geçtikçe daha istekle sevmeye başladılar. Uzlaşmaz teo-politik çelişkilerini iptal etmişler, ezeli Yahudi-Hıristiyan çelişkisini "Yahudi-Müslüman gerilimine" çevirmişlerdi. Olacakları izlemeye koyuldular...

Öylece baktılar, onlar baktıkça İsrail sınırlarını genişletti, nüfusunu ve katliamlarını arttırdı. Avrupa'nın göbeğinde Bosna soykırımı oldu. Ortadoğu kan gölüne döndü, Akdeniz zavallı mültecilerin cesetleriyle doldu, onlar sanki hiçbir şey olmamış, tüm bunlar da onların bir dahli yokmuş gibi bakmayı sürdürdüler. Zaman zaman özellikle Katolik ve Ortodoks olanlarının vicdanları tüm bunları kaldıramaz gibi olduysa da, Müslümanları "feci yaratıklar" olarak gösterenler türedi sözüm ona "İslami" oluşumları gerekçe göstererek korkularını karşıtlığa ve nefrete dönüştürmeye devam ettiler. Irkçılık ve yabancı düşmanlığı giderek yükseldi.

Bütün bunlar, Riesman'ın "dışa-yönelimli tip", Mestroviç'in "duyguötesi toplum" dediği sosyopsikolojik zeminde cereyan ediyordu. Tüm bunlar olurken, benim "teknomedyatik" diye adlandırdığım, ontoloji aleyhine teknoloji lehine işleyen süreç de işliyordu. Bu olup bitenler, aslında insanlığa ve erdeme karşıydı ama insanın çıkarlarıyla zevkine hizmet ediyormuş gibi sunuluyordu. Aile, toplum, sanat hatta bizi kadın ve erkek yaparak kimliğimize temel oluşturan biyolojik yapımız lime lime çözülüyordu. Ayağımızın altından ahlaki zemin kaydıkça, bizi insan ortak paydasında birleştiren asgari müşterekler de anlamını yitiriyordu. "Skandal!", "rezalet, olamaz!" dediğimiz ve böyle hâller gördüğümüzde bizi birbirimize, daha doğrusu insanlığa yaklaştıran, insan olmanın hakikatini hatırlatan her ne varsa uçup gidiyor, biz skandalsız kaldıkça katı olan her şey buharlaşıyordu. Akademi, artık "insan-sonrası" (post-human) döneme girdiğimizi ilan ediyordu.

İnsan Bitmez Çünkü Kalbi Vardır!

İnsanla ve toplumla ilgili ne biliyorsak unutmamız ve her şeyi yeni baştan "teknomedyatik dünya"nın taleplerine göre yeniden düşünüp kurmamız isteniyordu. İyi ama bu olabilir miydi? İnsanın göklerle yerin dibi arasında gidip gelen çok değişken bir yapıya sahip olduğunu biliyorduk ama tüm varoluşsal tutamakların birleştiği; insanın nirengi noktasını, mihengini, kilit taşını değiştirmek mümkün müydü? Söz konusu bu nokta, insanın ontolojisinin dayandığı ahlaktır. Ahlakın merkezi, insanlık tarihi boyunca, tüm geleneklerde "kalp" diye ifade edilir. Ahlak tamamen ortadan kalktığında insan gerçekten tükenecektir ve bu imkânsızdır zira tüm kalpleri mühürlenip kararmasını gerektirir.

Belki bu söylediklerim size kolayca anlaşılır ve hatta zaten bilinen hususlar gibi geliyordur. Ancak itiraf etmeliyim ki geleneksel dünyada ve anlatılarda "kalb"in niye bu kadar önemli olduğunu ben hayli yeni sayılabilecek bir zamanda kavradım ve düşüncelerimi *Kalpten: Varoluş Merkezimiz Kalp ve Temel Eylemi Merhamet* kitabımda ifade etmeye çalıştım. Bana göre bu kadar gecikmemin, "kalb"in önemini yeterince idrak edemememin nedeni, merhametin ne olduğunu tam olarak anlamanın günümüzde (hiç değilse benim için) çok zor olduğuydu. Devam edeyim.

İnsan, "manevi kalb"i nedeniyle en nihayetinde ontolojik olarak ahlaki bir varlıktı. Nasıl maddi kalbimiz kan üretiyorsa mütemadiyen merhamet üreterek insan kalmamızı ve insan ilişkilerini mümkün kılan manevi kalp, bir gün gelecek isyan edecekti, ahlaki çürümeye, dejenerasyona tahammülümüz istiap haddini dolduracaktı. Psikolojik dayanıklılık iyiydi iyi olmasına amma insan olmanın da gerekleri, insani tahammülün bir istiap haddi vardı...

Filistin, 1. Dünya Savaşı'nın sonunda İngiliz egemenliğine gireli ve Yahudi göçü almaya başlayalı beri acılar çekmiş, İsrail'in devlet olarak tanınmasından sonra birçok katliam yaşanmıştı. Filistinlilerin yaşadığı katliamlar, her zaman insanlığımızı, düşünce kalitemizi sigaya çeker nitelikteydi. Mesela Sabra ve Şatilla katliamları, başta Levinas olmak üzere bazı Yahudi düşünürlerin ipliğini pazara çıkarmaya yetmişti. Mesela 2014'teki Gazze katliamı batılı devletlerin ve Birleşmiş Milletler'in insan hakları söylemlerinin ne kadar göstermelik olduğunu ortaya koymuştu.

Ancak 2023 Ekim soykırım girişimi ve direnişi sırasında, Onu yeni milat olarak nitelememe yol açan bambaşka tezahürler, sonuçlar ortaya çıkardı. Niye böyle oldu? Nedenleri sıralamaya çalışalım: Yahudi fanatizmi ve politik teolojisinin kendisini pervasızca ortaya koyması, bu gerçek ortada olduğu hâlde olup biteni uygarlar-barbarlar çatışması olarak lanse etmeye kalkmaları... Başta Almanya olmak üzere (bir iki istisna dışında) batılı devletlerin şüphesiz Holocaust'un suçluluk duygusuyla, mağdur ettikleri Yahudi'nin adeta kimliğine bürünmeleri, onunla, tüm günahlarıyla birlikte özdeşleşmeleri, canhıraş biçimde İsrail savunusuna yeltenmeleri... Bir "devletin kendini savunma hakkı" adı altında soykırım düzeyine varan insan ve çocuk hakları ihlallerinin hukuki hâle getirilmeye çalışılması... Ve daha da önemlisi birkaç gün içinde sayıları binleri bulan çocuk ölümleri, çocukların paramparça edilmeleri ve Gazze halkının bizi, başta cesaret, fedakârlık ve dayanışma olmak üzere yeniden erdemlerle yüzleştirmeye zorlayan inanılmaz direnci ve direnişi...

Tüm bunlar, batılı bilinci ve vicdanı isyan konumuna getirmeye yetti. Kötülüğün sıradanlığının küreselleşmesinden sonra vicdan da küreselleşiyor, tüm sistemi değiştirecek devrimci bir durum ortaya çıkıyordu. Gazze soykırımına verdikleri muazzam tepkilerden anlıyoruz ki, Batı toplumları anti-semitizm, İslamofobi, ırkçılık, yabancı düşmanlığı ve teknoloji merkezli siyasetten daralmışlar, insan ve ahlak merkezli dünya görüşüne dönmek istiyorlar...

Şüphesiz gönlümden geçenlerle gözlemlerimden ulaştığım sonuçlar, olmasını istediklerimle olacağını sandıklarım birbirinin içine geçiyor. Yarın tamamen yanıldığım ortaya çıkabilir ama olsun, asla Gazze'nin yeni bir milat olduğunu düşünmekten vazgeçmeyeceğim, en azından benim için öyle olacak: Gazze'den önce Gazze'den sonra...

II. BÖLÜM

ZAMANIN RUHU VE YENİ CEHALET

"ZAMANIN RUHU" İNSANIN RUHUNU DÖVER Mİ?

Teknolojideki Değişimlerin Sosyopsikolojiye Yansımaları

Bu başlığı 1998 yılında Defter Dergisi'nin 32. sayısındaki yazımıza da atmıştık. Derdimiz o zaman da aynıydı. Teknolojideki gelişmeler inanılmaz bir hızla cereyan ediyor, ona bağlı olarak toplumsal yaşamda büyük bir değişim ve hatta altüst oluşlar yaşanıyordu. Tüm bunlar olup biterken acaba insanın psikolojisinde ne gibi değişimler ortaya çıkıyordu? Bunu anlamaya çalışıyorduk. Uzun olma pahasına, dilerseniz önce, çeyrek asır önceki o yazımızdaki saptamalarımıza şöyle bir göz atalım:

> Psikiyatrik arşivler, psikolojik rahatsızlıkların tiplerinin ve biçimlerinin zamana göre değiştiğiyle ilgili verilerle doludur. Örneğin İkinci Dünya Savaşı öncesi yıllar, "anksiyete" (bunaltı) adı verilen, kaygı ve endişe ile seyreden rahatsızlıklar, psikiyatrik tedavi başvurularının çoğunu oluştururken, daha sonra umutsuzluk, karamsarlık, isteksizlik gibi çöküntü belirtileriyle seyreden "depresyon" sayı ve önem bakımından öne çıkmıştır. Yine örneğin yaşadığımız yüzyılın başlarında, bugün psikiyatristleri en çok uğraştıran kişilik ve kimlik sorunları üzerinde neredeyse yok denecek kadar az duruluyordu. Ama tüm bu gerçeklere rağmen, sanılanın aksine, psikolojik rahatsızlıklarla, ya-

şanan zamanın görüntü ve olguları arasındaki bir bağıntı, psikiyatristlerin yeterince ilgisini çekmedi. Onlar, "zamanın ruhu"nu saptamaya uğraşmak yerine, rahatsızlıkların kökeninde bireyin psikolojisinde (beyninde) bir bozulmanın bulunduğu düşüncesinin izini sürdüler; araştırma ve incelemelerine bu düşünce rehberlik etti.

Durum böyle olunca, yaşanan zamanla ruh sağlığı arasındaki ilişki konusunda var olan bilimsel bilgi boşluğu; sanatçılar, deneme yazarları, psikolojiye hevesli gazeteciler ve amatör sosyologlar tarafından dolduruldu. Kamuoyu için oldukça cezbedici ve kışkırtıcı olan "yaşanan zamanın ruhu, insan ruhunu nasıl etkiliyor?" sorusuna bu kimseler, kendilerince cevap verdiler. Toplumsal bir felaket, kamuoyunda infial yaratan bir olay, alışılması güç bir yenilikle karşılaşınca; "Toplum olarak çıldırıyoruz.!", "Bu bizimkisine toplumsal şizofreniden başka ne denir?", "Yaşadığımız psikozun temelinde kötü yönetimler var" vs. denerek idare edilmeye çalışıldı.

Bilimsel bilgi boşluğunun olduğu alanlarda uygun tutum, var olan bilimsel bilgilerden yola çıkarak bazı sezinlemelerde bulunmak ve özellikle sanatçıların bu alandaki sezgilerinden yararlanmaktır. Gelecekte psikolojik rahatsızlıkların alabileceği biçimlerle ilgili olarak biz de böyle bir yol izleyeceğiz. 2000'li yıllarda psikolojik rahatsızlıkların nasıl bir görünüm kazanabileceğini, şimdiki bilimsel bilgilerimize dayanarak ikiye ayırabiliriz:

Bunlardan birincisi, hayatın değişen görünümlerine bağlı olarak mevcut psikolojik rahatsızlıkların biçimlerinde ne gibi değişiklikler olacağı ve bununla çok yakından ilgili olan psikiyatrik tanı ve tedavi yöntemlerindeki muhtemel gelişmelerdir. Şüphesiz hayatın değişen görünümleri aynı psikolojik rahatsızlığın değişen zaman ve koşullarda kendini farklı biçimlerde ortaya sermesine neden olmaktadır. Örneğin kendi iç dünyasından ve dış dünyadan gelen verileri algılamakta sorunu olan bir şizofrenili hastanın algılama bozuklukları, algıladığı gerçekliğe bağlı biçimler almak zorundadır. Yaşamı boyunca hiç televizyon izlememiş birisinin "düşüncelerinin televizyondan yayınlandığını" söylemesi mümkün değildir. Vakti zamanında depo akıl hastanelerini Napolyonlar ve büyük din figürleri doldurduğu hâlde, bugün uzaylılardan etkilenenlerin, tuhaf spiritüal hezeyanları olanların psikiyatri kliniklerine başvur(durul)maları da aynı nedenledir.

Bu açıdan bakıldığında, bilişim sistemlerinde inanılmaz değişiklikler olmuş günümüz "teknomedyatik dünya"sının psikolojik rahatsızlıkların biçimlerinde yepyeni durumlar ortaya çıkaracağını tahmin etmek hiç de zor değildir. İnsan ilişkilerini hatalı algılayanlar, gününün büyük bir kısmını geçirdiği televizyonun ya da bilgisayarına internetten gelen mesajların karşısında nasıl da allak bullak olacaklardır! Sürekli kendisine çevresindekiler tarafından kötülük yapılacağını düşünen birisi, her yerinden tehlike fışkıran sibernetik bir dünyada kendisini koruyabilmek için internetteki bir web cemaatine sığınabilir mi? Kendisinde olağanüstü güçler gören, neşesinden yerinde duramayan, manik bir hecme geçiren kimse, bilişim ağlarına nasıl mesajlar yollayacak, dahası ondan mesaj alanlar, bu mesajdaki psikopatolojiyi nasıl ayırt edeceklerdir? Acaba gerçek, yüz yüze iletişimde bile insanlar birbirlerine karşı binlerce iletişim kazaları yapıyorlarsa, internetin yüz yüze iletişimden yoksun hayali dünyası, bir süre sonra psikolojik hastalıkların da yayılabilmesi, hastalıklı algı ve düşünce sistemlerinin taraftar bulabilmesi için uygun bir vasat sağlamaz mı?

Kaldı ki "teknomedyatik dünya"mızda yalnızca bilişim sistemleri değil; yaşam mekânları, şehirler, ulaşım yolları da olağanüstü bir değişim içerisindedir. Sözüm ona modern mimarinin tekdüzeliğine, insanları ezen standartlığına karşı isyan hareketi olarak başlamış post-modern mimari ve şehirciliğin şaşırtıcılıkları giderek tüm çevremizi kuşatmaktadır. Kapısının nerede olduğu bile bilinemeyen, daha dış mekânlarından başlayarak algı sistemlerini şaşkın ördeğe çeviren, korku ve belirsizlik yayan dev plazalar; televizyon, bilgisayar, karmaşık elektronik haberleşme ve müzik sistemleri eksen alınarak döşenen evler ve işyerleri; arapsaçına dönmüş trafik, bir uzay istasyonunu andırmaya başlayan hava alanları, çok sık uçağa binme zorunluluğu, hiç değilse insanlar tüm bu altüst oluşlara bir uyum sağlayana kadar -acaba bu kaç nesil alacaktır?- belirsizlik ve panik duygusunu kışkırtmazlar mı? Peki, bu durumda zaten paniğe elverişli bir yapı sergileyen ve hatta panik rahatsızlığı olanlar, evlerine kapanmaktan başka ne yapacaklardır?

Psikiyatrik tanı ve tedavi yöntemlerinde de, dünyamızdaki hızlı altüst oluş kadar değilse bile önemli gelişmeler olmaktadır. Psikolojik rahatsızlıklar sırasında beynimizde neler olduğuyla ilgili bilgimiz, modern tıbbın en hızla artan bilgi türleri arasındadır ve giderek "haz", "acı", "kaygı", "korku", "orgazm" gibi mikro-yaşantılar sırasında beynimizde olup biteni öğrenmemiz imkân dâhiline girmektedir. Eğer bu gelişmeler ilaç sektöründeki rekabet ve atılımlarla birleştirilebilirse, ruhsal dünyamızı düzenlemek için almamız gereken ilaçları başucumuzdan ve elimizin altından ayıramaz hâle geleceğimiz günler uzak değildir. Şimdilik sosyetenin ve meraklısının peşine düştüğü "melatonin" ve "megavitamin" kürleri, bu durumun habercileridir. Şüphesiz bilişim teknolojilerindeki gelişmeler, bir hasta için bir anda uluslararası konsültasyon ağını mümkün kılabilir ve bunun yanı sıra sorunu olan bir kimse, internet sayesinde psikoterapistiyle yepyeni bir tedavi ilişkisi kurabilir. Tüm dünya nasıl evimize taşınıyorsa, psikiyatrik tedaviler de evimize kadar ulaşabilir.

Ancak "gelişme" boyutu, yaşadığımız dünyanın yalnızca bir yüzüdür, diğer yüzde ise gerilik; yoksulluk, cehalet ve hatta kıyamet vardır... 2000'li yıllarda yoksul Güney insanlarının ve Güney'li yaşama tarzının psikiyatrik yansımalarının neler olabileceği apayrı bir konudur. Büyük ihtimalle onların yaşadıkları zor koşullar, tıpkı bugün itilmişlik ve horlanmışlıkla şiddet ve mafiyöz bağlantılar arasındaki bilinen ama ilk bakışta görünmeyen ilişkilerde olduğu gibi, saldırganlık ve şiddeti, belki de enformatik terörizmi besleyen bir sera etkisi yapacaktır. Büyük ihtimalle biyolojik varlığı korumak için gösterilen canhıraş telaşın toz dumanından, nefret, kan ve gözyaşından insan ruhunun duyarlılıklarını görmek mümkün olmayacaktır.

Acaba 2000'li yıllarda birincisini yukarıda anlatmaya çalıştığımız, mevcut psikolojik rahatsızlıkların alacakları biçim değişikliklerinden ayrı olarak bir de yepyeni rahatsızlık türleri tabloya eklenebilir mi? Bu soruya "hayır" diyebilmek zordur ama "evet" dediğimizde de bunu destekleyen bilimsel kanıt bulabilmemiz aynı ölçüde müşkül bir iştir. Bu konuda ancak sanatçıların sezinleme güçleri işimize yarayabilir. Psikolojik rahatsızlıklar ve geleceğin dünyası arasındaki bağları yapıtlarında temel alan *Çarpışma*'nın yazarı J. G. Ballard'ın (1997) edebiyatçı duyarlığından süzülen sezinlemeleri bunların en önemlilerindendir:

"20. yüzyılı egemenliği altına alan kâbusun akılla evliliğinden her zamankinden daha belirsiz bir dünya doğdu... Yaşamımız 20. yüzyılın o büyük, ikiz ana temasının egemenliği altında: seks ve paranoya...

Geleceği, sanki önümüze sunulan çok çeşitli seçeneklerden biriymiş gibi bugüne ekledik. Seçme şansımız artıyor; yaşam biçimleri, geziler, cinsel roller ve kimliklerle ilgili her türlü isteğin anında doyurulduğu, bebeksi bir dünyada yaşıyoruz...

Yaşadığımız dünyayı pazarlamacılık, reklamcılık ve reklamcılığın bir kolu olarak görülen politika, özgün tepkinin yerini televizyon ekranı aracılığıyla deneyimin alması gibi çok çeşitli kurgu türleri yönetiyor. Bizler kocaman bir romanın içinde yaşıyoruz...

Eskiden, ne denli karmaşık ya da belirsiz olursa olsun, dış dünyanın gerçekliği temsil ettiğini ve zihnimizdeki iç dünyanın; düşlerin, umutların, arzularınsa; düşlem ve imgelem âlemini temsil ettiğini varsayardık. Bence bu roller yer değiştirdi. Çevremizdeki dünyayı ele almanın en akıllıca ve en etkili yolu, onun bütünüyle kurgudan oluştuğunu varsaymaktır- ama aksine, bize kalan küçük bir parça gerçek kafamızın içindedir. Freud'un düşlerdeki gizliyle açık, görünürle gerçek arasındaki o alışılmış ayrımının artık gerçeklik olarak adlandırılan dış dünyaya uyarlanması gerekiyor..."

Yepyeni bir dünya resmediyor, bunları yeni tür bilim-kurgu yapıtlarında ayrıntılarıyla ele alıyor, Ballard. Üstelik onun bu sanatçı sezinlemeleri; yaşanılan dünyanın, cinsel deneyimler de dahil olmak üzere simülasyon olduğunu ileri süren Jean Baudrillard ile uygar ve bilime dayalı bir görüntünün arkasında vahşi, kültür düşmanı bir barbarlık çağını yaşadığımızı söyleyen Michel Henry gibi düşünürlerin görüşleriyle çakışıyor. Yalnızca onlarla değil, geçmişteki nörotik arazlar yerine şimdi artık kimlik ve kişilik sorunlarıyla boğuşmak zorunda kaldıklarını söyleyen psikiyatri profesyonellerinin saptadıkları gerçeklerle de çakışıyor... Eğer tüm bunlar insanlığın yöneldiği ve bugünden tam anlamıyla göremediğimiz bir yönün işaretleriyse, insan ruhunu yepyeni psikolojik rahatsızlıklar bekliyor olabilir: Cinsellikte ve insan ilişkilerinde giderek normalleştiği öne sürülen vahşetin böyle bir dünyada bile kabul edilemeyecek biçimlerinden müteşekkil, yeni psikolojik rahatsızlıklar...

Çeyrek asır önce teknolojideki ve ona bağlı olarak toplumsal yaşamdaki değişikliklerden yola çıkarak ve hayal gücümüzü sonuna kadar zorlayarak yazabildiklerimiz bunlar. "Hayal gücümüzü sonuna kadar zorlayarak" diyorum, zira o zamandan bugüne yaşadıklarımıza bakarak gelişmeler karşısında hayal gücümün ne kadar sınırlı kaldığını dehşet içinde görüyorum. İnsanın hayal gücünün dahi hızına yetişemediği bir dünyada yaşıyoruz.

İnternette Hayat Klonlanıyor

Çeyrek asırdır yaşadığımız zamanları "teknomedyatik dünya" diye adlandırıyorum. Öyle devasa gelişmeler yaşanıyor ki hızına yetişmek mümkün değil. 2017 yılında yazdığım *İnternet ve Psikolojimiz: Teknomedyatik Dünyada İnsan* adlı kitabımda bu dünyanın tanımını şöyle açmaya çalıştım:

> Dört bir yanımız teknoloji ve medya. Birleşmiş Milletler 2015 İnsani Gelişim Raporu'na göre, dijital teknolojilerin uygulanma ve benimsenme hızı, akıllara durgunluk verecek seviyede. ABD'de nüfusun ancak yarısının telefon sahibi olması elli yıldan daha fazla zaman almışken, cep telefonlarının bu düzeyde yaygınlık kazanması için sadece on yıl yetmiş. Amerikan halkının otomobillere uyum sağlaması için yaklaşık seksen yılı aşkın bir süre gerekmişken, elektrikli aletlere yaklaşık elli, videoya kırk, radyo ve televizyona otuz, kişisel bilgisayara yirmi beş yıl uyum için yeterli olmuş. Aynı Amerikan halkı, internete yirmi yıldan, cep telefonlarına ise on yıldan daha kısa sürede alışmış. 2015 yılı sonu itibarıyla dünyada 7 milyar cep telefonu, 3 milyardan fazla internet kullanıcısı, 2,1 milyar sosyal medya hesabı var. Gençlik ve Spor Bakanlığı'mızın 2013 yılında yaptığı 15-29 yaş aralığındaki gençleri kapsayan bir araştırmasında, 15-17 yaş grubunun %79,4'ü, 18-24 yaş grubunun %75.7'si, 25-29 yaş grubunun ise %58.8'i internet kullanıcısı konumunda. 2015 Ağustos itibarıyla ülkemizde internet kullanıcısı %55,9'a

ulaşmış durumda. Bu oran, Batı ülkelerinin %90'ı aşan oranlarıyla kıyaslandığında hayli düşük seviyelerde ama hızlı bir artış eğiliminde... İnternet kullananların hemen tamamı aynı zamanda sosyal medya kullanıcısı. Sosyal medya kullanıcısı olan gençlerimizin yarısının anne ve babası da bu mecrada yer alıyor. 2013-2015 yılları arasında ülkemizin genelinde gerçekleştirilen bir araştırma, ortaokul öğrencilerinin %77'sinin evlerinde internet bağlantısı olduğunu ortaya koyuyor. İnternet kullanan gençlerimizin yarısı, günün her saatinde sosyal medyaya ulaşma arzusunda olduğunu beyan ediyor. Biliyoruz ki bu sayı çok daha fazla ve çığ gibi büyüyor.

Artık bu yeni denizin balıklarıyız. Ne yapsak ne etsek kaçıp kurtulmamız mümkün değil. Yanınızda sadece cep telefonunuz olduğu hâlde kırlara, dağlara bile gitseniz dünyanın hep içinde, orta yerindesiniz. Eskiden nereye gitsek kendimizi de götürüyorduk şimdi koca dünya bizimle geliyor. O her şeyiyle, her zaman yanı başımızda artık. Yeter ki bağlanalım, yeter ki "online" (çevrimiçi) olalım. Yeni medyaya dâhil olduğumuz anlara "online", olmadığımız anlara "offline" (çevrimdışı) diye bir tasnif yapıldığı görülüyor. Biz de onlara uyarak "online" diyoruz ama şöyle derinlemesine düşündüğümüzde giderek "offline" olduğumuz bir zaman diliminin kalmayacağını kestirmek de zor değil. Velhasıl burası dünya, buradan çıkış yok!

Bu sebeple, teknoloji ve medya tarafından belirlenmiş ve çerçevelenmiş olan bu dünyaya "teknomedyatik dünya" diyorum; çünkü yaşadıklarımızı en iyi bu kavram ifade ediyor. Bu dünya, yeni bir deniz; eskisinden tamamen farklı olma özelliğiyle "yeni"; her birimizi içindeki balık kılacak kadar kapsayıcı olması hasebiyle de "deniz"... O yüzden "yeni denizin balıklarıyız" diye ilave ediyorum.

Bu yeni denizi anlamadan psikolojilerimizi değerlendirebilmek mümkün değil. Derya içre balıklarız, deryadan bihaber... Elimizden gelen yeni denizi tanımak, nereye, nasıl kulaç atacağımızı, hangi sahillerde dinleneceğimizi, kaç metre derinlikteki mercan kayalıklarını seyirle oyalanacağımızı kararlaştırmak sadece...

Yeni denizin balıkları olduğumuzu, bu yeni denizi tanımamız gerektiğini belirtip durduğuma bakmayın. Buna imkân bulunmadığını da biliyorum. Bakın daha interneti anlayamadan şimdi "yapay zeka"yı ve metaverse"i konuşmaya başladık bile... Biz yine de gayreti elden bırakmayalım.

Sanıyorum şunda kolayca hemfikir olabiliriz: Yaşadığımız dünyayı bilişim teknolojilerindeki gelişmeler belirliyor, başta biyoteknoloji ve genetik olmak üzere diğer alanlardaki teknolojik ilerlemelerin temelini de onlar oluşturuyor. Geleceğimizi bilişim teknolojilerinde çalışan mühendislerin, süreci yöneten firmaların ellerine bırakmış durumdayız. Bırakın bizi, akademiye, siyasete bile fikrini soran veya danışan yok! Bilişim teknolojilerindeki her yeni adım medyadan sunuluyor, bize, hepimize sadece gidip satın almak, hava atmak ve dedikodusunu yapmak düşüyor.

Şu hususta da zorluk yaşamadan anlaşabileceğimizi düşünüyorum: Teknomedyatik dünyanın temeli olan bilişim teknolojilerinin başyapıtı, sanallık. Önceden telgraf, telefon gibi aygıtlar haberleşmemizi kolaylaştırıyor diye sevindiğimiz ve bu nedenle sevdiğimiz bilişim teknolojileri, şimdi hayatı kolaylaştırma amacını çok ama çok aştı. Yüz yüze iletişimin yerine ikame, aynen ona benzeyen yeni bir iletişim tarzı inşa ediyor. Sesleri, görüntüleri sadece en hızlı biçimde taşımıyor; dilerse(k) onları depolayıp, istediği(miz) kadar büyütüp küçültebiliyor ve hatta değiştirebiliyor(uz). İster internet ortamı ister dijital ortam veya "siber-alan", "siber-uzay" gibi adlar verelim; karşımızdaki, içimizdeki, dışımızdaki, her yerdeki bu iletişim ortamı, görüntü olarak sunmaya çalıştığının aynısı olmaya çalışıyor. Bu anlamda "gerçek" ama hepimiz biliyoruz ki "hakikatin ta kendisi" değil. İnternetteki "biz", gerçek bedensel varlığımız olarak "biz" değiliz; orada bedenimizle bulunmuyoruz, bizim için geçerli olan bu durum karşımızdaki(ler) için de geçerli. Karagöz oyunundaki şahsiyet sembolleri nasıl hayal perdesindeki temsiller ise onlar da bizim hayal dünyamızdaki temsillerimiz. O yüzden bu yeni iletişim ortamına "sanal" diyoruz. Ama haksızlık etmeyelim, Karagöz oyunundan farklı olarak buradaki oyunun senaryosunda bizim hakiki hayatımızın payı büyük. Karagözcü kadar biz de senaryoda pay sahibiyiz.

Bilişim teknolojilerinin sunduğu imkânlar sayesinde sanallık, gün geçtikçe daha çok hayata benzeyen bir ortam olmaya başlıyor; sanal ilişkiler de her geçen gün daha fazla gerçek ilişkiyle karışıp onun yerini alıyor. Dün internette yalnızca yazışabiliyorken bir süreden beri konuşuyoruz, görüşüyoruz, başkalarının bilişim materyallerini karşımızdaki ortama aktarabiliyoruz. İnternet hayata benziyor, hayatı ekrana taşıyor, gözümüzün önüne getiriyor. Hayatın yerini alıyor, hayat internet oluyor. Sanallık, gün geçtikçe daha çok hayata benzeyen ortamlar sunuyor, biz o ortamları "hayat" olarak algılıyoruz. Sanal ilişkiler artan bir hızda olağanlaşıyor, eski yüz yüze iletişime eklemleniyor, onun bir parçası oluyor. Genetik çaktırmadan insan kopyalamaya çalışırken, internette hayat klonlanıyor.

İnternet giderek her işimizi orada göreceğimiz bir ortam hâline geliyor. Birçoğumuz alışveriş, bankacılık ve yolculuk işlemlerini oradan yapıyoruz; orada gazete ve dergi okuyor, sohbet ediyor, oyunlar oynuyoruz; eğlenmeye, hatta bir eğitim programını sürdürmeye çalışıyoruz. Bu yer değiştirme, daha doğrusu hayatın insanlık tarihinde ilk kez böylesine sanal bir boyut kazanması, dilimize de yansıyor. İnternetteki yapıp etmelerimizle ilgili ifadelerde de açık biçimde görülüyor bu yeni durum. İnternette kullandığımız şu ifadelere bakın: "bir yere gitmek", "gezinmek", "yolculuk", "sörf yapmak"; "siteler", "yerleşimler", "dünyalar", "odalar", "alanlar"...

"Hayatın bürokrasisi" diyebileceğimiz bankacılık, eğitim vs. gibi alanlardaki gündelik işlerimizi internetin sanal ortamında, iletişim teknolojisindeki inanılmaz hızın getirdiği avantajlardan yararlanarak yapmak şüphesiz çok yararlı. Ama ilk bakışta çok yararlı gibi görünen şeylerin zararlarını ve risklerini henüz göremiyor olabileceğimizi de bir kenara kaydedelim. Şüphelerle vakit kaybetmeyelim şimdi, onları bir süreliğine derin dondurucuya koyalım. İnternetin bazı sorunlar da getirdiği, hayatımızı hiç değilse şimdilik karıştırdığı kesin. "Hayatın dinamiği" adını verebileceğimiz iç dünyamızın kendisiyle ve diğer kimselerle ilişkilerini internet üzerinden yapmaya kalktığımızda karşılaşıyoruz bu sorunlarla. İnternet ilişkileri gerçek hayattaki ilişkilerin iyi bir taklidi değil, hatta birbirlerinden oldukça farklılar. O yüzden bizim neslimiz afallayıp kalıyor, birçok sorun yaşıyor internetteki ilişki ortamında.

Bizim neslimiz dediğim ise internetin doğuşuna akıl baliğ olduktan sonra tanık olanlar. Bir de internet ortamına doğan, internetin kucağına düşen bir nesil var şimdi. Onları hiç ama hiç tanımıyoruz; bilmediğimiz bir dil, sevimsiz bulduğumuz yeni bir müzik kadar yabancılık hissediyoruz bu zamanelere. Belki bu söylediklerimiz ve internet üzerine konuşmalarımız onlar için hiçbir şey ifade etmiyor. Çünkü onlar internetin hayatla iç içe olduğunu, ayrılamazlığını çok iyi biliyorlar. Biz nasıl kendi çağımızın teknolojisi olan daktilo, dikiş makinesi gibi araçların kullanımında onlardan daha iyiysek, onlar da klavye başında döktürüyorlar.

Bizim "teknomedyatik dünya"yı anlamaya çalıştığımız bu süreç boyunca, değişimin aldığı boyutları anlatabilmek için ortaya atılan kavramlardan en işe yarar olanları "insan-sonrası" (post-human) ve "insan-ötesi" (trans-human)... Artık akademide, ailenin, toplumsalın ölümünün ardından insanın ve onunla birlikte tarih başta olmak üzere insan kurgusu olan her bilgi biçiminin aşıldığı rahatlıkla dillendiriliyor. Bu iki kavram gerçekten de çok önemli ve önemlerine binaen onlarla ilgili konuşmayı bırakalım ve asıl konumuza dönelim.

Teknoloji Versus Ontoloji

Bilişim teknolojilerinde akıl almaz bir gelişim ve değişim yaşanırken sosyopsikolojik katmanlarda neler olup bitiyor? sorusuna cevap vermeye çalışıyoruz.

İleride görüşlerini daha ayrıntılı ele alacağımız büyük sosyolog Zygmunt Bauman, modern zamanların önceki devirlerinden günümüzün farkını anlatabilmek için "akışkan" tabirini kullanıyor. Teknomedyatik dünya çevremizde, biz ise onun içinde akıp duruyoruz. İnternete, ilişkilere mütemadi bir akışkanlık içinde bağlanıyoruz. Haz ve hıza bağlılığımız ilişkilerimize de yansıyor. Dijital teknolojilerin diliyle, ilişkilerimizi anlatmaya çalıştığımız dil yakınlaşıyor ve nihayet bu kelimeler birbirinin yerine geçmeye başlıyor.

Bauman'a göre gerçek ilişkiye sahip olmayan günümüz insanı, özgürlük ihtiyacını ve aidiyet açlığını eş zamanlı olarak gidermeye çalışıyor. Ama bunun imkânsız olduğunu görmüyor, başvurduğu yollar bu iki özlemin yenilgilerini gizleme çabalarıyla dolu. İki ucu keskin bıçak gibi ilişkilerde, düş ile kâbus arasında gidip geliyor. Deneyimini ve insan ilişkisinden beklentisini; "ilişkiye girme", "ilişki yaşama" terimlerinden ziyade "bağlantıda olma", "hatta kalma" sözleri ile açıklıyor. "Eş"ten ziyade artık bir "ağ"dan söz ediyor. "Kendine bir ağ oluşturma"ya ve bu "ağ üzerinde sörf yapma"ya çalışıyor. "Bağlantı" dediği ise sanal ilişki; kolayca girilip çıkılan, ayrıca bakım, özen ve ciddiyet gerektirmeyen, şık ve kullanıcı dostu "delete" tuşuna basınca kurtulması mümkün bir ilişki.

Psikoterapiler de çeyrek asır önce işaret ettiğimiz gibi bu ihtiyaçlara uygun biçimde kendilerini yeniliyor. Olabildiğince kaygıyı ve korkuyu ortadan kaldırmaya, anlık ve keyifli yaşantıları arttırmaya yönelik girişimler göze çarpıyor; bazı madde bağımlıklarının "keyif" adına psikolojik rahatsızlık olmaktan çıkarılma çabalarına tanık oluyoruz.

"Plaza" ve bir de "alışveriş merkezi" yapıları, "teknomedyatik dünya"daki zihin mimarimizi anlamak için çok önemli. Gerek çalışanın gerek iş veya alışveriş amacıyla orada bulunan kimsenin ruh hâlini anlayabilmek için orada olup bitene şöyle bir bakmanız, birazcık kafa yormanız yeter. Plazalarda bir an önce alışveriş merkezlerine dalmak, orada hayatımızı yaşamak (!) için bulunuruz. Alışveriş merkezleri nasıl dileklerin kısa süreli uyanma ve sönme hızları dikkate alınarak tasarlanmışsa, ilişkilerimiz de artık bu tasarıma ayak uydurmak zorunda. Kısa süreli istek ve arzularımıza göre şekillenir her şey. Aramızdaki bütün hikâye bize en yüksek keyfi vermeli ve mümkünse keyif biter bitmez de sona ermelidir. Bu durumu tıpkı günümüzün borsasındaki işleyişe benzetiyor Bauman: "Hisseler satın alıyorsunuz ve onları bir değer artışı görülene dek elinizde tutuyorsunuz, sonra karlar düşer düşmez ya da başka hisseler yüksek bir gelir habercisi olduğunda alelacele satıyorsunuz (bütün numara, uygun anı kaçırmamakta)." Bugün ilişkilere de tıpkı yatırım aracı gibi bakıyoruz. Evet, biz bir işletmeyiz, ilişkilerimiz de işletmemizin verimini arttırmaya yarayan bir pazar. Evet, insan ilişkilerindeki hâlimizle internetteki ve borsadaki hâlimiz birbirinden farklı değil. Ancak bir yandan da hâlâ bağlanmayı, evli kalmayı, dostluklarımız olmasını istemeye devam ediyoruz. Bu dünyada bizi tanımlayan, kimliklendiren bağlarımız, ilişkilerimiz olsun istiyoruz. Muhtemelen bu yüzden bir kısmımız siyasi-ideolojik fanatizmler geliştiriyor, keskinleşiyoruz, bir kısmımız da markaların, takımların, şöhretlerin fanları olmaya çalışıyoruz. Sessiz kalanlarımız belki hâlâ çoğunlukta ama onlar da mutedil, hoşgörülü, feraset ve basiret sahibi çoğunluk mu bilmiyoruz. Bilsek de daha ne kadar öyle kalacaklarından emin olamıyoruz.

Bauman'ın teknolojideki değişimlerin toplumsal ve bireysel psikolojiye yansımaları hakkındaki bu tespitleri muazzam. Onun bu tespitlerini psikolojiden bakarak biraz daha açmamız ve bazı ilaveler yapmamız mümkün. Mesela ilişkilerin doğası tamamen değişti, insanlar yine de evlenmekten vazgeçmediler tespiti doğru ama aynı zamanda "sık boşanan, sık evlenen toplumlar olmaya doğru gittiğimiz, hatta hetoroseksüel gençlerin artık evlenmek istemedikleri göz önünde bulundurulduğunda bir yalnız (solo) yaşayanlar toplumu olmaya yöneldiğimiz de bir gerçek. Bunların nedeni de büyük ihtimalle dijital ortamlardan gelen yaygın sosyal ağlara ve sanallığın egemenliğine dayalı... Aynı şekilde, özgürlük ve aidiyet ihtiyaçlarını aynı anda karşılamaya kalkan günümüz insanı, teknolojinin ve teknolojiye hükmedenlerin eline esir düştüğünün farkında bile olmaksızın uçarılık yürüyüşünü sürdürüyor. Akademi de bu savruluştan, rüzgâra kapılmışlıktan payını alıyor. Felsefesizlik, iyi hayatın ne olduğunu sorgulamama en yetkin zihinlerde de kendini gösteriyor. Teknik aklı kimse artık sorgulamıyor, tam tersine teknolojinin yeniliklerini, önceki nesillerin nasiplerinde olmayan büyük bir imkân olarak görüyor. Teknik akıl, arkasındaki kapitalist çıkar tarafından da sürekli kışkırtılarak tüketiciye (bize) yeni yaşama ufukları, değişim fırsatları sunmayı sürdürüyor. Neler yok ki sunulanların arasında!...

Sanallığın gerçeğin yerine geçmesi, ondan daha üstün kabul edilmesi, yaşam dünyamızı ve ilişki sistemimizi allak bullak ediyor. Kim olduğumuz, nereden gelip nereye gittiğimiz sorularını aklımıza getirmek dahi istemiyoruz. Geldiklerinde de baştan savmak için sanal aidiyetlerimizi öne sürüyoruz; sosyal medyada tutunduğumuz ağları, aldığımız beğenileri kendimizi yatıştırmakta kullanıyoruz, olmadı, bize benzeyenlere sıkıca sarılıyor, fanatizme tutunuyoruz. Sosyal ağlarda öfkemizin zehrini dilediğimizce akıtıyoruz. Daha da olmazsa iç-dünyamıza döndüğümüzü sanıp bedenimizle oyalanmaya başlıyoruz. Hem de nasıl oyalanma zira bedenimizi değiştirmek konusunda tıbbi teknolojiler o kadar çok tercih fırsatı veriyorlar ki bize. Seç dilediğini!... Cinsiyetini bile değiştirebilirsin hatta... Bu bağlamda estetik ve cinsiyet değiştirme ameliyatlarının ve yeni cinsel kimlik sunumlarının kimsenin hayal edemediği boyutlara ulaşmasını dikkatlerinize sunarım. Arzu akışını sere serpe özgür bırakıp arzu tatminini birinci amaç olarak belirleyen bir ideolojik atmosferde bedeninle ilgili bu tür tercihlerine de kılıf bulmakta, meşruiyet kazandırmakta zorlanmıyorsun. Zorlanır gibi olursan da benzeri yollardan daha önce geçmiş ve bir araya gelerek örgütlenmiş yoldaşlar hemen imdadına yetişiyor... Bu dünyanın içine doğan çocuklar; akıllı aygıtlara ve oralardan öğrendiklerine, ebeveyninden ve geleneksel değerlerden daha çok kıymet veriyorlar, her şeyin, bu arada insan bedeninin ve cinsiyetinin değişebileceğine inanıyorlar. Ama kimse tüm bu anlama ve algılama değişikliklerinin teknolojideki değişikliklerle paralel gittiğini, teknik akla teslimiyetimizi görmek istemiyor üstelik insanlar özgür iradeleriyle buna karar verdiklerini sanıyorlar.

Teknolojiye böylesine düşkünlüğümüzü, kayıtsız şartsız ona teslim olmamızı gerçekten anlamıyorum. "Bilimsel"lik kılıfına büründürülmüş yeni bir ideolojik dalga tüm bunları açıklamak için yeterli mi bilemiyorum. Bu konular üzerine özellikle felsefe ve psikolojik bilimlerin çok kafa yorması gerekli. Ama "teknomedyatik dünya"daki bu devasa değişimin son evresine girdiğini söylemekte bir sakınca görmüyorum. Bu evrede artık temel çelişki, teknoloji (ve arkasındakiler) ile ontoloji arasında cereyan ediyor. İnsanlar, toplumlar bu temel çelişkiye göre saflarını belirliyor ve nihai savaşa hazırlanıyorlar. Kendi adıma henüz kimin kazanacağını bilemediğimi söyleyebilirim.

Sonuç olarak: Yepyeni bir dünya ile karşı karşıyayız daha doğrusu içindeyiz. İnsan aklı hiç böylesine yüceltilmedi ama aynı akıl, belki insanlık tarihinde ilk kez yaşanılan hayatı sorgulama vazifesinden firar etmiş vaziyette. Beşeri bilimler ve bu arada psikoloji ve psikiyatri, tıpkı 25 yıl önce olduğu gibi sanki hiçbir şey olmuyormuş havasındalar, zamanın ruhu ile hiç ilgilenmiyor, modası geçtiğini bile bile eski teoriler hâlâ geçerliymiş gibi yapıyorlar. Ben onların bu hâllerini "bilimsel muhafazakârlık" diye adlandırıyorum. Özel olarak günümüzde psikolojik rahatsızlıkların, psikiyatrinin durumuyla ilgili konuşacak olursak 25 yıl önce söylediklerimize ilaveten çocuk psikiyatrisinde "dikkat eksikliği hiperaktivite bozukluğu" ve "otizm" tablolarına ilginin ve bu rahatsızlıkların görülme sıklığının çok arttığını söyleyebiliriz. Ayrıca cinsel kimlik bozuklukları ve internet bağımlılığı da dâhil olmak üzere davranışsal bağımlılıklara ne denileceği ve nasıl yaklaşılacağı konusunda tedirginliğin de artık katlanılamaz boyutlara vardığını gören gözler görüyor ama tüm bunların yaşadığımız "teknomedyatik dünya" ile doğrudan ilişkili olduğunu egemen psikiyatrik bakış görmemekte ısrar ediyor. İnsan ilişkileri, aile ve eş ilişkileri böylesine değişmiş ve değişmekte iken gelişim teorilerindeki, psikoterapilerdeki "bilimsel muhafazakârlık"ın ve hâlâ eski bilgileri geçerli sanmanın psikolojik bilimleri komik durumlara düşürebileceği görüşünde de ben ısrar edeceğim.

BİLGİMİZ ARTIYOR MU YOKSA CAHİLLEŞİYOR MUYUZ?

"Has düşüncenin, tutarlı ve sistematik düşünmenin, hakiki anlamanın gereğini bilen ve yerine getirmeye çalışan birçok yazar, şimdilerde giderek sığlaşan popüler bilinç karşısında ne yapabileceğine kafa yoruyor. İnsanlar önemli, anlamak kadar anlatmak da önemli, bir yolu bulunmalı."

Geçenlerde sosyal medyada kullandığım bu ifade, uzun zamandan beri zihnimi meşgul eden düşüncelerin sonucuydu. Farkındayım, bu ifadede belirgin iki taraf var. Bir tanesi has düşünce, tutarlı ve sistematik düşünme ve hakiki anlamanın peşinde olanlar yani "bilenler", diğeri ise popüler bilincin ağına takılanlar ya da kestirmeden söyleyelim "diğerleri"...

İki tarafı keskin çizgilerle birbirinden böyle ayırınca, birçok soru birbiri ardınca sökün ediyor. Elbette ilk önce "Hiç bilenlerle bilmeyenler bir olur mu?" (Zümer/8-9) diyen ayet akla geliyor ve ardından bilenleri ve bilmeyenleri nasıl ayırt edeceğimiz başta olmak üzere birçok soru... Bilmekten maksat nedir? Bizzat bu ayetin alındığı Kur'an, neyi kast etmektedir? Gerçekliğe ulaşmanın biricik yolu ve yegane mürşit olarak görülen bilimsel bilgi ile Yunus Emre'nin sözünü ettiği "ilim kendin bilmektir" arasındaki fark nedir? Bu durumda Martin Heidegger'in "bilim düşünmez" sözü ne manaya gelmektedir? Peki "hakikat"in böylesine belirsiz olduğu bir dünyada sen hangi donanım ve gerekçeyle kendini ya da bazılarını "bilen" makamına oturtuyorsun?... Bunlara başka sorular da ilave edebiliriz şüphesiz. Hızımızı alamayıp sözün sahibinin kendini beğenmişliğini de işin içine katabilir, onu ağzını açtığına pişman edecek, gerçeği kişinin psikolojisinde saklı bir "şey"e indirgeyecek bir söyleve girişebiliriz...

Cehalet Türleri ve Yeni Cehalet

Size şunu açık yüreklilikle söyleyebilirim: Bir insanın bilgi ve bilme hakkındaki düşüncelerini dile getirmesi sırasındaki üslubuna, soru sormasına ve cevap verme tarzına bakarak "cehalet" karşısındaki konumu, haydi kibarlığı bırakalım, "cehalet düzeyi" hakkında bir fikir edinebiliriz. Geleneksel dünyada âlimler, cehaletin üç türü olduğunu söylerlerdi: "'Cehl-i basit' hâli, bilmemek ama buna rağmen bilmediğinin de farkında olmaktır. 'Cehl-i mu'kab' hâlinde ise kişi bilmez ama bilmediğinin farkında da değildir. 'Cehl-i mürekkep' ise bilmediği hâlde, kendini biliyor zannetme veya yanlış malumatını doğru kabul etme hâlidir. Yani, kendi yanlış bildiği şeyi en gerçek ve en uygun bilgi olarak satmaya kalkmaktır..."

Bu cehalet düzeyleri derecelendirmesinin günümüze kadar gelmiş ve hepimize "Ne kadar da güzel söylemişler" dedirtmesi, cahilliğin pek de öyle sır bir durum olmadığının göstergesi. Hatta cahillik de çoğu zaman tıpkı güzellik gibi apaçıktır. Güzelliği nasıl estetik bir algılamayla idrak edebiliyorsak cahilliği de önce insanın hakikat merakı ve öğrenme iştiyakına, hemen ardından insanın soyutlama yetisinin göstergesi olan kavramlarla ilişkisine bakarak görebiliriz.

Bu konuda daha çok söz söyleyebilir, belki daha ikna edici olabilirim ama şimdilik, evet, bazı insanların daha cahil ve cahilliğin de bilgi yarışmasıyla ölçülen bir şey değil insanın bilgi karşısındaki konumlanışına bakarak görülen bir durum olduğunda anlaşalım. Ve kaldığımız yerden devam edelim...

Teknomedyatik Dünya

Dikkatinizi çekmiştir günümüz dünyası için çok sıklıkla "teknomedyatik dünya" ifadesini kullanıyorum. Büyük ölçüde teknoloji ve medya tarafından belirlenmiş ve çerçevelenmiş olan günümüz dünyasında yaşadıklarımızı en iyi bu kavramlaştırmanın ifade edebildiğini düşünüyorum. "Teknik" her tarihsel dönemde vardı ama modern zamanlarda "teknoloji" dediğimiz bir hüviyete büründü. İletişimlerimizin cereyan ettiği bir ortam anlamında "medium" her zaman vardı ama modernlikle birlikte önce yazı yaygınlaştı, sonra görsellik ve en nihayet dijitalleşme işin içine katılarak bugünkü pek karışık medya ortaya çıktı. Yaşadığımız dünyanın tartışmasız egemenleri olan, zihinlerimizin bile denetimini elinde bulunduran teknoloji ve modern medya, farklı oldukları kadar birbirlerine benziyorlar aslında. Onları benzer kılan, kökenlerindeki sunilik; ikisi de bir biçimde şu veya bu şekilde otantik olanı bozuyorlar. "Sanallık" dediğimiz de son tahlilde, aslında şeylerin ve ilişkilerin (insan-insan ve insan-tabiat ilişkilerinin) suni bir karaktere bürünmesi. Elbette sunilik, şeylerin ve ilişkilerin gerçek değil tümüyle sahte oldukları anlamına gelmiyor. Sunilikten kastımız, şeylerin ve ilişkilerin yaratılıştan olmayan, sahici (otantik) varoluşlarına sonradan eklenen yanlarının öne çıkması. Suni olan gerçek olmasına gerçek, ama hakiki değil...

Sözü uzattıkça uzatıyorum zira yaşadığımız dünyada büyük bir değişim yaşandığını ve en çok da insanın bilgiyle ilişkisinin değiştiğine getirmek istiyorum. Bilişim teknolojilerindeki devasa değişimi, bilgiye önceden hayal bile edemeyeceğimiz bir hızla ulaşabildiğini görenler, başlangıçta "Bilgi Çağı"nın geldiğini sandılar ve yaşadığımız zamanları tanımlamak için bu kavramları kullandılar. Ama çok geç olmadan böyle olmadığı, zihnimizde yükselen "veri" dağlarının "bilgi" anlamına gelmeyeceği anlaşıldı. "Bilgi Çağı" hüsnü kuruntusu çabucak terk edildi. Sosyal medyanın ortaya çıkışıyla bu durum iyice belirginlik kazandı. Her geçen gün daha iyi farkına vardık ki veri yığmak, bilgi; haberdar olmak bilmek; bilgi sahibi olmak, anlamak; görüş bildirmek, yorumlamak demek değil...

Bu kadarla kalsa iyi, yaşadığımız dünyada ayrıca insanların zihinlerinden ve gündemlerinden kavramlar ve onlarla birlikte "iyi hayat" sorunu giderek ortadan kalkıyor. Felsefi sorgulamadan ve hayat bilgisinden ödümüz kopuyor. Yaşantımızdan çıkardığımız sezgisel, pratik bilgilerin değerini bilmiyoruz, "basiret" ve "feraset"in ne olduğundan çoğumuzun haberi dahi yok. "Hikmet", "irfan" gibi kelimeleri anlamsız bulmakla kalmıyor, o gün canımız ne isterse ona inanıyoruz. Bir bakıma felsefesizleşiyoruz. Felsefesiz kaldıkça, tüketim toplumuna, "teknomedyatik dünya"nın sahiplerine, onların önümüze koydukları sözüm ona akıllı aygıtlara daha sıkıca bağlanıyoruz. Sanal olanı hakikat sanmaya, daha çok görüntü ve bakışla idare etmeye, kısa cümlelerle yetinmeye başlıyoruz. Hâlimizi ifade etmek için geleneksel dünyanın âlimlerinin yaptığı cehalet derecelendirmeleri işe yaramıyor. Giderek daha yaygın bir hâl alan yenidünyanın cehalet biçimi (haydi kimseyi incitmeden "popüler bilinç" diye çağıralım onu) karşısında ne diyeceğimizi bilemiyoruz.

Çare, Yazı ve Kitap

Hâli pür melalimiz budur. Gelelim ne yapacağımıza, bu iki tarafı uzlaştırmanın, "bilenler"in bildiklerini "diğerleri"ne nasıl ileteceklerinin yolunu konuşmaya... Telaşlanmayın, bu kez sözü eğip bükmeyeceğim, cevabım oldukça basit.

Sanıyorum bilgi karşısında bugün yaşadığımız bu özgün durumu anlayabilmek için en işe yarar kavramlardan birisi, "ikinci sözlü kültür çağı.".. Bazı düşünürler kavramların, enine boyuna ve derinlemesine düşünmenin yerini kısa, hap niteliğinde bilgiye, görüntü ve bakışa bıraktığı günümüzü anlatmak için bu kavramı kullanıyorlar. Ne kadar haklılar bilemem ama bu kavramın yol açtığı çağrışımlardan çareye kolayca ulaşabileceğimiz kanaatindeyim. Ama önce, şu "söz" ve "yazı" ayrımını belirginleştirelim:

Sözlü ortamda kelime, gerçek ve var olan bir şimdinin parçasıdır; hiçbir zaman tek başına yalnız kelimelerden oluşan bir bağlamda ortaya çıkmaz. Yazılı metinde ise kelimeler de, yazan kişi de yalnızdır, hayali bir okuyucuya hitap edilir. Yazıda ifade edilen her kelime, sonradan değiştirilme ve silinme şansına sahiptir; söylenen söz ise silinemez ancak yamalama yoluyla düzeltilmeye çalışılabilir. Yazarın kelimelerle oynayabilme kapasitesi genişledikçe, yazılı gelenekteki alay da incelip keskinleşir. Yazılı metinde anlam yazarın niyetinden ve metnin bağlamından bağımsızlaşmıştır; orada gerçek, görünür dünyadan farklı, sınırsız bir dünya bulunur. Yazının bu sınır tanımazlığı sayesinde, okuyucu bir metni anlarken yazıdaki görünmeyen göndermelerin manevi zenginliğinden kendisine yeni bir dünya kurar veya varoluşuna yeni boyutlar katma olanağına sahip olur. Yazının etkisiyle ortaya çıkan en çarpıcı görünümlerden biri de dış dünyanın ve vicdanın içselleştirilmesidir. Bugün aklına ve kendine güven içinde karar verebilen bir bireyden bahsedebiliyorsak bunda yazının payı çok büyüktür.

Yazı, modern bilimin ve edebiyatın gelişmesindeki katkılarının yanı sıra bilinci keskinleştirir. Yazının yabancı etkisi ve yaşamla aramıza koyduğu mesafe nedeniyle hayatımız birçok bakımdan zenginleşir, yüceleşir. Yazı sayesinde, insanlığın repertuvarında sözlü geleneğin hantal belleğiyle hiçbir zaman erişilemeyecek ve algılanamayacak kadar bilgi ve beceri birikmiştir.

İtiraf ediyorum, en hazzetmediğim kavramlardan bir tanesi, "modernliğin kazanımları"dır. Bu kavram, öncelikle modernliğin kaybettirdiklerini düşünmemiz gerektiğine inandığım için bende otomatik bir tepkiye neden oluyor. Ancak mesele "söz" ve "yazı" arasındaki ilişki olduğunda, yazının yaygınlaşmasının modernliğin açık bir kazanımı olduğunu söylemekte bir sakınca görmüyorum. İkincil sözlü kültür çağında modernliğin bu kazanımını kaybetmek tehlikesiyle karşı karşıyayız. Bu önleyebilmenin yegâne yolu, yazıyı ve yazının arşivlenme yeri olan kitabı asla bırakmamaktan, onları öne çıkarmaktan geçiyor. Yazı ve kitap ayaktaysa, korkulacak bir şey yoktur. O hâlde bıkmadan yazalım, okuyalım.

SOSYAL MEDYA NEZAKETİ ÖLDÜRÜYOR MU?

Yaşadığımız tuhaf zamanlarda bilişim teknolojilerindeki devasa gelişmelerle birlikte hayatımızın nasıl olacağı; mesela tıbbın, hukukun, eğitimin, üniversitenin yapay zekâ karşısında ne gibi konum alacakları gibi konuları gayet verimli bir şekilde tartışabiliyoruz. Ama gelgelelim sanki asıl meseleyi gözden kaçırıyoruz gibi geliyor bana. İnsanı insan yapan, kalp sahibi diye tanımlamamıza neden olan ahlaki özellikleri, bir başka deyişle erdemlerimiz ne olacak diye pek kafa yormuyoruz. Daha feci olanı, sosyal medyada uç veren yeni iletişim biçimlerine baktığımızda ufukta pek iyi tablolar görünmüyor. Erdemler, hayatımıza ve insan ilişkilerine estetik bir boyut da katarlar. Sanıyorum yeni iletişim biçimleri ilk başta bu estetik boyutu ortadan kaldırıyor. Zarafet ve nezaket, onlarla birlikte hayatımızdaki güzellikler hızla kayboluyor.

Erdemlerin Zemini Nezaket

Andre Comte-Sponville, *Büyük Erdemler Risalesi*'nde nezaketi, ilk erdem olarak niteliyor, tüm erdemlerin kökeni olarak görüyor, erdemlerin, ahlakın ancak insan ilişkilerinde verili olan bir nezaket zemininde yükselebileceğini söylüyor. Ama aynı zamanda tek başına pek de bir anlam ifade etmemesi, mesela bir despotun hayli nazik olmasının neyi değiştireceği gibi özellikleri nedeniyle "en yoksul, en yapay, en tartışma götürür erdem" diye niteliyor nezaketi... Doğrudur, nezaket tek başına hiçbir işe yaramaz, hatta gerçekleri örtebilir, namussuzluklar nezaket kılığında yürürlüğe konabilir ama yine de ahlakın başlangıcı için bir nezaket zeminine ihtiyaç olduğu kesindir.

"Nezaket" kelimesi de tıpkı "medeniyet" gibi Osmanlıca. Farsça "nazik" kelimesinden Arapça sarf kuralına göre türetilmiş; oysa "zarif" de "zarafet" de Arapça ve aynı şekilde dilimize geçmiş. Demek ki "zarafet" ile yetinmeyip bir de "nezaket"i dilimize ilave etmiş atalarımız. Ne de güzel etmişler... Ahlâka ve edebe çok önem veren, bunları inancımızın ve toplumsal hayatın bir gereği olarak gören bir medeniyetin mirasçısı olduğumuzu bize hatırlatmak istemişler.

Gelenek ve görenek; insan ilişkilerinde nerede, nasıl davranmamız gerektiğinin çerçevesini çizer ve hayatımızda kendini göstermesi, değerlerden önce gelir. Zira bir gelenek ve görenek manzumesinin içine doğarız. Çocuk yetiştirme pratikleri sırasında gelenek ve görenek, yeni nesillere öğretilmeye çalışılır. Çocuk, aynı zamanda kişilik olgunlaşmasına yardım eden bir çevrede büyüyorsa bu kuralları, değer olarak iç-dünyasına katar yani içselleştirir. Eğer bu süreç başarılamazsa yani kurallar değer olarak içselleştirilemeden kalırsa, bir süre alışkanlıktan öyle davranılır ama her fırsatta "olmamışlık", çiğlik kendini dışa vurur; samimi olmayan, "-mış gibi yapılan" her davranış sırıtır, gösterişten yapıldığı belli olur.

Çocukları yetiştirmek için bir besleyici sevgi fideliği şarttır ama tek başına yetmez, yalnızca sevgi; çocukları seven ve sevilen birisi bile yapamaz. Çocuk yetiştirirken sevginin yanı sıra ustaca bir terbiye lazımdır. Terbiye, gelenek ve göreneğin öğretilmesi, içselleştirilerek değer hâline dönüştürülmeye çalışılması demektir. Bu nedenle terbiyeye "değerler eğitimi" de diyebilirsiniz. Terbiye, tıpkı dil eğitimi gibi örnek olarak, söyleyerek, yaparak ve düzelterek verilir. Terbiyenin, değerler eğitiminin vazgeçilmez unsurlarından birisi de nezakettir. Hatta en başta andığımız Comte-Sponville'nin fikrince, değerler eğitimine, ahlaka giriş için nezaket zemini şarttır.

Nezaketin de mutlaka öğretilmesi, bunun için de en başta çocuğa güzel örnek olunması gerekir. Zira nezaket, hemen hemen tüm erdemlerin dolayısıyla ahlâkın kökeninde var ama bir yandan da diğer erdemler olmadan tek başına pek bir anlam ifade etmiyor. "Hakaretamiz nezaket"ten de "dalkavukça ve kölece nezaket"ten de söz edilebiliyor. Son derece nazik bir insan ille de iyiliksever, saygılı, mütevazı, yiğit ve adil olacak diye bir kural yok. Nezaket, Nazilerin Beethoven çalarken çocuk katletmeleri gibi zaten kötü olan bir şeyi iyice berbatlaştırabiliyor. Bu nedenle diğer erdemlerle donanmış ancak eğitimsizliği nedeniyle nispeten kaba kalmış bir insan her zaman eğitimli, kibar ahlâksızlardan evladır. Cahil birisi, birazcık çabayla nezaket ehli hâline gelebilir ama ahlâksız bir kimse kolay kolay iflah olmaz.

Bunlar elbette nezaket meselesinin teferruatı. Aslolan, nezaketin insan ilişkilerine müspet yönde katkıda bulunan erdemli bir tutum oluşu. Ama bunun yanı sıra ve belki de daha önemlisi, bir kültürün medeniyet düzeyine yükselebilmesi için davranışların incelmesi, zarifleşmesi gerekiyor. İbrahim Kalın, medeniyeti "âdâb-ı muâşeretten şehir hayatına, mimariden hukuka, davranış biçimlerinden müziğe, sanat ve zanaatten mutfak kültürüne kadar her alana dokunan" diye tanımlarken öylesine haklı ki... Dikkatle bakıldığında, medeniyeti oluşturan her öğenin nezaketle dokunan bir kumaş olduğu görülecektir.

Sanallık ve Nezaket Aynı Toprakta Yetişir mi?

Buraya kadar tamam, asıl mesele bundan sonra başlıyor... Eğer nezaket tüm diğer erdemlerin icra olduğu zeminse sosyal medyada ipuçlarını gördüğümüz "teknomedyatik dünya"-nın geleceğinde erdemlerin hâlinin nice olacağını, nezaketin günümüzde durduğu yerden giderek öngörebilir miyiz? Bakalım. Bunun için sanal iletişimin yüz yüze iletişiminden farkına odaklanmak durumundayız. Zira sanal olan, artık gündelik yaşantıyı ve ilişkileri biçimlendiriyor. Gündelik hayatın "gerçek", insan ilişkilerinin "yüz yüze" bölümlerinde de sanal dünyadaymışız gibi davranmaya, konuşmaya, ilişki kurmaya başlıyoruz zira teknoloji zihnimizi biçimlendiriyor. Teknolojinin zihinlerimiz üzerinde böylesine belirleyici bir etki yapıp yapmayacağını merak ediyorsanız lütfen zihni sözlü ve yazılı iletişim tarafından biçimlendirilmiş insanların düşünce ve davranış kalıplarını şöyle bir gözünüzün önüne getirin.

"Sanal iletişim, yüz yüze iletişimden çok farklı. Sanal iletişim sırasında elbette bilincimiz yerinde, aklımız başımızda ama yüz yüze iletişimde olduğu gibi direksiyon bilincimizde değil, psikolojimizin ilkel ve çocuksu derin katmanlarında. En nihayetinde karşımızda kanlı canlı bir insan değil de makine olduğunu gördüğümüzden, içimizdeki çocuk nasılsa kimsenin bizi görmeyeceğini fısıldayıp durduğundan olsa gerek, psikolojimizin ilkel yanları hemen devreye giriveriyor.

Biz internet ortamını tüm diğer şeyleri olduğu gibi beş duyumuzla algıladığımızı sanıyoruz ama bu doğru değil. İnternet ortamı bizim algılarımızı belirliyor. Nasıl rüyada beş duyumuz ve psikolojik fren sistemimiz, uyanık hayatın mahremiyet kuralları kalkıyorsa sosyal medyada bulunduğumuz sırada da aynı şey oluyor.

İnternetteki sanal ortamda süzgeçten geçmemiş, hemen doyurulmak isteyen ham arzu ve dürtülerimiz, hayallerimiz ve fantezilerimiz çok etkinler. Zaten rüyaya benzeyen, kaba fizik kuralların ortadan kalktığı bu ortamda, rüyada gibi yaşamanın, hayallerimizi gerçekleştirmenin yollarını ararken buluyoruz kendimizi. Bizi bunaltan gündelik hayatın sıkıntılarından, rutinin boğuculuğundan kendimizi sanal âlemin fantastik kollarına atarak kurtulmak istiyoruz. Sanal âlemde yaşadıklarımız rüyaya benzemekle kalmıyor, onu aşıyor. Rüyalarımızda kendimizi tam istediğimiz gibi inşa edemeyiz, zira rüyalarımız bizim olmasına rağmen, neyi, nereye yerleştireceğimize, imgelerin nasıl dağılım ve akış göstereceğine karar veren biz değiliz ama sanal alemde ne istersek o olabiliyoruz, bilincimizi tamamen arzularımızın hizmetine sunabiliyoruz. Ancak şunu da aklımızdan çıkarmamamız gerekiyor: Kapitalizmin tüketime dayalı olma özelliği, bu dönemde öylesine genişliyor ki artık sadece bilinçli biçimde karar verdiğimiz ihtiyaçlarımız değil bilinçdışındaki arzu akışımız da metalaştırılıyor. Neyi arzulamamız gerektiğini de "onlar" belirliyor. Psikolojimizin en derin katmanlarını işin içine katıyorlar. "Pazarlama" durduk yerde yeni bilgi dalı olarak yükselmiyor, bilinçaltına seslenmeyi hedefleyen satış taktikleri üzerine bunca yayın boşuna yapılmıyor.

Sosyal medya, önceki kitle iletişim teknolojilerinden mesela televizyondan da çok farklı. Televizyona çıkan birisinin zihninde olduğu gibi internetin sanal ortamındaki insanların zihninde de hayali bir kitle meydana geliyor. Ancak televizyon çekimi sırasında ortada kurmaca bir sahne ve çekim ekibi olması, izlendiğini düşünen insanın daha temkinli davranmasına ve kendine çekidüzen vermesine neden oluyor ama televizyondan farklı olarak internetin sanal ortamında bunların olmaması, bizi hayalimizdeki kitleye katıyor, kitleselleştiriyor. Televizyonda milyonlar bizi izliyor hissini yaşıyorken internette bu hisse ilaveten milyonların içinden bir tanesi gibi hissediyoruz ve daha kalabalık olursak bizi daha çok göreceklerini ve sesimizin daha çok duyulacağını sanıyoruz. Farkına varmadan veya gayet bilinçli bir biçimde 'sanal cemaat' üyesi oluveriyoruz. Kendi sanal cemaatimizi daha çok takipçi ve beğeni ile kurmak, genişletmek istiyoruz. Gücümüzü göstermek ve arzu tatmini, peşi sıra devreye giriveriyor."

Bu noktayı anladığımızda sanal iletişim sırasında yaptıklarımız; neden daha kolayca kızıp sinirlendiğimiz, kaba sabalaştığımız, çarçabuk bıktığımız, adeta çocuklaştığımız bize daha aşikâr hâle gelecektir. Günümüzde kullandığımız akıllı aygıt teknolojilerinin sonsuz kaydırma imkânları ile dikkatimizi ve belleğimizi nasıl hallaç pamuğu gibi attığı gerçeğini de ilave edersek ruhsal görünümümüz iyice berrak bir hâl alır.

Elbette sanal ortamlarda çocuklaşmamızda, çocukluğa sığınmamızda bir beis yok ama bu sırada başka bir şey daha oluyor, denetim sistemimiz de çocuklaşıyor. Psikolojimizin fren mekanizmaları burada pek işe yaramıyor. Engellenme eşiğimiz düşüyor. Hayal ne kadar gündemdeyse, hayal sistemi ne kadar ön plandaysa hayal kırıklıkları da aynı ölçüde güçlü biçimde kendisini hissettiriyor. Her zamankinden çok daha fazla alıngan oluyoruz. Aniden parlayıverme, içimizden geçenleri sonuçları ne olacak hiç düşünmeden söyleyiverme, küfür etme ve cinsel temalı konuşma her an gündeme geliverecek olgular. En sakin olanlarımızın bile, bir hınç ve öfke yumağı hâline gelmesi, şaşırtıcı değil. Tüm bunlar nedeniyle sanal ortamlarda olağan gündelik yaşamdan çok daha fazla tartışmalar kavgaya dönüşüyor; kavga bir kez başladığında bir türlü durdurulamıyor. Karşımızdaki insanın yaşadığı acıyı, sıkıntıyı, bizim ona verdiğimiz zararı görmediğimizden kendimizi durdurma gereği de duymuyoruz.

Pardon, biz sanallık ve nezaket aynı toprakta yetişir mi sorusuna cevap arayacaktık değil mi? Sanal âlemde yaşanılanları, yeni zihin yapımızı, düşünme biçimimizi ortaya koyunca sanıyorum ayrıca bir cevaba da gerek kalmadı. Eskiden çocukların bir kültürün, bir dilin, bir geleneğin içine doğduğunu söylerdik, şimdiki çocuklar işte bu sanallık denizine açıyorlar gözlerini ve bizimkinden çok farklı bir zihne ve dolayıyla algılama, düşünme ve ilişki kurma biçimine sahip oluyorlar. Korkarım bu engin sanallık denizinin nezaket diye zemine ihtiyacı bulunmuyor, ucu bucağı yok bu dipsiz denizin...

Nereye Varır Bu İşin Sonu?

Artık baştaki kaygı verici soruya dönüp gelebiliriz. Erdemlerin, ahlaki bünyenin ortaya çıkması için şart olan nezaketin giderek kaybolup gideceğini görüyorsak, bu erdemlerin de ahlaki bir varlık olarak insanın da sonuna gelindiği anlamı taşır mı? Kendilerine ve çağımıza "insan-sonrası" (posthuman) sıfatı verenler, şimdiye kadar yazdıklarım gibi bu soruya da gülüp geçecekler, "siz insan bitti diyorsunuz, siz hâlâ öyle bir canlı türü varmış gibi konuşuyor, düşünüyorsunuz" diye hayretle bakacaklardır. Bugün akademide hayatın, insanın ve ilişkilerinin ne olduğuna ve ne yapmamız gerektiğine ilişkin derinlemesine ya da enine boyuna düşünenlere yüz verilmemesinin; insanın doğasından, hayatın anlamından, yaşama ideallerinden söz edildiğinde, sanki mitolojik zamanlardan bahsediyormuşuz gibi bakılmasının nedeni de budur. Akademi dâhil hayatın her alanında giderek sadece teknoloji ve akıllı aygıtların belirlediği, onların sınırlarını çizdiği şeyler gerçekmiş gibi görünüyor. Hayat ile oyun, gerçek ile sanal ayrımı anlamını yitiriyor. Hatta oyun ve sanallık, gerçekten de gerçek mertebesine yükseliyor.

Sosyal medya rüyaya benziyor tespitini yaptık. Ama şunu da söylemek zorundayız: İnsan sabah olunca uyanır, rüya biter, bilinçli hayata döner ve işine gücüne bakar ama internetten ve sosyal medyadan uyanış yok ki... Bu bir. Bu gerçeğe ayrıca yukarıda anlatmaya çalıştığımız teknoloji ve zihin ilişkilerine dair saptamayı eklediğimizde, bir süre sonra sosyal medyadaki kuralsızlığın gündelik hayatımızda da kendisini göstereceğini; feraset, basiret, izan ve erdemlerin tedricen kaybolacağını söylemek kehanet olmayacaktır. Teknomedyatik dünyaya, sanallığın içine doğan gençleri yeni bir kuşak olarak tanımlanacak ve bu kuşağın özelliklerini sergilemeye çalışanların söylediklerine bakılacak olursa kehanetin hayata geçmesinin şafağında olduğumuzu da söylemek mümkündür.

Tüm bunlara rağmen ben, "insan bitti" diyenlerle aynı kanaatte değilim. Büyük bir mücadele olduğunu, teknolojinin güçleri ile ontolojinin güçlerinin dehşetengiz bir kavgaya tutuştuklarını elbette görüyorum ama henüz kavga bitmedi.

KİŞİLİĞİ İNSANIN YÜZÜNDEN, BEDEN YAPISINDAN BELLİ OLUR MU?

"Fizyonominin (İlmi Sima) Bilimsel Gerçekliği Var mıdır?"

"Fizyonomi", İslam dünyasında "ilm-i firaset", "ilm-i kıyafet", "ilm-i sima" gibi adlar da verilen, insanın zahirinden yola çıkarak batınını, yani yüzüne, beden yapısına bakıp ruhunu, kişiliğini anlamaya çalışan daha doğrusu anladığını iddia eden bir bilgi alanı. Fizyonomi konusunda bugün de batıda çok zengin bir literatür var ama taraftarlarınca söylendiği gibi akademinin içinde kendine yer bulabilmiş değiller. Daha çok 'pop psikoloji' diyebileceğimiz bir yerde, astroloji, sihir gibi modern-öncesi bilgi ve uygulamaların devamı olduğunu ileri süren bölümde veya 'new age' denilen akımların içine karışmış hâlde yer alıyor.

Mesleki olarak "kişilik" konusu her zaman ilgimi çekmiş, her fırsatta psikolojik rahatsızlıklarla kişilik sorunları ve kişilik bozuklukları arasındaki farkı anlatmaya çalışmıştım, çalışıyorum. Kıymetli meslektaşım Doç. Dr. Murat Beyazyüz ile birlikte *Geçimsizler: Kişilikleri Tanıma ve Geçinmeyi Kolaylaştırma Kitabı*'nı da bu amaçla kaleme almıştık. Sonradan geleneksel bakışın ve özellikle fizyonomi ile ilgili eserlerin halkımızın kişiliğe yaklaşımında çok etkili olduğunu görünce bu konuda da bir çalışma yapmaya karar verdik. *Gerçek İnsanın Yüzünde Yazar mı? (Batı, İslam ve Bilim*

Dünyasında) Kişiliğini İnsanın Yüzünden Tanımak adlı bir kitap yayınladık. Ayrıca Yazıgen Yayıncılık, Seyyid Lokman Çelebi'nin meşhur *Kıyafet'ül İnsaniyye Fi Şemaili-l Osmaniyye* kitabını *Padişahlar ve Fizyonomi* adıyla günümüz Türkçesiyle okuyucuya sunduğunda da bu kitaba bir giriş bölümü yazmıştım.

Kişiliklerle ilgili popüler psikoloji ve kişisel gelişim kitaplarından modern bilimsel bilgiler elde etmeye çalışan insanların kafası zaten çok karışıktı. Bu konuda geleneksel dünyadan günümüze kadar gelebilmiş bilgilerin de bu kafa karışıklığında hayli yer tuttuğu görmek, bizim için çok şaşırtıcıydı. Şaşırtıcı olan bir husus da kadim İslam kültürüne ve bilgi dağarcığına ait sanılan birçok konunun, aslında Eski Yunan ve Roma kaynaklı oluşu ve günümüz batı dünyasında bu tarz bilgilerin bizden daha fazla alıcı bulabilmesiydi. Modernlikle birlikte halkın bilgisi artıyor mu yoksa tam tersine yeni tür cehaletler mi ortaya çıkıyordu sorusu ister istemez bir kez daha aklımıza geliyor, zihnimizi çeliyordu. Anlatayım.

Maalesef fizyonomi, ülkemizde İslami kökenli sanılıyor ve geleneksel ilimlerin içinde mütalaa edilmeye çalışılıyor. Oysa fizyonomi hakkındaki araştırmalarımızda şöyle ilginç bir sonuca ulaşmıştık: Fizyonomi, İslam dünyasına çok sonradan ve dışarıdan girmişti, bilimsellikle ilgisi bulunmadığı gibi batıdaki ırkçı fikirlere kaynaklık etmek gibi menfi etkileri de vardı. Fizyonomi, sanılanın aksine bugün de doğuda ve İslam dünyasında değil daha ziyade batıda popüler bilgiyi dolduruyor, pop psikolojiye meraklı batılılar konuyla yoğun biçimde ilgileniyordu.

Biraz daha yakından bakalım.

Her ne kadar bazıları ilk ortaya çıkışını Eski Çin'e ve Hind'e dayandırsa da fizyonomi hakkında bilinen kayıtlı kaynaklar, Eski Yunan ve Roma'ya ait ve kökenleri Aristoteles'e dayandırılıyor. Modern psikolojik bilimler gündeme gelip yaygınlık kazanmadan önce, çok uzun yıllar boyunca, kişileri ve kişilikleri tanımanın en geçerli yönteminin fizyonomi olduğu söylenebilir. Elde başka imkân olmadığından insanların kişilikleri ancak yüzlerine ve bedenlerine bakarak anlaşılmaya çalışılıyor, bazı gözlemlere dayanarak kitaplar yazılıyordu. Ancak ilginç biçimde bu bakışın neticesinde halkın Kilise dışında kimselere bağlanmasını engellemek için olsa gerek Ortaçağ'da batıda fizyonomi yasaklandı, ta ki Aydınlanma ile birlikte tekrar yaygınlaşmaya başlayana kadar. Aydınlanma döneminde ilgi tekrar canlandı, bazıları bilim dünyasında yer alan birçok kişi fizyonomiyle ilgilenmeye başladı.

Modern psikiyatri ve psikolojide kişilik ile ilgili ilk fikirlerin Aydınlanma döneminde fizyonomi merakından ortaya çıktığı kabul ediliyor. 18. yüzyılda bilimsel bakımdan bugün onaylamayacağımız yöntem hataları ve etik problemler içeren bu fizyonomi görüşleri, şüphesiz Osmanlı coğrafyasına da ulaşıyordu. Girişte sözünü ettiğimiz *Kıyafet'ül İnsaniyye Fi Şemaili-l Osmaniyye* kitabı da bu etkiyle yazılmıştı. II. Selim tarafından saraya ve enderuna hoca ve III. Murat tarafından şehnameci olarak atanan Seyyid Lokman Çelebi, fizyonomilerini değerlendirdiği Osman Gazi'den Sultan III. Murad'a kadar 12 Osmanlı sultanının resimlerini, başnakkaş üstad Osman'dan ya da sadrazam aracılığıyla Avrupalı üstadlardan tedarik edip kitaba koymuştu. Ülkemizde çok bilinen ve hatta "ilmi sima" dendiğinde akla gelen ilk eser olan Erzurumlu İbrahim Hakkı'ya ait *Marifetname*'deki konuya ait bilgilerin de hem önceki asırlarda yazılmış kıyafetnamelerden hem de batıdan gelen yeni bilgilerden sentezlenmiş olması, yüksek ihtimaldi.

Sonradan psikolojik bilimlerin gelişmesi ile hayli güç kaybetse de fizyonomiden kaynaklanan fikirler bugün de hâlâ batıda çok yaygın; internet, yüzden kişilik tanıdığını iddia eden ve bu yoldan insanları sömüren kişilerle dolu. Fizyonomiden yayılan fikirlerin bilimsel bakımdan durumlarını daha sonra ele alacağız. Hâl böyle olduğu hâlde niye İslam dünyasında ve ülkemizde fizyonomik bakışın İslami sayıldığı üzerinde de biraz duralım.

İslam Dünyasında Durum Ne?

Daha önce ifade ettiğimiz gibi fizyonomi, ülkemizde İslam kökenli sanılıyor ve geleneksel ilimlerin içinde mütalaa edilmeye çalışılıyor. Bir iki örnek vermeme müsaade edin.

"İmam Şafi, uzun bir seyahatin sonunda Bağdat'a yakın bir yerde bir kervansaraya konuk olur. Orada bulunan insanlardan biri diğerlerinden daha fazla ikram ve iltifatta bulununca İmam Şafi dostlarına: 'Bu âdemin şeklinde kuvvetli bir kötülük duygusu var. Lakin bize üç gündür haddinden fazla ikramda bulunuyor. Bakalım akıbeti de böyle olursa benim bildiğim o feraset ilminin hiçbir aslı yoktur' demekten kendini alamaz. Öyle ki imam hazretleri yola revan olmayı buyurunca mezkûr şahıs imamın atının gemini yakalayıp 'Üç gündür yiyip içtiniz, bunların karşılığını ve hane kirasını verin' diyerek çıkışır. İmam hazretleri tebessüm ve taaccüp buyurunca onun yaranı dönüp ona: 'Ya imam, sizin bildiğiniz feraset ilmi sahihtir, bunun delili ve alameti böylece sabit olmuştur' derler."

İmam Şafi, bir kimsenin dış görünüşüne bakıp o kişinin ahlâk ve karakter yapısı hakkında hükümler koyan yani zahirden batını tespit ve tahmine çalışan feraset ilminin doğruluğunu yeri geldiğinde test etme gereğini niçin aşikâr etmiştir? İnsanın dışına bakarak içini keşfetmeye dönük çabalar çok eskilere dayanıyor. Hipokrat ve Eflatun insanları derin ve sathi diye çeşitli tiplere göre incelemişlerdi. İslam dünyasında ise ilk kıyafetname günümüze ulaşamamış fakat birçok eserde gönderme yapılan İmam Şafi'nin eseriydi. Ondan sonraki dönemlerde de yüze üflenmiş ruhun peşinde birçok âlim kafa yormuş, eser telif etmişti. İmam Şafi'yi edindiği bu ilimden şüpheye düşüren şey, herhalde bu bilgilerin tam olarak bilimsel dayanaklarının olmayışıydı. Ama buna rağmen ilimleri; Beden İlmi ve Dinî İlimler diye ikiye ayıran da oydu. İslam dünyasında bu ilim firaset ya da kıyafet olarak adlandırılmış ve bu işin ehillerine de kâif denilmişti. Hz. Peygamber'i (s.a.v.) çocukken bir kaif görmüş ve onun bir öksüz olduğunu, büyüyünce önemli bir şahsiyet olacağını haber vermişti. Yahudi âlimlerinden Abdullah bin Selam'ın daha görür görmez, onun için 'Bu yüz yalan söylemez' demesi de bu cümledendi. Kıyafetname yazarları bu ilmi bazı ayet ve hadislere dayandırıyor. 'Ey Resulüm sen onları simalarından tanırsın' ayetinin yanında 'Müminin firasetinden sakının' hadisi de zikrediliyor."

"Zerreden kürreye evrendeki her varlığın kendisini ifşa eden bir yüzü olduğunu inkâr edebilir miyiz? Her şeyi Allah Tealâ yarattığına göre, yarattığı her şeye bir yüz giydiren de O'dur. Yüzsüz varlık, eksik yaratılış anlamına geleceğinden düşünülmesi bile muhaldir.

Her şeyin bir yüzü vardır. Bu yüz o şeyin hem dışa açılan kapısıdır, hem de o varlığın bâtınına gireceğimiz bir kapısı... Ne olduğumuz, nereden geldiğimiz, nereye gittiğimiz, kulluğumuzun derecesi, iyiliklerimiz, kötülüklerimiz hep yüzümüzdedir. Yani bizler, yüzümüzde var olanlar kadarız!

Seyyid Lokman Çelebi'nin *Kıyafetnamesi*'ni bilenler veya herkesin bildiği Erzurumlu İbrahim Hakkı Hazretleri'nin *Marifetnamesi*'ni okumuş olanlar, yüzümüzün konuşan dilini anlayabilirler. Günümüzde 'beden dili' tanımlamasıyla ortaya konan yaklaşımlar, geleneğimizdeki ilm-i kıyafetin veya ilm-i simanın belki kıyısına yaklaşmış olabilir. Ancak insanı ve insan yüzünü anlamak, Allah'ın sonsuz ilmi ve nuru ile desteklenen kutlu kişilere nasip olmaktadır."

Ne zaman fizyonominin, İslam dünyasında karşılığı olan "ilmi sima", "firaset ilmi" ya da "kıyafetname" hakkında Türkçe yazılmış bir metin okumaya kalksanız, iki ayrı Tasavvufi dergiden alınmış yukarıdakilere benzer cümleler görürsünüz. Bu ifadelerde doğrularla yanlışlar iç içedir; hataların temelinde ise çoğu zaman tüm ilmi simanın ya da ilmi firasetin doğrudan doğruya İslami bilginin kendisinden kaynaklandığı bulunur. Yukarıdaki alıntıda olduğu gibi her ne kadar Hipokrat, Eflatun, Aristoteles gibi Eski Yunan kaynaklarına çok kısaca gönderme yapılırsa da içten içe ilmi firasetin İslami bilgi gövdesi içinde yer aldığına inanılır. "Bütün bu çabalar, Allah'ın kendi ruhundan üflediği zübde-i âlem olan insanı anlama, yaratılıştaki hikmetleri görme gayretlerinin akisleriydi" denilir. Oysa "Eğer bir kişinin boynu ve omzunda çok kıl varsa, kaşının kılı çok, burnu eğri, dudakları ince ve biri diğerine göre kalınsa, yüzünde ve gövdesinde çok ben varsa o kişi zalimliği, inciticiliği, haksızlığı sever... Bir kimsenin burnunun orta direği ince ise ve yürürken ellerini sallıyorsa o kişi kendini beğenmiş biridir. Alnın genişliği huysuzluğa, darlığı anlayışsızlığa, yumruluğu tembelliğe, çizgisiz olması ahmaklık ve bencilliğe, alın çizgilerinin çokluğu çok konuşkanlığa, iki kaş arasındaki çizgi eften püften şeyleri dert edinmeye, sıkıntılı oluşa işarettir. Eğer gözünüzün akı karasından çoksa, burnunuz uzun, ağzınız geniş, dudaklarınız ince ise, sesiniz gür ve kalınsa, saçınız da sertse siz; cesur, gayretli, bahadır heybetli bir karaktere sahipsiniz demektir." gibi ifadelerin İslami bilginin genel konumuna pek de uygun olmadığını görmek o kadar zor olmasa gerektir.

Fizyonomi (ilmi sima), insanın yüz ve beden görünümünden hareketle, tevile hiç yer vermeyecek bir açıklıkla, kişiliği ve karakteri hakkında yorum yapmak demektir. İslami bilginin genel gövdesiyle, kişinin karakterinin yüzünden okunabileceğini vaaz eden batılı fizyonomi arasında uzlaşmaz bazı noktalar olduğu açıktır. Peki, o hâlde batılı fizyonomi nasıl olup da İslami bilginin gövdesi içinde kendisine yer bulabilmiş, birçok âlim ilmi firasetten övgüyle bahsetmiştir. Bu soruya cevap verebilmek için fizyonominin İslami bilginin genel gövdesine ilk kez ne zaman ve nasıl girdiğini ve sonra nasıl yol alarak ilerlediğini bilmek gerekir.

Batı fizyonomisinin kökenleri, daha ziyade Aristoteles'e ve muhtemelen onunla ilgisi olmayan ama ona atfedilen bir kitaba dayandırılıyor. Fizyonomiyle ilgili hangi taşı kaldırsak altından çıkan bu kitap, çok yüksek ihtimalle Aristoteles'e ait değildi ama kabul etmek gerekir ki, Aristoteles'in ruh nazariyesi fizyonomik bakış için çok uygun bir zemin teşkil ediyordu. Aristoteles'e atfedilen bir kitap batı fizyonomisi için asıl kaynak gibi görünüyordu ama aynı kaynağın fizyonominin İslam dünyasındaki yansıması olan ilmi sima (firaset ilmi) için de geçerli olduğunu söylemek pek mümkün değil. İslam dünyasında yüzden karakter okumanın kaynağında büyük ihtimalle başka bir kitap var. Bu kitap şimdiki Denizli yakınlarında bulunan Laodikya'da M.S 88-144 yılları arasında yaşamış Romalı siyasetçi, aristokrat ve entelektüel Marcus Antonius Polemon'a ait *Polemon'un Fizyonomisi.*

Polemon'un kitabından, dolayısıyla fizyonomiden Arapça literatürde ancak 9. yüzyılın ortalarından itibaren bahsediliyor. Zaten Eski Yunan eserlerinin Arapçaya tercüme hareketi de 8. yüzyılın sonları ile 10. yüzyılın başlangıç yılları arasına rastlıyor ve bilindiği gibi batıda Rönesans'ın ortaya çıkışı bu Arapça eserlerden yeniden Latinceye yapılan çevirilerle başlıyor. Bu ilginç çeviri hareketlerinin iyi incelenmesi sonucunda araştırmacılar; Arapça kaynaklarda hatalı olarak Aristoteles'e yapılan atıfların, Rönesans'ta Latinceye çeviri hareketi sırasında batıya da geçmiş olabileceği üzerinde duruyorlar ve fizyonominin kaynağı olarak Aristoteles'e atfedilen birçok bilginin aslında Polemon'a ait olma ihtimalinden bahsediyorlar.

Bugün elimizde 14. yüzyıla ait olduğu sanılan ve birisi Topkapı Sarayı Müzesi Kütüphanesi'nde bulunan iki Arapça *Polemon'un Fizyonomisi* kitabı var. Bunlar, büyük ihtimalle 4. yüzyılda Polemon'un kısaltılmış Yunanca çevirisine dayanıyorlar ve tam çeviri değiller, fizyonomi İslami bilgiyle mecz edilerek adeta yeniden yazılmış gibi görünüyor.

Fizyonominin İslam dünyasına girerken kullandığı yollardan birisi de Galen tıbbı. Galen de Polemon hayranı ve ondan 50 yıl sonra Laodikya'nın komşusu Bergama'da yaşamış, Hipokrat'tan sonra batıda yetişmiş en büyük hekim. Müslümanlar Galen tıbbından çok etkilenmiş, o sıralarda İslam dünyasında hekim ve filozof arasında bir ayrım olmaması Galen tıbbı aracılığıyla fizyonominin girişini kolaylaştırmış görünüyor.

Galenik tıpta, ruh ve beden arasındaki etkileşimin birincil önemde olması anlayışı aynen İslam tıbbına da geçmiştir. İslam tıbbını ruh ve bedenle aynı anda ilgilenmeye zorunlu kılan etkenlerden biri de o sırada kurulan büyük hastanelerde hekimlerin hem fiziksel rahatsızlıklara hem de akıl hastalıklarına bakma yükümlülükleridir. Galen'e eserleri nedeniyle Müslüman âlimler tarafından Eski Yunanlı Eflatun ve Aristoteles kadar saygı duyulmuş, onun eserleriyle birlikte Polemon fizyonomisi İslam dünyasına yerleşmiştir. Örneğin batıda da çok iyi bilinen, 'Müslüman Galen' denilen, M.S. 925'te ölmüş olan büyük hekim Razi'nin kitaplarında Galen'den alınma ama aslında Polemon'un bakışına göre temellenen fizyonomi bölümü vardır.

Fizyonomi, İslam düşünce dünyasına Polemon çevirileriyle ve Galen tıbbıyla girdikten sonra bu konuda peş peşe eserler verilmeye başlanır. Yüzün anatomik özelliklerinin kişilik ile ilişkisine değinen ilk kitaplar Arapça olarak ve "firaset" başlığı altında kaleme alınır. Özellikle Razi'den sonra ilmi firaset İslam dünyasında hızla yayılır. Muhyiddin Arabi dahi *Fütuhat-ı Mekkiyye* isimli eserinde bir bölümü "firaset" konusuna ayırır.

İslam dünyasına fizyonominin girişinden önce de zaten İslam düşüncesinde var olan "firaset" kavramı, kavramın sınırlarının belirsizliği nedeniyle batıdan gelen fizyonomi bilgisinin İslami platformda meşrulaştırılması işlevini görür. Yani Polemon çevirileriyle İslam dünyasına giren fizyonomi bilgisi, firaset kavramının geniş çatısı altına sokularak değerli hâle getirilir. İlkin firaset ilmi şeklinde İslam düşüncesine giren fizyonomi bilgisi konuyla ilgili eserlerde çeşitli yöntemlerle İslamileştirilmeye çalışılmış, Osmanlı coğrafyasında en bilinenleri Akşemseddinzade Hamdullah Hamdi'nin ve Erzurumlu İbrahim Hakkı Hazretleri'nin *Marifetname*'sinde yer alan birçok "kıyafetname" yazılır.

Fizyonomiyi İslamileştirme çabalarında ilk dayanak noktaları tahmin edilebileceği gibi İslami bilgilenmenin en temel iki kaynağı olan ayetler ve hadisler olacaktır. İnsanın dış görünüşüne bakıp iç dünyası hakkında bilgi edinilebileceğine delil olarak özellikle "Sen, onları simalarından tanırsın" (Bakara/273) ve "Sen onları -münafıkları- konuşma tarzlarından tanırsın" (Muhammed/39) ayetleri ve "Müminin firasetinden sakınınız, zira o Allah'ın nuru ile bakar" hadisi gösterilir. İslami bilgi külliyatı oldukça aşırı bir yorumla fizyonomi lehine yorumlanırken bir yandan da fizyonomi İslamileştirilir. Zira bu ayetler ve söz konusu hadis, fizyonominin değil de geniş bir anlam ağı olan firaset kavramının delili olarak kabul edilebilir. Zira bu ayetlerde geçen 'tanıma' fiili; yüze ve yüzün anatomik yapısına bakarak tanıma gibi basit bir anlamı olmayıp, bu konuda yetkin kimselerin dış görünüşle yetinmeyip insanın ahlak veya kişilik özelliklerini de görebildikleri anlamına gelmektedir. Yani bu ayetler fizyonomi için değil de firasetin daha derin anlamları için delil olmaya daha uygundur.

Niye Kişilikleri Bir Bakışta Tanımak İstiyoruz ve Gerçekte İnsan Yüzü Bize Ne Söylüyor?

Her insan farklı bir âlemdir ve bizler topluluk yaşantısı içinde karşılaştığımız her insan hakkında farkında olarak veya olmayarak bilgi sahibi olma arzusundayız. Karşılaştığımız insan başlangıçta bir muammadır bizim için, bilmediğimiz bir âlemdir, ama zihnimizde hazır duran kalıplar bu muammanın yarattığı huzursuzluktan bizi kurtarmak için hemen yetişiverir. Kolayca bazı vasıflar yakıştırırız karşımızdakine ve onu zihnimizdeki kalıplardan birine oturtuveririz. Bu hızlı hüküm verme süreci elbette yanılgıları da davet eder ve yanılgılarımızı kimi zaman alınacak bir derse dönüştürmeyi becerebilirken, kimi zaman sadece hayal kırıklığı şeklinde deneyimleriz. Peki, yeni yanılgılara düşmemek için neler yapabiliriz? Bunu öğrenmek için önce yanılgılarımızın altında yatan sebepleri görmemiz gerekir.

Her insan bir âlemdir ve o âlemin bize açılan en büyük penceresi insanın yüzüdür. Yüz yalnızca anatomik girinti ve çıkıntıların belirlediği durağan bir topografya değildir, aynı zamanda mimik kaslarının hareketleriyle, bakışlarla, boynun sağa sola dönüşüyle de değişken mesajlar ileten dinamik bir sistemdir. Yani bir âlem olan insanın dışa açılan en büyük penceresi, bildiğimiz pencerelerden epeyce farklıdır. Bu pencereye dair merak ve ilgi, insanlık tarihi kadar eski olmalıdır çünkü insan her zaman diğer insanlarla bir arada olmuştur ve diğerine dair merak da kaçınılmazdır. Haklarında yeterince bilgi sahibi olmadığımız atalarımız bu konuda neler söylemiş, neler düşünmüş bilmiyoruz fakat insanoğlunun sistematik bir biçimde düşünmeye başladığı zamanlardan beri insan yüzü üzerine düşüncelerin kayda geçtiğini görüyoruz. İnsanoğlunun sistematik biçimde düşünmeye başlaması felsefenin doğuşu olarak görülebilir ve bu bir bakıma bilimsel düşüncenin de doğuşudur. Bununla birlikte felsefenin de bilimin de tarihi yanılgılarla doludur. Yüz konusunda da böyle midir acaba?

Bir pencereden neleri görebileceğimize dair beklentilerimiz, yanılgılarımızın da sebebi olabilir mi? Tarih boyunca yüzün anatomik özelliklerinden yola çıkarak insanların; kişilikleri, akılları, imanları, iyilik veya kötülükleri hakkında kanaate varma üzerine pek çok söz söylenmiştir ve bunların bir kısmı da bilim çatısı altında dile getirilmiştir. Bir insanın yüzüne bakarak neleri anlayabiliriz? Bu insan iyi midir, kötü müdür; tehlikeli midir, güvenilir midir; merhametli midir, gaddar mıdır; cömert midir, hasis midir? Veya şu parametrelere bakalım: Bu insan mutlu mudur, üzgün müdür; dertli midir, huzurlu mudur; gergin midir, rahat mıdır? Yüze bakarak bunlardan hangilerini anlayabiliriz ve anladığımızı sandıklarımızın ne kadarı bilimsel bir gerçekliğe dayanmaktadır? Nasıl ki bir pencereden bir eve bakarken o ev hakkında edinebileceğimiz bilginin sınırları varsa, aynı şey insanın dışa açılan penceresi için de geçerlidir. Bir insanın yüzü pek çok şey anlatır ve anlattığını sandığımız pek çok şeyi de anlatmaz. Hâl böyle olunca doğru ile yanlışı ayıklamak gerekir.

İnsan, başlı başına muamma ve biz insan ilişkisine mecburuz. İnsan ilişkisi çok zor, her ilişki tuzaklarla dolu... Geleceğimizi bilmek konusunda nasıl müthiş bir istek duyuyor ve bu isteğimiz nasıl her türlü falcılık ve kehanet uğraşlarına kaynaklık ediyorsa, karşımızdaki insanın neme nem birisi olduğunu da bir bakışta görmek, anlamak istiyoruz. Karşılaştığımız bir kimsenin kişiliğini hemen ele verecek şifreler aramamız, "yüzden kişilik okuma" konusunda temel motivasyonu sağlıyor.

Diğer insan, bize kendisini yüzü aracılığıyla sunar. Bir insanı tanımak için mutlaka onun yüzündeki anlam denizine dalmak gerekir. Başkalarını sevmek ya da sevmemek onun yüzünde gördüğümüz(ü sandığımız) anlamlar sayesindedir.

Bir insanın yüzüne baktığımızda ilk fark ettiğimiz bir belirsizlik, sürekli bir farklılaşma, imge avcısı gibi gezinen gözlerimizden hep bir kaçıştır. Zaman zaman bir yüzde sabit bir anlam yakaladığımızı sanırız ama beyhude... O, durmaksızın değişir. Ötekinin tüketilemez, bilgi konusuna dönüştürülemez olan yüzü karşısında her zaman çaresiz kalırız. Karşımızdaki insanın yüzünü tek bir anlama sabitleyememek, o çok övündüğümüz gücümüzü tuzla buz eder. Civa gibi sürekli anlamlar üreten yüzü belli özelliklere raptetmek, oraya baktığımızda gördüğümüz anlamı sabitlemek, karşımızdaki insanın nasıl birisi olduğunu hemen keşfetmek bu yüzden müthiş bir arzudur.

Onun için müthiş bir arzu duyduğumuz kesin ama yüzden kişilik okumanın bilimsel bir geçerliliği yok. İnsan yüzünün anatomik, şekilsel özellikleri ile insanın kişiliği arasında bir ilişki olduğu bugüne dek ispat edilemedi. Peki, hiç ilişki yok mu yüzümüzle kişiliğimiz arasında? 'Yüzünün meymeneti yok; rabbi yesiri silinmiş', 'Yüzünde nur yok', 'yüzünden belli nasıl biri olduğu', 'içindeki kötülük yüzüne vurmuş' gibi ifadelerin hiçbir rasyonel temeli bulunmuyor mu?

İnsan yüzünün anatomik kısımlarının ölçüleri veya şekilleri ile kişilik arasında ilişki olmadığını söylemek, insanın yüzündeki anlam denizi ile kişiliği arasında hiçbir ilişki yoktur demekten farklı bir şey elbette ve bu ayrım çok önemli. Biz ruhiyatçılar da insanın kişiliğini anlamaya çalışırken elbette yüzüne bakıyoruz ama sadece yüzüne bakmak, bir insanı anlama çabasının ilk adımı ve bir insanı anlamak için birçok başka adım atmak gerekli. Bir insanın kişiliğini anlamak, onun şimdiki ruhsal durumunu anlamaktan çok daha zor ve uzun bir zaman gerektirir.

Mesela bir ruhiyatçının beden dilini anlama konusunda sağlam bir eğitimi olması lazımdır. Beden dili, insanın kişiliği hakkında bazı ipuçları verebilir ama bedenin sabit şekli yani anatomik yapısı kişilik hakkında belirgin bir ipucu vermez. Zaten beden dili konusunda yetkinleşmek de karşımızdaki insanın kişiliğini anlamak için yetmez. Yüz ifadeleri ile duygular arasındaki ilişkiye odaklanan pek çok çalışma yapılmış ve tutarlı sonuçlar elde edilmiş. Ama lisan gibi beden dili de kültürden kültüre, gençler ve yaşlılar, kadınlar ve erkekler arasında farklılık gösterebiliyor.

Kişilikleri tanımak çok zor tamam ama kabul etmeliyiz ki toplum içinde nadir de olsa, "insan sarrafı" denilen tipler bulunuyor. İnsanları bir süre gözlemledikten sonra onların kişilikleri hakkında doğru tahminlerde bulunabilen kimseler, bu kişiler. İnsan sarrafları, insan yüzünün sabit şekilsel özelliklerinden değil değişken, yani kişinin kontrolünde olan şekilsel özelliklerinden istifade ederek tahminde bulunuyorlar. Yani insan sarraflığının da fizyonomi ile, ilmi sima ile bir ilgisi yok. İnsan sarraflarının en önemli ortak yönleri insanlarla yoğun biçimde ilişki içinde olmaları... İnsan sarrafları; çok iyi gözlemci, anlık ve sürekli dikkat melekeleri güçlü... İletişim sırasında iletişimin bütün unsurlarına aynı anda dikkat edip tutarlılığı veya tutarsızlıkları çabuk fark ediyor, tecrübelerini bu yeteneklerine ekleyebiliyorlar. İnsan sarrafları; insan sesinin tonunu, tınısını, ahengini, hangi kelimenin hangi hecesinde artıp hangi hecesinde azaldığını fark etme konusunda da çok yetenekliler. Konuşma sırasındaki beden dili işaretlerini de aynı anda fark edip bu bilgileri hızlı biçimde yorumlayabiliyorlar.

DİL, HÂLÂ "VARLIĞIN EVİ" Mİ?

Freud'un, bilinçdışına insanın ruhsal aygıtının işleyişinde birincil bir yer vermesi ile yalnızca psikanalizi apayrı bir psikoloji ekolü olarak kurmakla kalmamış, aynı zamanda içinden kolayca çıkılması mümkün olmayan bilinç-bilinçdışı kutuplaşmasının temellerini de atmıştır. Tüm bilginin kaynağı olarak bireyin bilinçli düşüncesini gören, bireyin farkına varmadığı zihinsel süreçlerin olduğunu yadsıyan Kartezyen bakış; her zaman Leibniz gibi filozoflar ya da romantikler, sürrealistler gibi sanatçı ve entelektüel hareketlerde muhalefetini barındırmış olsa da akademide ilk kez Freud'la birlikte müthiş bir karşı kutupla karşılaşmıştır. "Hakikat", nerede aranmalıdır? Bizim hakikat sandığımız şeyler, acaba sadece ruhsal aygıtımızdaki dürtü, arzu gibi dile gelmez alanların çarpıtılmış ifadeleri olmasın? soruları zihinlerimize kazınmıştır.

Sanılır ki Freud ve onun şahsında psikanaliz ve psikoloji, geleneksel hakikat algımıza çomak sokmuş, her şeyi ters yüz etmiştir. Oysa bu sorunun yalnızca bir boyutudur. Karışıklığın kendisi bizatihi insanın dilselliğinden (linguality) kaynaklanmakla birlikte Freud'un psikanalizi de bundan muaf değildir.

İşin içine psikoloji girdiğinde kavramlarımız, tanımlarımız bir bilimsel alanda olması gereken kadar açık ve sıkı değillerdir. Hadi "algılama", "düşünce" gibi zaten karışık yerlere gitmeyelim. "Duygu" gibi nispeten berrak bir alanda dahi böyledir. Ruh hâllerimiz ve duygularımız asla (biyolojik yaklaşımda olduğu gibi) tek başına öznel -içerinin üretimi- ve (davranışçı yaklaşımda olduğu gibi) tek başına nesnel -dışarının etkisiyle üretilmiş- olamazlar. Yine bir felsefeci, bize, yani psikoloji bilimiyle iştigal edenlere "Kuzum siz bunaltı anlamında anksiyete dediğinizde, şunlardan hangisini kastediyorsunuz? diye sorsa: Umursamayı (ilgilenim; besorgen; concern; careful) mı; insan varlığının temeli olan kaygıyı (sorge; care) mı; yoksa anlık bir durum olan, insanın hep kaçıp durduğu "ölüme giden varlık" oluşu gerçeğiyle yüzleştiği küçük zaman dilimlerinde ortaya çıkan endişeyi (angst; dread) mi?; ya da temel kaygının gündelik biçimleri olan dertlenmeyi (fürsorgen; solicitude) mi; tasalanmayı (besorgnis; worry) mı? gibi ayrımlardan hangisine yönelip cevap vereceğiz belli değildir. Bunları *Psikiyatri ve Düşünce Dünyası Arasında Geçişler* ve *Varoluşun Psikiyatrisi* kitaplarımızda ayrıntılı biçimde ele almaya çalıştık. Şimdi o bakışımızı biraz daha ilerletmek istiyoruz.

Hakikat Ana Dilde Parıldar

İnsanın ayırt edici özelliği olan "dilsellik" üzerine ne kadar çok dursak yeridir ve hatta azdır. Zira Heidegger'in ustaca belirttiği gibi "dil, varlığın evidir" ve "hakikat" orada saklıdır. Dil üzerine konuşmaya başladığımızda ana dilden de söz ediyoruzdur.

Yahya Kemal Beyatlı'ya "Ne zaman şair olduğunuza inandınız?" diye sorulduğunda: "Türkçeyi hissettiğim zaman" diye cevap vermiş. Bu sözün hikmeti kendisini hemen ele vermiyor. Artık biliyoruz, bir ana dil diğerlerine üstün değil diller de insanlar gibi eşit. Her dilde konuşmak, iletişim kurmak nasıl mümkünse; (bilimsel, felsefi, teolojik) düşünmek, hayal kurmak, rüya görmek, edebiyat yapmak velhasıl dille ne yapılıyorsa onu ifa etmek de mümkün. Anamızı babamızı belirlemenin elimizde olmaması gibi hangi kavme, hangi ana dilin içine dünyaya geleceğimizi de biz tayin edemiyoruz. O ana dilin içinde halk edilişimizdeki hikmet; varlığı, hakikati o dilden anlamamız istendiğinden olsa gerek. Büyük şairimizin "Türkçeyi hissetmek" sözündeki hikmet de bu neviden. Hâl böyleyken, ana dilleri üstünlük yarışına sokmak yerine bize düşen ana dilimizle varlığı, hakikati kavramanın imkânlarını sunmak, ana dilimizi hissetmemizin zevkini aktarmaya çalışmak olmalı.

Dillerin eşitliği, onların her bakımdan aynı olması anlamına gelmiyor. Tam tersine tıpkı insanlar, kavimler, çiçekler gibi diller de rengârenk. Her birinin kendine has özellikleri, güzellikleri var. Atasözü ve deyim zenginliği, bitişimli niteliği yüzünden köklere doğru büyüleyici bir yolculuğa ve varlık kavrayışına fırsat vermesi Türkçenin en önde gelen niteliklerinden.

Metin Bal ile birlikte hazırladıkları Heidegger üzerine derleme kitaba yazdığı sunuşta Özgür Aktok, Türkçe hakkında ilginç bir iddiada bulunuyor. Heidegger'e göre Antik Yunanca *"aletheia"* (gizlenmemişlik) kelimesinin Latinceye *"veritas"* (aslına sadık) olarak çevrilmesi, Batı düşüncesi ve kültürü için dönüm noktasıdır. Bu noktadan itibaren kelimeler şeylerin, epistemoloji ontolojinin önüne geçmiş, görünüşle gerçeklik birbirinden ayrılmış, Batılı insan için gerçek varlığın apaçık görünen hâlini ifade etmek değil zihinsel yansımalar daha önemli hâle gelmiş. Akıl ile "şey" arasındaki uygunluk demek olan geleneksel anlayıştaki doğru ve doğruluk fikri, böylece asıl anlamını yitirmiş...

Aktok, bu tespitlerden yola çıkarak Antik Yunanca'da varlığı birebir yansıtma imkânlarının Türkçede bugün de aynen bulunduğunu öne sürüyor. Mesela Türkçedeki "doğmak" kelimesinin eski anlamlarına gittiğimizde onun 'doğru' ile olan bağlantısını görüyoruz. Kaşgarcada togmak; doğmak, çıkmak, belirmek, yükselmek, göğe ağmak, havalanmak; togrumak ise doğrulmak, yönelmek anlamına geliyor. Sonuç olarak Türkçede doğru ile doğma sözcükleri eş-kökenli.

Biz de Aktok ile aynı kanıdayız; Türkçe, varlığı doğrudan kavramada birçok imkân sunuyor. Türkçe sayesinde varlığın daha kolay kavranabileceğine biz de bir örnek verelim:

"Göz" kelimesi üzerine yoğunlaşalım. Sadece "göz"ün farklı anlamlarını ve "göz" ile ilgili atasözü ve deyimler üzerine yazmaya kalksaydım, inanın çok uzun bir uğraş olur, hayli emek gerektirirdi. İsterseniz deneyin, siz de rahatlıkla yapabilirsiniz. Ama "göz" örneğini dilimizdeki çok anlamlılığa örnek diye vermedik, niyetimiz başka.

Hemen tüm dillerde "görme" ve "bakma" birbirinden ayrılır. Görmek için önce bakmak lazım geldiği, uzun uzun anlatılır. "Bakar kör" sözümüz, sadece bir görme engelliliği türünü değil aynı zamanda sahiden görebilmek için ince bir zihinsel dikkatin de devrede olması gerektiğini ima eder. Dikkat kesilmeden, öylesine, melül melül "ölü koyun gibi" bakmanın görmek için yeterli olmayacağı vurgulanır hep.

Görmek için dikkat kesilmenin gerektiği kesin, amenna ama Türkçedeki "bakma" sözündeki anlamı bununla sınırlarsak cinayet olur. Türkçe gösteriyor ki sadece görmek için değil, karşımızdakini anlamak için de öncelikle "bakma"ya mecburuz. Birinin görüş alanımıza girmesi, onu görmemiz, hatta tüm özelliklerini enine boyuna, inceden sürmeye tarif etmemiz o kimseyi anlamamız için yetmez, ona tıpkı bir annenin bebeğine yaptığı gibi özenle bakmamız gerekir. Bebeğine bak-an anne ona, elinden gelen gayretle bak-ım veriyor, onun için kaygılanıyordur. 'Bakma', sadece gözümüzün yaptığı bir eylem değil, tüm varoluşumuzla katıldığımız oldukça karmaşık bir iştir. "Lütfen bana iyi bak, gözlerimin içine bak" dediğimizde muhatabımızı, muhteşem bir varoluşsal meydan okumaya, insanlaştırıcı bir düelloya davet ediyoruzdur. "Sana bir şey olacak diye merak etme, ben sana bakarım" dediğimizde, "bakma" anlatılamaz bir adanma anlamına kavuşur. Ya "bak-ışmak" mı dediniz haklısınız, "bakışarak" dünyalar kurarız. İnsan bakışan yegâne canlıdır. Türkçede insaniyetin, hakikatin çok sırları gizlidir; bak-masını bilene...

Şiirin tercümesi olmayacağına inanan çoktur; ben bundan ayrı olarak hakikatin ana dilde sırlandığına, tercümeyle bunun birebir aktarılamayacağına inanırım. Sözünü ettiğimiz tartışma dolayısıyla ana dilimiz Türkçeden misal verdik. Heidegger'in Batı dilleri hakkındaki tezi ne kadar doğrudur bilinmez ama bir Kürt, bir Çerkes ve dahası herkes, kendi ana dilinde hakikatin nasıl parladığını bize kolayca anlatabilir. Zira hakikat, ana dilde parıldar...

Hakikatin Önünde İki Büyük Engel: İngilizce ve Teknoloji

Kimliğinin özü olduğundan insanın hakikatle bağlantısının en kolay ve doğrudan biçimde ana dili aracılığıyla kurulacağı tezimizi; diller arası geçirgenlik, ana dilde arınmacılık, özleştirmecilik gibi lisanın tabiatına aykırı ifratlardan kaçınmak gerektiği türden çeşitli hususlarda daha da derinleştirebiliriz. Ama onlardan daha da önemlisi ana dil kavrayışının önündeki iki büyük engeldir. Bunlardan birincisi, küreselleşme ile birlikte tuhaf bir İngilizcenin dünya dili hâline gelmesidir.

Pozitivizm, ulusalcılık ve dilde arılaşma geçen yüzyılın ekonomik ve siyasi şartlarının neticesinde ortaya çıkan olgular. Pozitivizm dediğimiz, esasen gerçekliğin bilimsel olarak tamamen tüketilebileceğine dair inançtır. Geçen yüzyılda gerçekliğin bilimle ve ulusal dillerle temellük edilebileceğine inanıldı. Gerçekliğin dilde birebir temsili imkân dâhilindeyse, her ulusal dilin bu imkânı haiz olması gerekir diye düşünüldü. Bu durumda her ulusun kendi dilini arı hâle getirmesi ve kendi bilim dilini kurma vazifesine sarılması temel görevi olarak addedildi.

Ulusalcılığın iniş içinde olduğu, ulus-devletlerin zamanının dolduğunun vaaz edilip durduğu günümüzde ise işler tersine döndü. Şimdilerde dile pozitivist-olmayan bakış açısı daha egemen. Farkın ve farklılığın öneminin her şeyi belirlediği postmodern anlayış, dile yaklaşımda da kendisini gösteriyor. Dilin hakikatle bağını ortadan kaldırarak seyyar metaforlar ordusuna, bir oyuna indirgendiği bu yaklaşım da teorik olarak geçen yüzyılın modası arınmacılık gibi sorunlu. Bir de işin içine güç mücadelesi girince, felsefi tezler iyice tanınmaz hâle geliyor. Postmodern dünya öyle sunulduğu gibi özgürlükçü bir diller festivali görünümünde falan da değil, tam tersine birçok ana dil yok olma tehlikesiyle karşı karşıya; artan ve artık gına getiren bir İngilizce egemenliği söz konusu. İngilizce neredeyse dünyanın resmi dili olmak üzere...

Cumhuriyet'in dil politikası, Osmanlı reddi mirası üzerinde ve Fransız modeline göre inşa edilmeye çalışıldı. Kendi içinde tutarsızlıklar, gelgitler gösterdi. Türk Dil Kurumu'nun tarihine şöyle bir bakılması bile, olanı biteni hemen ortaya koyacak nitelikte. Neresinden bakarsak bakalım, dil politikamızdaki hatalar çok pahalıya mal oldu. Ama yeni öğrendiğimiz bazı gerçekler var ki, "Allah beterinden saklamış!" demeden edemiyoruz. Mesela daha Cumhuriyet ilan edilmeden Ağustos 1923'te, Zonguldak mebusu Tunalı Hilmi Bey'in Türk lisanının Arabi ve Farisi kavaidinden tecridini Büyük Millet Meclisi'ne teklif ve teklifini teyiden meclise takdim ettiği kanun layihası kabul edilmiş olsaydı... Allah'tan Millet Meclisi aklıselimde karar kılmış, Tunalı Hilmi Bey'in Türkçe kanunu teklifini reddetmiş, tek tipçilerin akıllara ziyan planı uygulamaya konamadan engellenmiş.

Çok şükür bu aklıselim, dil meselesinde en basit ifadeyle "komik" denilebilecek birçok maceradan sonra bugün de hâkim. Artık ulusalcı dil politikalarının geçersizliği ile dilde zorlama olmayacağı görülmüş vaziyette. Kimse Çinceden, Soğdçadan, Sanskritçeden, Farsça ve Arapçadan, Rumcadan, İtalyancadan ve Balkan dillerinden, son olarak Almanca, Fransızca ve İngilizceden aldıklarımızı içimizde eriterek oluşturduğumuz söz varlığının tasfiyesini savunmuyor. Dili, tıpkı bir ırmak gibi, belirli bir gramatik yatakta yol alan, diyalog sonucunda üremiş, yaşayan ve yaratıcı bir insan etkinliği olarak görmenin gereği anlaşılmış durumda. Osmanlıca metinleri okuyup anlayabilecek geniş eğitimli kitlelere ihtiyaç olduğu açık. Lakin Osmanlıcaya yeni baştan hayat verme anlayışı da, pek gerçekçi değil.

Bugün asıl derdimiz, İngilizcenin durdurulması her geçen gün daha da zorlaşan istilacı tavrı. Ülkemizde dil tartışmalarının temelini oluşturan "yabancı diller boyunduruğu" sözünü, artık İngilizcenin egemenliğini nasıl bertaraf edeceğimiz şeklinde anlamamız gerekiyor. İngilizcenin istilacılığı, "diller arası geçirgenlik", "yaşayan dil" gibi kavramlarla göz yumulamayacak bir kültürel çeşitlilik ve ana dil düşmanlığı. Bunu en iyi biçimde anlayabilmek için dünyayı saran İngilizcenin dil olarak tuhaflığına da dikkat kesilmek gerekir.

Dünyayı, zihinlerimizi işgal eden tuhaf İngilizce, iyi bakıldığında gelişen teknolojinin, bizim deyimimizle "teknomedyatik dünya"nın dilidir ve hayatın otantikliği, halisliğiyle bir alakası yoktur.

İngilizcenin teknolojinin dili olmasıyla birlikte zaten var olan istilacı tavrına işaret ettikten sonra aslında "teknomedyatik dünya"da olup bitenlerin nihayetinde tüm ana diller gibi İngilizceyi de vuracağını da bitirirken belirtmek gerekir. Bakın bugün bir yandan "benlik", "bilinç", "irade" gibi "dil"in de aslında tam olarak ne olduğunu idrak edememiş durumdayız. Bu yüzden titiz düşünce insanları bu kavramlar geçtiğinde yutkunuyor, rahat cümle kurmaktan dahi imtina edecek bir tereddüt içinde bulunuyorlar. Ama bir yanda da ne yazık ki teknolojik aklın hegemonyası her yanı sarıyor. Nasıl dijital teknolojideki gelişmeler ve günlük hayatımıza kattığımız cihazlar, sanal ve hakiki iletişim arasındaki farkı hiç bilmeyen nesiller ortaya çıkarmışsa, korkarım yakında yapay zekâ, bizatihi aklın kendisi; robotlar, bırakın insanı, insan-üstü varlıklar olarak zihinlerimize ve hayatlarımıza yerleşmeye başlayacaklar. Robotlar giderek insanlaşırken biz giderek robotlaşacak, hangi dili konuştuğumuzu dahi önemsemez bir hâle geleceğiz. Yakında tüm felsefi ve bilimsel gündemler gözümüzün önünde silinip giderken biz de uzaktan bas bas bağırmaya başlayabiliriz: "İyi ama biz daha temel kavramların ne anlama geldiklerine ilişkin tartışmamızı bitirmemiştik!"...

III. BÖLÜM

PARANOİD HALLER VE SOSYOPATİ

SEÇİLMİŞLİK HİSSİ SAĞLIKLI DEĞİL

Bir psikiyatri uzmanı olarak ruh sağlığıyla ilgili kelime ve kavramların toplumsal ve siyasal yaşamla ilgili olarak gelişigüzel kullanılmasına elimden geldiğince karşı durmaya çalıştım. Örneğin toplumun ruhsal durumunda yaşadığı alt-üst oluşlara "toplumsal şizofreni" vs. denmemesi gerektiğini söyledim; psikiyatrik tanıların siyasi kişi ve gruplara yakıştırılmasını hiçbir şekilde uygun olmadığını belirttim. *Politik Paranoya: Nefretin Psikopolitiği* gibi kitapları şiddetle eleştirdim. Benim bu tavrım toplumun ve siyasetin psikolojinde olumsuz şeyler olmadığı anlamına gelmiyordu elbette, tam tersine toplumun ve siyasetin psikolojik boyutunun çok önemli olduğunu, ayrı bir bilim dalı ve dili içinde incelenmeleri gerektiğini ifade edebilmek için böyle bir tavır takınıyordum. Kendim toplumsal psikoloji ve siyaset psikolojisi alanında konuştuğumda ise söylediklerimin net bilimsel ifadeler olmadığını biliyor, daha ziyade ahlak ve siyaset felsefesinin terminolojisi içinde kalan bir dil kullanmaya çalışıyordum.

Bir süredir sıkıntıdayım zira dünyada yaşadıklarımıza, hele hele Filistin'deki soykırım sırasında yaşanılan katliamların nasıl meşrulaştırıldığına şöyle bir baktığımda, topluluklarin inanarak yaptığı inanılması güç tuhaflıkları gördüğümde bunların büyük ölçüde psikolojiyle ilgili olması nedeniyle kendimi psikolojiden ve psikiyatriden yardım almak zorunda hissederken buluyorum. Başka türlü derdimi anlatamayacağımı ya da yanlış anlaşılma ihtimallerini ortadan kaldıramayacağımı düşünüyorum.

"Seçilmişlik" konusu, sosyal bilimlerin birçok dalını, felsefeyi ve ilahiyatı ilgilendiriyor. İlahiyat alanındaki "seçilmişlik" bunlar arasında bambaşka bir yere sahip; kendimizi bu konuda konuşmaya ne ehil ne yetkili kabul ederiz, haddimizi bilir kenara çekiliriz. Ama göz göre göre bir topluluk, kendini "seçilmiş" olarak ilan eder ve bu saçmalığın arkasına sığınıp insanlık adına yaptığı alçaklıkları bununla izah etmeye kalkarsa, orada sabrımız biter.

Sahte-Bilimden Kaçınmak

Psikiyatri uzmanı olarak mesleğimizin gereği, kendini "seçilmiş" hisseden birçok insanla karşılaşıyoruz ve onlardaki tabloyu genellikle "paranoya" gibi başlıklar altında inceliyoruz. Onlarla ilgili bildiklerimiz ve tecrübelerimiz; bugün ve tarihte kendilerinin, gruplarının ya da kavimlerinin Yaratıcı tarafından seçilmiş olduğuna inananların ve inanmakla kalmayıp dünyanın gidişatına etkide bulunanların ruh hâllerini analiz ederken, "seçilmişlik" üzerine düşünürken çok işe yarayabilir. Ama söylediklerimiz kesin bilimsel psikolojik doğrular olarak asla anlaşılmamalı, hoşumuza gitmeyen her siyasi ve toplumsal olguya "paranoya" damgası yapıştırmaktan kaçınılmalıdır. Bizim yapmaya çalıştığımız işin *Politik Paranoya* yazarlarının yaptıklarıyla hiçbir ilgisi yoktur. Şöyle ki:

Politik Paranoya yazarlarına göre bireyin yakalanabileceği ruhsal bir rahatsızlık olan paranoya, aynı zamanda en entelektüel ve politik ruhsal rahatsızlıktır. Her türlü suçu büyük şeytan Amerika'ya bağlayan İranlılar, bir kuşatılma zihniyeti içinde kıvranan İsrailliler, ABD'ye karşı abartılı korkular taşıyan Meksikalılar, Afrika kökenli Amerikalılar arasında yaygın beyaz düşmanlığı ve komplo kuşkusu... Bütün bunlar "politik paranoya" örnekleri olarak sunulur. Devam ederler: Jim Jones'un 1978'de kendisiyle birlikte 912 kişiyi birden toplu intihara sürüklemesi; Kıyamet çiftliğinin mesihi David Koresh; Japon Şoko Ashara'nın toplu suikastlar yapan Aum Üstün Gerçek Örgütü: Yeni dinler kılığına girmiş, eylemci bir örgütün içine yerleşerek politize olmuş ve şiddete yol açmış paranoya biçimleri... Müslüman, Yahudi, Hıristiyan ve Sih örnekleriyle Tanrı adına öldürenler yani paranoyanın en güçlü hâli... Hıristiyanlığa Yahudi ve zenci karşıtı bir içerik veren Hıristiyan Kimliği Hareketi, Elijah Muhammed'in beyaz düşmanı İslam Ümmeti, her kötülüğü komünizme yükleyen John Birch Topluluğu, Lyndon LaRouche'nun sözüm ona tutarlı bir felsefeymiş gibi aşırı bir mantıklaşmayla sunduğu komploculuk... Her taşın altında Yahudi parmağı arayan Amerikan radikal sağının savunmacı saldırganlığı, paranoid düşünceler etrafında örgütlenen ve Oklahoma'daki bombalama olayında olduğu gibi kolayca şiddete başvuran Milisler, Komünist cadı avına çıkan McCarthycilik ve kendisi paranoyak olmadığı hâlde McCarthy'nin kitlelerle oynaması... Ünlü Amerikan paranoyak propagandacıları: Gerald L. K. Smith, David Duke ve JFK filmiyle Oliver Stone... Ve son olarak sadece mesajı taşımakla yetinmeyip aynı zamanda onun uygulayıcısı ve infazcısı olan ve tarihteki büyük felaketlere yol açan paranoyaklar: Pol Pot, İdi Amin, Josif Stalin. Ve nefretin paranoid yöneticisi, karizmatik, ahlaki liderliği ve hipnotize edici gücüyle Adolf Hitler ...

Görüldüğü gibi titiz bir incelemeye tabi tutmaksızın birbiriyle ilgisiz birçok olgu yazarlar tarafından "politik paranoya" adı altında bir araya getirilmekte, böyle yaparken de muhtemelen "Amerikan çıkarları" esas alınmaktadır. Böyle bir bakış bilim kılığına girmiş siyasettir; ne bilime ne bilim etiğine sığar. Biz ise günümüzde siyaset ve ahlakın böylesine birbirinden kopmasının nedenleri üzerinde düşündüğümüzde şöyle bir sonuca ulaşıyoruz: Günümüzün birçok çatışmalı durumunun kökeninde temel olarak insanın kendisini ve kendi grubunu diğer insanlardan köklü bir biçimde ayırması bulunuyor; "bizimkiler" ve diğerleri" ayrımının her şart ve durumda, "bizimkiler" lehine mutlaklaştırılması dertlerin baş sorumlusu görünüyor.

Burada "mutlaklaştırma" kavramını ne anlamda kullandığımızı biraz açmamız gerekiyor. Zira sosyal psikolojideki "kimlik inşası" çalışmaları göstermiştir ki bir grup topluluk kimliğinin olabilmesi için "bizimkiler" ve "diğerleri" arasında belli bir ayrım, belli bir tipleştirme olması kaçınılmazdır ve bu normaldir. Bizim kastımız bu normal durum değil. Her grubun, topluluğun, hem kendisi hakkında hem de temas hâlinde olduğu diğer gruplar hakkında bir görüşü vardır. İşin ilginç yanı her grup kendi perspektifini doğal ve biraz da haklı olarak kabul eder. Kendini her şeyin merkezi olarak gören grup diğerlerini kendi uygulamalarından ne kadar ayrıldıklarına göre değerlendirir. Etnik topluluklar için söyleyecek olursak her grup belli ölçülerde "etnosentrik"tir diyebiliriz. Her grup kendisinin başka gruplar tarafından yanlış anlaşıldığı hissine kapılmaya eğilimlidir ve kendisini ne kadar çok yanlış anlaşılmış hissederse, eleştirilerden korunmak için o kadar çok kendi içine kapanır. Bunlarda bir beis yoktur, toplumların bu tür özellikleri bilinir ve normal kabul edilir. Bizim anlatmaya çalıştığımız, "bizimkiler" ve "diğerleri" ayrımının; grupların varlık nedeni, kimlik edinmek için şart olan türden "bizimkiler" ve diğerleri" ayrımı değildir. Çünkü böyle olduğu hâllerde ayrım "mutlaklaştırılmamıştır"; her şeye rağmen gruplar arası etkileşim imkanı, bir eşitlik ve adalet arayışı, karşındakinin de sonuçta "Adem'in çocuğu" olduğu fikri tamamen ölmemiştir hatta daha ziyade diridir. Farklı olduklarını bilen gruplar, adeta eşitlikte yarışırlar ve kendilerini hissiyat düzeyinde yarışın birincisi olarak tasavvur ederler. "Bizimkiler" ve "diğerleri" ayrımının "bizimkiler" lehine mutlaklaştırıldığı, ayrımcılığın kural hâline geldiği durumlar, olağan grup kimliğinde görülen ayrımlardan tamamen farklıdır; bambaşkadır. Mesela "ırkçılık" böyle bir ayrımın mutlaklaştırılması örneğidir.

Avrupa'da Irkçılık

Batı tarihinde "bizimkiler" ve "diğerleri" arasında mutlaklaştırıcı ayrımın temellerini inceleyebilmek için başka kültürlerde pek örneği olmayan "ırk" ve "ırkçılık" kavramlarının gelişimlerine bakılarak işe başlanabilir. Sömürgeci ve köleci Batı'nın Yahudilere, Amerikalı yerlilere, Asyalılara ve en çok da Afrikalılara bakışının hangi merhalelerden geçerek bugünlere geldiğinin incelenmesi, insanın ve zihninin gaddarlığı konusunda çok öğretici ipuçları sunar. Yahudiler ve Hıristiyanlar arasındaki müthiş gerilimler, beyaz ve Avrupalı olmayan insanların önce "insan" olup olmadıklarının, ardından ilerlemeci bir bakışla nasıl insanlaşacaklarının, medenileşeceklerinin nasıl tartışıldığı ayrımcılık şahikası ibretlerle doludur. Locke ve Kant gibi Aydınlanma zamanındaki ilk dönem liberal düşünürlerin, Hegel gibi özgürlük filozofu olarak bilinenlerin köleciliği meşru görüp alkışlamaları, bugün dahi okuyanları hayretler içinde bırakmaktadır... Marx'ın bile aralarına katılabileceği birçok aydının "Doğu sorunu" adı altında dünyanın geri kalanının Avrupa uygarlığı düzeyine getirileceği konusunda ileri sürdükleri fikirler, etnosentrizmin tipik misalleri arasındadır...

Birçok olgu, Avrupa'da ırkçılığın nasıl sağlam bir fideliğe sahip olduğunu ortaya koyar. Batı'da enteresan bir biçimde hak ve özgürlüklerle ırkçılık at başı gitmiş, Amerikan Bağımsızlık Bildirgesi'nin insanlığın eşitliğini ilan ettiği yıllarda ırk kavramı kesinliğe kavuşmuştur. Aydınlanma idealleriyle uygulanması arasında büyük bir uçurum olmuş, evrensel hakları ilan eden bildirgeler; yoksulları, kadınları, Beyaz-olmayanları unutmuş olanlar tarafından kaleme alınmış, dile getirilmiştir. Bu olgulara bakıldığında ayrımcılığın doruğa vardığı, zalim bir yönetim anlayışıyla birleşerek tahmin edilemez bir kıyıcılığa ulaştığı Nazi ve Faşist rejimlerin Avrupa'da ortaya çıkmalarının boşuna olmadığı görülür. Modernlik ırkçı vahşeti ortadan kaldırmak için epey uğraşmış olsa da, gerek Avrupa'da ırkçı partilerin yükselişi gerek Filistin soykırımı sırasında takınılan tavırlar; aslında "bizimkiler" ve "diğerleri" ayrımının mutlaklaştırılmasının önlenmesi alanında bir arpa boyu dahi yol alınmadığının, her şeyi yeni baştan, temelden sorgulamak gerektiğinin ispatı niteliğindedir.

Irkçılık, "bizimkiler" ve "diğerleri" ayrımının "bizimkiler" lehine mutlaklaştırıldığı feci bir örnektir. Ama teslim etmek gerekir ki "bizimkiler" ve "diğerleri" ayrımının en köklü biçimde yerleştiği hâller, mutlaklaştırılmış ayrımcılık yanlılarının düşüncelerinin ve yaptıklarının meşruluğuna kendilerini inandırabilmelerine yarayan güçlü bir teolojik arka planın bulunduğu durumlardır. Şüphesiz "üstün ırk" fikrinin de tek bir damla yabancı karışımın bile saflığı bozacağı şeklinde güçlü bir inanca dayalı olduğu söylenebilir ama ırkçılık, açık bir teolojik zemine yaslanmazsa eninde sonunda kayaya çarpacağı kesindir. Bir yanda "saf ırk" teorisi diğer yanda ortak Hıristiyanlık zemini uzun süre bir arada var olamaz. Ama "bizimkiler"in üstün varlığının bizzat Yaratıcı eliyle sağlandığına inanılması hâlinde mutlaklaştırılmış ayrımcılık, iflah olmaz bir hâle dönüşebileceği gibi nesillerden nesillere kolayca aktarılma şansına da kavuşur. Onlar ve onlardan doğacak olanlar "seçilmiş"lerdir.

"Bizimkiler" Fanatizmi

Nasıl kendisini özel bir görev için seçilmiş gören bir paranoyak; buna tamamen inanıyor, tüm enerjisini bu uğurda harcıyorsa, insanları "bizimkiler" ve diğerleri diye ayıran, sürekli "bizimkiler"i kayırıp kollarken diğerlerine de her türlü eza cefayı layık gören bir kimsenin ve grubun da benzeri bir inanca yaslanması gereklidir. O ve grubu Yaratıcı tarafından seçilmiş ve bu seçilmişlik, kavmin etnik çerçevesiyle sınırlanmış olmalıdır. İnsanlık tarihinde ve günümüzde her inançtan gruplarda rastlanabilse de böylesine bir seçilmişlik inancının muhtemelen ilk ve en tipik örneği, Yahudilik içinde yuvalanmıştır.

Bunları "seçilmişlik" hissiyatının kökenlerini ve ahlaki tavırla olan bağını gösterebilmek için söylüyoruz. Bunları söylememiz, bizi asla anti-Semitik hâle getirmez. Kendi adıma Yahudilerle hiçbir alıp veremediğim yoktur; onları sırf Yahudi doğdukları için asla daha kötü insanlar olarak düşünmem. Onları da tüm herkes gibi insan ve eşrefi mahlûkat olarak görürüm. Yahudilerin son dönemlere kadar sırf Yahudi oldukları için Hıristiyan dünyasında maruz kaldıkları ayrımcılığı, vahşeti, katliamları ve soykırımı şiddetle kınarım; eğer o dönemlerde yaşamış olsaydım zalimlerin değil Yahudilerin yanında olacağımı gün gibi biliyorum. Kaldı ki modern bilim, felsefe ve psikolojiden Yahudi kavminden olan insanları alıp bir kenara koysanız geriye pek de bir şey kalmayacağının farkındayım. Onların içinden hak edenlerin haklarını elbette teslim ediyorum. Yine İsrail karşıtı ve Filistin yanlısı Yahudiler, yeryüzünde hak mücadelesi veren insanların içinde en saygı duyduklarım arasında mümtaz bir yere sahiptir.

Nasıl bir grup kimliği inşası için makul ölçüler içinde bir "bizimkiler ve "diğerleri" ayrımı gerekiyorsa, her hakikat anlayışının da kendisini diğerlerinden ayırmak için bir miktar "seçilmişlik" hissini barındırması doğaldır. Mesela Müslümanlıkla şereflenenler, hidayetin kendilerine Allah'ın bir bağışı olduğunu kabul ederler. Bunda bir beis yoktur; zira insan olan herkesin böyle bir hidayete ulaşması mümkün olduğu gibi Müslümanlar da ilahi tebliğin herkese ulaşması için uğraşırlar. Allah'ın hidayetine mazhar olmak onları paranoid bir böbürlenme ve yalıtılmışlık içine sokmak yerine, diğer tüm herkesi de buraya çağırmak için heveslendirir; teslimiyetin tevazuuna büründürür. "Seçilmişlik" hissiyatına duçar olmuş gruplar ise tıpkı paranoid karakterler gibi kasım kasım kasılırlar, kendilerini diğerlerinden üstün görürler ve üstelik diğerlerinin onların bulunduğu konuma gelmelerine asla imkân bulunmamaktadır. Ahlaki dejenerasyonun başlangıç noktası tam da burası, kendisinin ve kendisinden yana olanların üstün ve dolayısıyla haklı olduğudur. Ahlaki dejenerasyon günümüzün temel derdi, "seçilmişlik" hissi de ahlaki dejenerasyonun başlangıç noktasıdır.

Gazze katliamı, baştan Filistin halkı olmak üzere tüm dünyadaki vicdan sahiplerine yaşattığı bunca acının yanı sıra bunları fark etmek ve bilinç yükselmesi için insanlığa büyük bir fırsat sunmaktadır.

PARANOYA HER YERDE!

Toplum, biz ruh hekimlerini gerçekten müthiş bir güçle donatıyor bazen. Elimizde, bir tamircinin çekici gibi bazı tanı kategorileri var ya, bunlar sayesinde "sağlıklı" ve "hastalıklı" düşünce arasındaki ayrımları hemen yapıvereceğimiz varsayılıyor. Komplo teorileri de, bu teorileri uyduranlar da, inananlar da bize soruyor: "Doğru olabilir mi tüm bunlar?", "Hasta değil mi bu adamlar?" Sizlerden aldığımız güçle (!) her zaman olmasa da birçok kez, "paranoya", "sanrı" vs. gibi şablonlarımızı karşımıza oturan her insanın zihninde denemeye kalkıyoruz biz de; elimizde bu çekiçlerle havalı havalı (!) dolanırken önümüze çıkan kafaları, çakılacak birer çivi olarak görüyoruz doğallıkla.

İşini bilen usta bir ruh hekimi için karşısında oturan, muayene ettiği bir insanın düşünce sistemindeki aksaklıkları görmek zor bir durum değildir. Bir zorluk varsa bile bu tıpta arada bir rastlanan türden tanı güçlüğüdür, tıpta tanı koymanın en azından şimdilik imkân dâhilinde görülmediği durumların olduğu bilinen bir vakıadır. Ruhsal muayene ve değerlendirmeler sonrasında bir insanın zihinsel işleyişinin nasıl olduğu sorusuna cevap vermek, ruh hekiminin; bilimsel bilgisinin yönettiği, muayene ortamında sergilediği teknik bir becerisidir. Bu beceriye sahip olması yine de ruh hekimine; her türlü fikri, fikir akımını, her politik eylemi, politikacıyı uzaktan değerlendirebilme imkânı sağlamaz. Sağladığını sanmak, iyi bir beyin cerrahının beyinle ilgili tüm bilimsel bilgiye, beynin ürünü olan düşünceyle ilgili derin bir felsefi kavrayışa sahip olduğunu sanmakla aynı şeydir ki; komik-ötesidir.

Komplocunuz Paranoyak mı?

Komplo teorilerinin, bunların alıcı ve taşıyıcılarının ruh sağlığıyla ilgili bir boyutu olduğu kesin ama ruh hekimi olarak böyle bir değerlendirme yapmamız ancak o insan teki muayene için karşımıza oturduğunda, hekimlik becerimizi sergileme fırsatı bulduğumuzda mümkündür. Üstüne basa basa "insan teki" diyorum çünkü henüz ruh sağlığının işleyişi "birey" odaklıdır; ruh hekimlerinin uzmanlıkları bireysel-ruhsal sorunlar üzerinedir. Toplumsal zihniyetin işleyişindeki sağlıklı ve hastalıklı yanlar psikiyatri alanına girememiştir henüz, belki de hiç girmemelidir. Elbette toplumsal zihniyetin hastalıklı biçimleriyle ilgili sözler sarf eden psikanalistler, sosyologlar, sosyal psikologlar, psikiyatri uzmanları ve bunların verdikleri düşünce ürünleri vardır ortada ama bu düşünce ürünlerinin bilimsel değerinin olmadığı ya da çok düşük olduğu kabul edilmeli, ihtiyatla karşılanmalıdırlar.

Mesleki kaygılarımızın yükünden bu şekilde kurtulduktan veya onları paranteze aldıktan sonra ülkemiz siyaset arenasında her adımda karşılaşılan, tüm dünyada mezata düşecek kadar yaygınlaşan komplo teorileri hakkında (daha doğrusu komplo teorileri karşısında ne yapmamız hakkında) konuşmaya başlayabiliriz. Konuşmamız gerekiyor zira bu teoriler yayıldıkça, dünyayı yönetmekte olan bir "cani-dahi ve şeytani üst-insan şebekesi"nin elinde oyuncak olduğumuz ve elimizden bir şey gelmediği hissi giderek ruhlarımızda kök salıyor.

"Zihin Denetimi" (Mind Control) Teorileri

Hele bir de yavaş yavaş ilerletilen "zihin denetimi" (mind control) teorileri var ki akıllara seza! Biliyorum birçoğunuz "zihin denetimi" hakkında en az benim kadar bilgi sahibisiniz; bu konuda birçok kitap okudunuz, birçok film ve televizyon dizisi izlediniz. Gelin birlikte bir de birlikte bakalım, değişik bir bakış göz çıkartmaz nasıl olsa. Zihin denetimi mevzusunun gerçeklikle bağlantısını anlayabilirsek, diğer komplo teorileri hakkında da bir bakış kazanmış olacağız.

İstihbarat örgütlerinin ve gücü elinde bulunduranların iktidar savaşı için neler yaptıkları ve neler yapabilecekleri hep kafaları meşgul etmiş; hayal ve gerçeğin çoğu kez iç içe olması nedeniyle yaratıcılığı alabildiğine kışkırtan bu meşguliyet, birçok roman ve filme esin kaynağı olmuştur. Özellikle enformasyon ve tıp teknolojilerindeki gelişmelerle birlikte, önceleri daha çok istihbarat örgütlerinin birbirlerine karşı mücadeleleri ana tema olarak kullanılırken, bugün yönetilen bireylerin, grupların ve hatta büyük kitlelerin nasıl denetim altında tutuldukları konusu, yani "zihin denetimi", sorunsallaşmaya başlamıştır.

"Zihin denetimi", bir kişinin veya insan grubunun davranışını kontrol etmek veya değiştirmek amacıyla, örtülü ve inkârı mümkün bir şekilde mağdur(lar)a isteği ve bilgisi dışında uygulanan tüm yöntemlere verilen addır. Fakat düşmanlık ve tehdit, başkasının nasıl davranacağını ve zihninden neler geçirdiğini bilme arzusu, evrensel insanlık hâlleri olmakla beraber ruhsal rahatsızlıkların yeşerdiği fideliklerdir de aynı zamanda. "Başkalarının her şeyi denetlediği" ve/veya "zihinlerin okunabildiği" şeklindeki fikirler ciddi ruhsal rahatsızlıkların sinyalleridir. Bu nedenle "zihin denetimi" konusunda düşünce geliştirmek, bir bakıma altında ruhsal rahatsızlıkların kaynar kazanının bulunduğu bir sırat köprüsünde yürümek gibidir; insan düşmandan korunmak isterken bir anda kendisini ruhsal rahatsızlığın pençesinde bulabilir.

"Zihin denetimi"nin birçok yönteminden bahsedilmektedir. Oldukça marjinal olan, "mümkün ama gayri-varid" olmak şeklindeki paranoid düşünme biçiminin tüm özelliklerini gösteren bazı yöntem iddialarını bir kenara bırakacak olursak, bu yöntemleri şöyle sınıflandırabiliriz:

a) Cadde tiyatrosu (street theatre): Ülkemizde eskiden televizyon kanalında gösterilen "Şakacı" adlı programda izlenen yönteme benzemektedir. Sosyal psikolojideki "itaat deneyleri"nin sonuçlarından da yararlanarak sokaktaki insanın davranışlarını, onun haberi olmadan bir senaryo doğrultusunda değiştirmeyi amaçlamaktadır.

b) Gözetime dayalı verilerle yönlendirme (surveillance information): Bu yöntemi de yine ülkemizdeki ve dünyadaki televizyon kanallarında gösterilen "Biri Bizi Gözetliyor" programına benzetebiliriz. Bu yöntemle amaç; kişinin - bedenine ondan habersiz yerleştirilmiş olanlar da dâhil olmak üzere- her türlü gözetim aygıtı aracılığıyla davranışlarını kaydeden bir geri-bildirim seti oluşturmak ve buna telefon dinleme, elektronik postalarını okuma, telefon ve elektronik posta tacizleri, dedikodu çıkarma ve medyada yalan haber yayma tekniklerini de ilave ederek o kişinin davranışını belli bir yöne doğru yönlendirmektir.

Gerçekten de güç odaklarının bunlara ne kadar başvurdukları bilinmemekle birlikte bu iki yöntem "zihin denetimi" adı verilen olguya uymaktadır ve bilimsel olarak bakıldığında tamamen uygulanabilir niteliktedir. Ama diğer yöntemler için bu sözler aynı kolaylıkla söylenemez. Bakalım neymiş o diğer yöntemler?

c) Hipnoz ve ilaçlar: Bu yöntemlerin kökeni Nazi Almanyası'ndaki doktor Mengele'nin uyguladığı tekniklere ve bir ajanının deneme sırasında ölmesiyle gün yüzüne çıkan CIA'nın LSD çalışmalarına bağlanmakla birlikte aslında çok daha eskilere dayanmaktadır. İnsanlar, karşısındaki insanın ne düşündüğünü bilmeyi, başkalarının davranışlarını bütünüyle denetleyebilecek bir güce sahip olmayı her zaman istemiştir. Ancak böyle bir fırsat sadece masallarda yakalanabilmiştir. Hipnozla ilgili olarak kamuoyunun çok yanlış bilgilere sahip olması, bu kör inancı körüklemiştir. Oysa hipnoz altında kişinin isteği dışında, benlik bütünlüğünü parçalayıcı bir girişim yaptırılamaz.

d) Beyin yıkama: Özellikle Güneydoğu Asya ülkelerinde ve Soğuk Savaş sırasında SSCB tarafından uygulanan, belirli işkence ve zulüm uygulamalarından sonra beyin dalgalarını değiştirme ve hafızayı yeniden inşa etme teknikleriyle kişiyi ideolojik bir robot hâline getirdiği söylenen ve ülkemizde bazı çok izlenen diziler sayesinde popüler hâle getirilen bir tekniktir. Hakkında birçok şayia bulunmakla birlikte bu teknik ve etkisi hakkında bilim çevrelerinin elinde hiçbir veri yoktur.

e) Mikrodalga kalabalık kontrol silahı: Ne olduğunu kimse bilmemesine rağmen, "zihin denetimi" bahsinde en çok adı geçen ve medyada "atom bombasından sonraki en büyük keşif" diye sansasyonel biçimde sunulan bu silahın, kitle gösterilerini kansız biçimde bastırmak amacıyla geliştirildiği ileri sürülmektedir. Bu silahla ilgili bilgimiz de şimdilik spekülasyon olmaktan öte gidememektedir.

Özetle söyleyecek olursak bugünkü bilimsel bilgilerimiz; insanın bilincini bir başka bilincin istekleri doğrultusunda tamamen değiştiren, ona boyun eğdiren ve her koşulda itaat ettiren bir maddenin, ilacın ya da "hipnoz" gibi bir tekniğin olmadığını göstermektedir. Eğer böyle bir madde olsaydı, etik sınırlar içinde kalmak koşuluyla, bunu ilk uygulayan, tıbbi pratikte çok sık görülen "yeme ve konuşma reddi" gösteren hastalarına karşı modern tıbbın kendisi olurdu. Birisi boyun eğici tutumlar gösteriyorsa bunun ille de ona verilen bir madde nedeniyle olması gerekmez, o insanın kişiliğinden uygulanan kötü muamelenin şiddetine kadar birçok etken devreye girmiş olabilir. Eğer birileri bu tür maddeleri kullanıyorsa, boyun eğici bir tutum beklentisi nedeniyle değil, bu maddelerin kesinlikle ortaya konmuş "unutkanlık" yapıcı etkileri nedeniyle kullanıyor olabilirler; sorgu sırasında yapılanları hatırlamasın diye...

Bu arada insan böylesi şüphe ve entrika sınırlarında gezinirken, aklına bir "komplo teorisi" gelmeden de edemiyor: Bilimsel bilgiler böyleyken, CIA'nin ve benzeri yapıların neler karıştırdığını kimsenin tam olarak bilmesine imkân yokken, ellerinde böyle "her şeyi söylettiren ve yaptıran bir madde" olduğu fikrinin yaygınlaşması bir CIA numarası olmasın!

Gerçekler Devrimcidir!

Şaka bir tarafa, gerçekten de "zihin denetimi" alanı, konuşan herkesin çok dikkatli olması gereken bir alan. Yönetimlerin ve güç odaklarının kitleleri etkilemek, bir toplum mühendisliği yapmak için nasıl girişimler yaptıklarını tam olarak bilmiyoruz. Ama bu onların gücü tümüyle ellerinde bulundurdukları ve her şeyi yapabilecekleri, zihinlerimizle bile oynayabilecekleri anlamına gelmez. Neler yapılabileceğini bilimsel düşüncenin sınırları içinde saptamamız mümkündür. Kaldı ki konuşulanlar da bir değerler sistemine bağlı olmak zorunda. İnsanlık ve ahlaki değerler gözetilmeden konuşulmaya başlandığında işe yaramaz bir veri ve bilgi yığını karşımıza çıkmakta; insanların belli bir güç atfedilen odaklardan korkmasından ve kendi insani faaliyetlerinde, demokrasi ve özgürlük için mücadelelerinde kısıntıya gitmelerinden başka bir işe yaramamaktadır. Bunlar yaygınlık kazanırlarsa eğer, bırakın "mücadele" hissiyatımızın ortadan kalkmasını, kendi kendimizi "android" sanıp insani varoluşumuzu iptal edeceğiz. Galiba bu teorileri yayanların bir amacı da bu zaten... Şüphe ve güvensizlik yaymak, "teknomedyatik dünya"-da egemenlerin elindeki en temel silahlardan birisi. Şüphe ve güvensizlik yaymayı, çok güzel beceriyorlar ve bunun için uyguladıkları çok etkili tekniklere sahipler. Onlar sayesinde ruhlarımızla oynayıp duruyorlar.

"Zihin denetimi" konusunda tavrımızı gördünüz; durun, telaşlanmayın, bizim doktor "komplo teorileri"ne asla yüz vermiyor diye bir sonuç çıkarmayın hemen. Doğrusunu söylemek gerekirse bilimsel bilgim ve insana ilişkin felsefi kavrayışım nedeniyle "zihin denetimi" bahsine yönelik verilerle baş edebiliyorum ama ben de çoğu zaman kendimi şüphe denizinde kulaç atarken yakalıyorum, çevremde güvendiğim dostlarıma kendi komplo teorilerimi anlatıyorum. Devir kötü, her şeyi devrin kötülüğüyle açıklayamayacağımız gerçeğini bile bize unutturacak kadar kötü...

Komplo teorilerinin bu kadar kolay alıcı bulabilmesi, sanıyorum insan zihninin bir özelliğiyle alakalı. Zihnimiz, varlıklarımızı şu hayat gailesinde ayakta tutabilmek için en doğruyu bildiğini ve en doğruyu yaptığını sanarak gerçekliğe ayarlanmak zorunda. Bu yüzden de tıpkı duygularımız gibi zihnimiz de, gerçekliğin biteviye değişimine ayak uydurabilmek için bir o yana bir bu yana durmaksızın dalgalanıyor. Bu dalgalanmayı tek bir insanın zihninde de, tüm düşünce tarihinde de gözlemek mümkün.

İtiraf etmeliyiz ki komplo teorileri de ruhsal gereksinimlerimizi doyurmak için oldukça doyurucu ve üstelik hazırlop bir menü sunuyorlar. Kaliteli bilginin pek işe yaramadığı; verinin, malumatın has bilgiye eş tutulduğu, arifliğin, bilgeliğin adının bile anılmadığı McDonaldlaşan "teknomedyatik dünya"da pek de güzel gidiyorlar doğrusu... Ucuza gelmelerinin yanı sıra birçok hemcinsimiz tarafından paylaşılan bir inanca sahip olmanın hazzını da yaşatıyorlar.

Komplo Teorileri Karşısında Ne Yapmalı?

İnsan zihni dalgalanan bir yapıdadır. Zihinlerimizdeki dalgalanmanın bileşenleri, üç kola ayrılarak incelenebilir:

Zihinlerimizin birinci dalgalanma hattı; rasyonel, makul, bilinçli olan ile irrasyonel, mantıksız ve bilinçdışı olan arasındaki salınımdır. İkinci dalgalanma hattını ise yapma ile bilme, bağlanma ile bağımsız olma, evrensel olanla tikel olan arasındaki karşıtlıklar yani "İnsan nedir?" sorusuyla ve "Ben kimim ve ne yapmalıyım?" soruları arasındaki diyalektik oluşturur. İnsanın zihinsel etkinliğinin sonuncu salınım hattı ise şüphe ile inanç arasındadır. Şüphe ile inanç arasındaki gerilimi; insanlık tarihinin, düşünce tarihinin, gündelik hayatımızın her yerinde görürüz. Hayatımızı kimi zaman kimi konularda dogmatik, kimi zaman kimi konularda şüpheci olarak yaşar gideriz. Ömrümüzün hoşgörü ve bağnazlık arasında geçip gitmesi bundandır. Her birimiz için düzey ve süreleri farklı olsa da, hoşgörü ve bağnazlık arasında salınıp durmamız beşeri yapımızın özelliklerinden kaynaklanmaktadır.

Zihnimizin dalgalı, salınan yapısı, her türden iyi düzenlenmiş düşünce kurgusunun alımlanması veya yeşermesi için uygun bir ortam sağlıyor; arzumuza yani ruhsal ihtiyaçlarımıza göre yaşadığımız karmaşık dünyayı açıklayacak modelleri ya aynen benimsiyor ya da kendimiz yeni baştan inşa ediyoruz. Komplo teorilerine olan ilgimizi bu düşünceyle açıklamıştık.

Böyleyse ve bu söylediklerimizin bir gerçek payı varsa, her gün etrafımızda sinekler gibi uçuşan komplo teorileri karşısında ne yapmamız gerektiği de ortaya çıkmaktadır. Sorun, bizatihi zihnin gerçekliğe ayak uydurabilme çabasının bir ürünü olan komplo teorisinin kendisinde ya da zaman zaman üretici veya alıcı olarak bizi etkilemesinde değil, ruhsal ihtiyaçlarımızın, arzumuzun zihnimiz tarafından karşılanamaması hâlindedir. Arzumuzla zihnimiz arasındaki bağlantı kopukluğudur, komploları paranoya hâline getiren... Öyle zor ayakta duruyoruzdur ki gerçekliğe tamamen temellük etme iddiamızdan başka şansımız yoktur; zihnimizin akışını bir yerde dondururuz. "Aha gerçek bu, hepsi bu kadar!" diyebilecek kadardır ancak gücümüz ve bir adım bile atacak mecalimiz kalmamıştır. Zihnimizin gerçekliğe ayak uydurmaya çalışan dalgalı yapısı bozulmuştur. Zihnimiz gerçekliğe ayak uyduracakken artık gerçekliğin kendi bilgisine uygun hareket etmesini beklemeye başlamıştır.

O sırada neye inanırsa inansın salınımını sürdüren, yeri geldiğinde ve olgular karşısına çıkarıldığında diğer olasılıklara kulak kesilebilen bir zihin, sağlıklı işleyişini sürdürüyor demektir. Biliyorum "teknomedyatik dünya"nın veri bombardımanı altında bunu yapabilmek pek zordur ama ancak böyle bir zihnin sahibi kendine güvenini koruyabilir, mücadele azmini devam ettirebilir.

Bazen doğruyu bilme ve yapma ihtiyacımız öyle şiddetli bir düzeye gelmiştir ki hayatın gerçekliği, bizim düşüncelerimizi tamamen yalanlasa da biz teorilerimizde inatla ısrar etmeyi sürdürürüz. O zaman vay hâlimize! Zira böyle bir zihin için hayat dansı bitmiştir; tek amacı kendi doğruluğunun kanıtlanmasıdır artık. Bakmayın bu uğurda ettiği kan kokulu, ateşli sözlere, teslim bayrağını çekmiştir çoktan...

O yüzden siz siz olun, hayat dansından vazgeçmeyin. Kişilerin ve grupların var kalabilmek için sürekli bir güç mücadelesi içinde oldukları "teknomedyatik dünya"da, düşmanların kimler olduğunu belirleyebilmek için iddialı düşünceler üretmenin de, dinlemenin de ne zararı olabilir gerçekliğe uyum sağlamadıklarında vazgeçilmeleri koşuluyla! Komplo teorilerine asıl sonuçları açısından bakın; sizi kafanızı çalıştırmaya, dansın ritmini arttırmaya mı davet ediyorlar yoksa güçsüz, androidler hâline getirip yaşam mücadelesinden alıkoymaya mı yarıyorlar? Dansa davet varsa korkmayın, direnen insan eninde sonunda kazanacaktır! "Teknomedyatik dünya"da bile...

ŞİRAZESİ BOZULMUŞ DÜNYADA SOSYOPATİ

Yaşadığımız toplumu anlamaya çalışırken görüşlerine özel bir önem verdiğimiz düşünürlerden birisi de Byung Chul-Han. İlgili bölümde görüşlerine ayrıntılı yer vereceğiz. Yaşadığımız dünyadaki hâllerimizi adlandırmalarından birisi de "yorgunluk toplumu." O da elbette artan şiddet olgusunun farkında ve bununla ilgili de yazıyor. Yorgun düştüğümüz de doğru, giderek artan oranda şiddete maruz kaldığımızda. Nedenler üzerine düşünmeli, ona uygun çareler bulmalıyız yoksa çok geç kalmış olacağız.

Günümüzde yaşanan şiddet probleminin birçok nedeni var, bu yüzden onun üzerine konuşmak hayli zor ve çetrefil. Tüm dünyada insanlığımız, vicdanlarımız çeşitli nedenlerle birçok yerinden hasar görüyor, değişik etmenler yüzünden ortaya çıkan problemlerin birbirini etkilemesi ile de harekete geçen dev şiddet ve vahşet kasırgası yaşadığımız bir başka tecrübe alanı olup çıkıyor.

Ülkemizden, kendi toplumumuzdan konuşurken bu gerçek geçerli. Son zamanlarda ortaya çıkan yüksek enflasyonun sadece ekonomik dengeleri değil tüm toplumsal ilişkileri ve hatta kişilik yapılarını yerinden söktüğünü, yangından mal kaçırmaya çalışan insanların ve afete uğrayan hanelerden soygun yapan vicdansızların belirlediği bir toplumsal manzara görünümünün üzücü bir başka gerçeklik olduğunu ayrıca belirtmeliyiz. Ancak bu yazının asıl konusu bunlar değil. Böyle kaotik ortamlara, puslu havalara bayılan, hemen öne fırlayıp bozulmuş toplumsal dengelerden istifade etmeye çalışan, kendi mafiyöz hakimiyetlerini kurmak isteyen psikopatları ele alacağız.

Beşerden İnsana

Ahlak enikonu diğer insanlara, canlılara, tabiata, kısacası ötekine ne yapacağımızla ilgili kurallar bütünüdür. Ahlaklı olmaya müsait bir yapıyla dünyaya geliyoruz. Ötekini, içine doğduğumuz aileyi, yaşadığımız toplumu gözeten; merhamete, şefkate yatkın ahlaki bir koreografi bulunuyor yaratılışımızda. O yüzden olsa gerek büyük filozof, Batı'daki adamımız Immanuel Kant, göklerdeki yıldızların yanı sıra ve içimizdeki ahlakın düzenini Yaratıcının varlığına kanıt olarak gösteriyor.

Ama beşerin bir de bunun tam zıddı özelliği var. İçimizdeki ahlak yasasına rağmen hepimiz onu ihlal etmeye hazırız. Ve ne yazık ki bazılarımızın ahlaki gelişiminde, vicdan oluşumunda sorunlar ve eksiklikler dolu. Suça neredeyse doğuştan yatkınlar. Ne söylersek söyleyelim, bir kulaklarından girip diğerlerinden çıkıyor. Her yaptıklarında kendilerini haklı görüyorlar, vicdanları asla sızlamıyor; daha doğrusu vicdansızlar. Onları toplumda genellikle "psikopat" diye adlandırıyoruz. Psikopatlar, büyük kalabalıklar yanında sayıları hayli az olmakla birlikte toplumun baş belaları. Toplumlar, değer krizi yaşadıklarında çok görünür hâle geliyorlar, vicdansızlıkları toplumun olağan yaşantısı gibi görünmeye başlıyor. Psikopatları iyi tanımalıyız...

Psikopat, Sosyopat, Antisosyal

Psikopati davranışı, hafiften şiddetliye doğru bir spektrum şeklinde kendini gösteriyor. Psikoloji literatüründe psikopatlar ve sosyopatlar arasında şöyle bir ayrım yapılmaya çalışıldığını görüyoruz. Mesela psikopatlar vicdansızlıkta daha ileri gidenleri tanımlamak için kullanılıyor, sosyopatlar da ise az da olsa vicdan, empati yeteneği, pişmanlık duygusu olabilir deniyor. Kendi adıma ben bu ayrıma katılmıyorum. Psikopatların suç işlemeye yatkın olanlarına, bir araya gelip toplum aleyhine suç davranışları göstermeye başlayanlarına "sosyopat" demeyi tercih ediyorum. Psikopatların mafiyöz çeteler hâlinde yaşayanlarına, her an saldırgan, şiddete, vahşete yönelik suç işleme potansiyeli barındıranlarına ve fırsat bulduklarında hayata geçirenlerine "sosyopat" diyorum. Psikiyatride vicdansızlıkla, her türlü suça yatkınlıkla ve asla gerçekten pişman olmamakla kendini gösteren bu kişilik yapılarının hepsine birden "antisosyal kişilik bozukluğu" adını veriyoruz.

Psikopatların nispeten topluma uyum sağlamayı başarabilenleri yanı başımızda yaşıyorlar. Kimi zaman sevimli ve çapkın, kimi zaman dolandırıcı, kimi zaman da çocuksu, sempatik ve serseri kılığında aramızda dolaşıyorlar. Onları, yegâne amaçlarının karşısındakini sömürmek olması özelliğinden tanıyoruz.

İnsanla, toplumla, değerle, prensiple ilgili ne varsa küçümsemek ve alaya almak da psikopatların ortak özelliği. Yasa ve kural tanımıyorlar, onları çiğnemeyi bir tür hayat başarısı olarak görüyorlar. Tutuklanmaya zemin hazırlayacak eylemleri tekrar tekrar yapmaları bu nedenle. Menfaatleri için suiistimal etmeyecekleri bir şey yok. Yalan, kandırma ve inkâr, sıradan ve olağan davranış kalıpları psikopatların. Voliyi vurmak, malı götürmek için fırsat kollarlar. Herkesten zeki olduklarına inanırlar. İkna yetenekleri acayip gelişmiş, ağızları iyi laf yapar. Sizi haklıyken zayıf bir yerinizden yakalayıp kolayca haksız duruma düşürebilirler. Konunun odak noktasını değiştiriverirler. Hep zeytinyağı gibi üste çıkarlar. Başkalarını zerrece önemsemez, bulundukları yeri hem yaşanmaz hâle getirir hem rahatsız olan gitsin, derler. Sürekli mazeretleri vardır ve hep asabidirler. Aslında kimsenin kendilerini istemediğini düşünür, onlara karşı varlıklarını kanıtlamaya çalışırlar. "Ben buradayım" asıl siz yoksunuz, demek isterler. Hayat kurtlar sofrasıdır onlara göre, bir sömürme yarışıdır. O, başkalarını istismar edip sömürmeye çalışmasa, başkaları aynı şeyi kendisine yapacaktır...

Öfke ve saldırganlık sırasında normal insandaki fizyolojik değişimler psikopatlarda olmuyor, tehlikeli durumlarda heyecanlanmıyorlar. O yüzden güvenlik kurallarına da asla dikkat etmiyorlar. Onlara riskleri anlatmak, bir işe yaramıyor. Hep "ne olacak canım hallederiz" diye düşünüyorlar. Pişman olmazlar, çünkü olamazlar. Kendilerini cesur ve fırsatı değerlendiren, normal insanları korkak ve pısırık olarak niteliyorlar. Ürkütme ve tehdit en belli başlı yöntemleri. "Damarıma basmayın, haksızlığa dayanamam!" deyip duruyorlar. "Ben yaptım oldu"cular. Kendilerine bir şey olmayacağına inanırlar, olduğunda da suçu başkasına atarlar. Hiçbir işte sebat etmezler, sabır nedir bilmezler. Psikopatların arasından sabrı başarabilenler, uzun vadeli zarar verme planları yapabilir. Antisosyal çetelerin başları genellikle bu tiplerdir.

Psikopat ebeveynden psikopat evlat olma ihtimali epey yüksek. Bu yüzden bu kişilik bozukluğunda genetik faktörler üzerinde çok duruluyor.

Çocuklukları suiistimallerle dolu bir ortamda geçiyor. Bazı psikopatların yetiştirilmeleri sırasında ebeveynin aşırı disiplin ile aşırı şımartılma arasında bir tavır takındığından ve bu nedenle şaşkına döndüklerinden söz ediliyor.

Sonuç olarak psikopatlık da onun şiddetli bir görünümü olan sosyopati de evrensel, yani her toplumda sanki beşer safhasında takılıp kalmış bu kimselerden var. Ama her toplumda öyle kolay etkili olamıyorlar, toplumsal değerleri ifsat edip başa bela kesilemiyorlar. Toplumsal kriz zamanlarında, değerlerin alt-üst olduğu vakitlerde sosyopatlara adeta gün doğuyor, ve onlar ellerini ovuşturarak hep böyle zamanları kolluyorlar.

Toplumların İlk Vazifelerinden Biri: Sosyopatiyi Dizginlemek

Her siyasi kültürün, her toplumsal düzenin temel misyonlarından birisi de sessiz yığınların haklarını sosyopatlara karşı korumak; sosyopatiyi dizginlemek, mümkünse entegre etmek. Bunu her toplum başaramıyor.

Batı uygarlığını ve toplumlarını birçok bakımdan kıyasıya eleştirdiğimize okuyucularımız tanıktır. Asla onların yolunu izlemeyi ve tam olarak onlar gibi olmayı savunmuyoruz. Elbette biz kendi medeniyet yolumuzdan yürüyeceğiz. Ama teslim etmek zorundayız ki modern zamanlarda sosyopatiye karşı en başarılı manevraları da onlar yapmış. Devlet-sivil toplum ilişkisi, birçok gerilim hattına rağmen sözleşmeye dayalı olarak kurulmuş, insan haklarına dayalı bir hukuksal çerçeveye kavuşmuş. Otorite toplumsal ve siyasal süreçlerin neticesinde içselleştirilmiş, sosyopati büyük ölçüde dizginlenebilmiş. Bu toplumlarda kamu görevlisi de sivil yurttaş da yasalardan, o yasaları üreten sistemden ürküyor.

Sosyopati, kamu düzeninin bireyin psikolojisinde kök salmadığı, otoritenin içselleşmediği geçiş toplumlarında kendisi için en mümbit araziye kavuşur. Biz de iki yüz yıldır bir geçiş toplumuyuz. Sosyopatların ağızlarının suyunu akıtan derin kamusal çatlaklarımız, hukuki zaaflarımız, toplumsal dertlerimiz var. Kamu düzeninin sağlanması için devlet; hukuka saygılı, otoriteyi içselleştirmiş bireyler yetiştirmek yerine ceberutluğu seçmiş. Bırakın güçlü olmayı vergi bile toplayamamış, imar planı dahi yapamamış, çareyi gövde gösterisinde aramış. Devletin bıraktığı boşluğu maddi çıkar şebekeleri, feodal ve mafiyöz güç odakları doldurmaya çalışmış. Her yere kolayca risk alan sosyopatlar sızmış. Devletinden umudu kalmayan toplum, kendi bütünlüğünü sağlayabilmek için kamu düzeninin olduğu zamanlardaki tarihsel anlatıya ve inançlarına tutunmuş. Ama şimdi galiba toplumun can havliyle sarıldığı alanları da sosyopati kuşatmış vaziyette. Eğer öyleyse burası, çok dikkatli olunması gereken bir hat zira çaresi, umudun kalmayan toplumlar kaosun arefesindedir.

Sessiz yığınlar, sosyopatiyi dizginlemek için değerlere sarılmanın yanı sıra devleti demokratikleştirmek gerektiğini; milletin, hukukun ("yargıcın değil hukuk"un) devleti hâline getirmek lazım geldiğini her geçen gün biraz daha iyi anlıyorlar ama bunu nasıl hayata geçireceklerini doğal olarak bilemiyorlar.

Psikopatlarla mücadelede, güvenlik güçlerinin ve adalet sisteminin caydırıcı kararlılıkları her zaman birinci sırada... Ne yapıp edip toplum olarak devlete ve adalet sistemine güveni sağlamak ve canlı tutmak mecburiyetindeyiz ve bu misyonu ancak siyaset yerine getirebilir. Biz sıradan yurttaşlara düşen ise, bu tehlikeli insanları tanımak, onlara aldanmamak ve olabildiğince uzak durmaya çalışmak... Onlara karşı bireysel değil toplu biçimde tavır alınmalı; bize, zararlı davranışlarda işbirliği önerdiklerinde "mahkemeler, kurullar var ben yapamam, korkarım" demeli; gereksiz cesaret gösterisinde bulunmamalıdır. Suç niteliği barındıran ya da başkalarına zararı dokunacak türdeki önerileri, asla kabul edilmemelidir.

Yazımızın başına "şirazesi bozulmuş" diye nitelemiştik yaşadığımız dünyayı. Dünyanın her yerinde psikopatlar, sosyopatlar öne çıkıyor; nereye baksak onları görüyoruz. Sayıları çok az olduğu hâlde, sessiz ve yorgun düşmüş kalabalıklar içinde en çok onların sesleri duyuluyor. Birçok toplum onların insafına bırakılmış durumda. Şu karşılaştığımız feci insanlık hâli manzaraları karşısında, "şirazesi bozulmuş" demek bile az gelebilir belki "şaftı kaymış" dememiz daha tanımlayıcı olabilirdi. İster şirazemiz bozulmuş, ister şaftımız kaymış olsun kendi toplumumuz için önümüzde duran zor görev belli. Ne yapıp edip içimizdeki sosyopatları dizginlemeyi başarmalıyız!...

IV. BÖLÜM

YALNIZLIK ZAMANLARI VE TÜKETİM TOPLUMUNDA ERDEMLER

YALNIZLIK ZAMANLARI

Modern zamanlar, insanlık tarihinin önceki dönemlerinden çok büyük bir kopuş getirdi. İlk bakışta modernlik; modern bilim ve teknoloji hayatımıza kolaylaştırma, insan ömrünün uzaması, temiz ve sağlığa uygun koşullarda ömür sürme gibi birçok katkı yapmış görünüyor. Evet, bunlar doğru ama geleneksel zamanların âleme, hayata ve insana bakışından böylesine kopmanın yol açtığı büyük zararlar da yok değil. Galiba onlardan birisi, yalnızlık hissi ve korkusunun büyük bir yaygınlık kazanması... Elbette bunlar her devirde var olan insana has, evrensel durumlardı. Ama modern zamanlarda en yüksek seviyeye çıktı. Modern zamanlar, hem maruz kalınmış yalnızlığı hem yalnızlık korkusunu arttırdı. Öyle ki bazı ülkelerde yalnızlıkla bakanlıklar düzeyinde ilgileniliyor. Tıpta yalnızlık, insan sağlığını olumsuz biçimde etkileyen bir etken olarak her geçen gün daha çok araştırılıyor. Yalnızlık hissi ve korkusu üstünde durmak ve onlarla nasıl başa çıkacağımızı tartışmak istiyorum ama izin verirseniz bunu biraz sonraya bırakayım. Şimdi sanki hepimiz fikir birliği içindeymişiz gibi göründüğümüz "yalnızlık" kavramının anlamlarını biraz deşelim.

Çok ilginç biçimde, günümüzde bu kadar çok konuşulan yalnızlık hakkında ortak bir tanımda anlaşılabilmiş değil. Tablo sanılandan çok fazla karışık... Sosyoloji ve psikolojide yalnızlığı birbirinden farklı biçimde sekiz ayrı yaklaşımın tanımlamaya çalıştığı söyleniyor. Yalnızlık olgusu birbirine tamamen zıt bir biçimde; kabul edilebilir ve pozitif, kabul edilmez ve negatif olarak ele alınabiliyor. Yaratıcı, üretken ve olgunlaştırıcı bir unsur olarak görülebildiği gibi fiziksel, duygusal, toplumsal yabancılaşma veya kendisinden ve diğerlerinden soyutlanma olarak da değerlendirilebiliyor.

Bu çetrefil hâl yalnızlık üzerine konuşma vazifesini daha çok edebiyatçılara, sinemacılara ve popüler psikolojiye bırakıyor. Varoluşsal yalnızlığın akademide ihmal edilmesinin ortaya çıkardığı vakumu edebiyatçılar, sinemacılar doldurmaya çalışıyor. Her şeyi piyasaya çıkaran ve yağmalayan tüketim toplumunun oburluğu ne varsa tükettiği gibi bilinçdışımızı ve yalnızlık hissimizi popüler psikolojiye katık yapmakta gecikmiyor...

Bilgimiz Artıyor, İnsan Varoluşunu Anlamamız Zorlaşıyor

Çağımızda insanı anlamak adına gözden kaçırdığımız, psikolojik bilimlerin insanı araştırıyoruz diye insandan giderek uzaklaştıkları, insanın bedeni, herhangi bir organı, dokusu, hücreleri hakkında inanılmaz bir nicel külliyat birikmesine rağmen niteliksel bakımdan insanın kim olduğunu idrak etmekten iyice uzaklaştığımız noktalar varoluşsal boyutumuzu oluşturuyor. Bu ihmal modern zamanlarda yeni bir düşünce ekolü ortaya çıkardı: Varoluşçuluk...

Varoluşçuluk, modern bilimin ve psikolojinin insanı parçalara ayırarak ve o farklı parçaları bir araya getirerek anlamaya çalışan anlayışa itiraz etti, insanın parçalarının toplamından daha büyük ve daha farklı bir varlık olduğunu öne sürdü. Haklıydı. İnsana ve psikolojisine varoluşçu perspektiften bakmaya çalışanlar, varoluşsal özellikleri; fanilik, özgürlük, anlamsızlık ve yalnızlık gibi temel varoluşsal kategoriler başlığı altında anlatmaya çalıştılar. Cılız ve giderek kısılan bir tonda olsa da fırsat buldukça yalnızlık hakkında da konuşuyor, önemli tespitler yapıyorlar. Onlar için yalnızlık, sadece günümüzde insanların tercihlerinin yönlendirildiği "solo yaşam" anlayışıyla tüketilebilecek bir durum değil insani bir hâl, her insanın yaşadığı bir hissediş, insana has bir gerçeklik...

Varoluşçuların yalnızlığa bakışlarına değineceğim ama öncelikle bu konudaki kavram kargaşasını bir nebze olsun giderebilmek amacıyla, yalnızlıkla ilgili kendi anlayışımı söylemek istiyorum. Bence böyle kavram kargaşasının olduğu durumlarda en basit kavramlaştırmaları yeğlemek, en iyisi... Bu nedenle yalnızlığı, baştan olumlu ya da olumsuz diye ayırmadan doğrudan doğruya insanın "kendisini bir başına hissetme hâlidir" diye tanımlamaktan, olumlu ya da olumsuz olmasını da yine "yalnız kişi"ye sorarak ilerlemekten yanayım. Böylece yalnızlığın her an kendimizi içinde bulacağımız evrensel bir insanlık hâli, herkesin olumlu ya da olumsuz biçimlerde yaşayabileceği dinamik bir süreç olduğunu da ifade edebileceğimizi düşünüyorum.

Modernlikle birlikte birçokları gibi ben de sadece solo yaşayanların değil yalnız hissedenlerin ve yalnızlıktan korkanların da arttığı kanaatindeyim. Bunun birçok nedeni var ama modernliğin, benim "teknomedyatik dünya" adını verdiğim, son döneminde görünme, beğenilme arzumuzun had safhaya ulaşmasının payının büyük olduğunu özellikle belirtmeliyim. "Tüketim toplumu" (Jean Baudrillard), "gösteri toplumu" (Guy Debord) adına ne dersek diyelim, günümüzde kendimizi, benliğimizi sadece yakınlarımıza değil herkese sunmak durumundayız. Adeta kendimizin reklam organizasyonu şirketi gibi çalışıyoruz. Hakikat artık kendi başına bir değer taşımıyor, gerçeklik var olan değil zihinlere inşa edilen bir "şey" gibi görülüyor. Böyle bir dünyada kendi hakikatinden ve sahihlikten uzak kalan, sadece ve sadece daha çok kişi tarafından beğenilmek isteyen bir insanın daha fazla yalnız hissetmesinden ve bunun için sızlanıp durmasından daha doğal ne olabilir ki...

Yalnızlık ve Herkeslik

"İnsanlar gittikçe daha fazla açık-planlı veya cam duvar ofislerde çalışıyor, böylece tuvalet dışında yalnız kalabilmek imkânsızlaşıyor. Tuvaletlerde bile ayırıcı bölmeler üst ve alttan açılarak yalnızlık asgariye indiriliyor" (Michael Foley, *Saçmalıklar Çağı*)...

Günümüzde yalnızlık meselesinin bir de tam zıddı hâlini dile getiriyor yukarıdaki satırlar. Zaten bizim bu konuda görüşlerine özellikle kıymet verdiğimiz varoluşçular da, insan tekinin her dönemde kendi benliğiyle baş başa olduğu ve dünya hayatında ne istediğini bilen, kendine özgü yolu bulabilmesi için bu hâlinin kıymetini bilmesi ve kendine, iç sesine kulak vermesi gerektiğiyle ilgili alanın evrensel varlığı üzerinde duruyorlar. "Herkeslik" içinde, gündeliğe ve boş lakırdıya batmış biçimde yaşamanın, kendini unutmanın ve kandırmanın tehlikelerine dikkat çekmeye çalışıyorlar ama çoğunlukla anlaşılmıyorlar.

İnsanın temel kişiler arası görevi, aynı anda hem ilişkinin bir parçası olmak hem de ilişkinin dışında kendisiyle olmak. Yani insan teki olmakla bir toplumun üyesi olmak, ikisi aynı anda, bir arada yaşanan ana hususiyetler. Mütemadiyen bu ikisi arasında raks ediyor varoluşumuz. Birisi olmadan insanlığımız tamam olmuyor. Yaşantımız sırasında bir tarafımızı bir süreliğine dışarıda bıraksak ya da bırakmaya hayat bizi zorlasa hemen rahatsız oluyoruz, kesikliği kapatmanın, aradaki boşluğu telafi etmenin yollarını aramaya başlıyoruz. Başkalarını, bir topluluk içinde yaşadığımızı unuttuğumuzda, izole oluyoruz, paylaşılmayan acılarımız artarken tek başına sevinçlerimiz bir anlam ifade etmiyor.

Başkalarının, "onlar"ın, arasında, topluluk içinde kaybolup gittiğimizde, tekil varoluşumuzu unuttuğumuzda, hayat bir gevezeliğe dönüşüyor. Varoluşçular, insan varoluşundaki bu açmaza dikkat çekmeye çalışıyorlar.

Evet, bakmayın "birey" sözünün yüceltilmesine, insan ilişkisine; emek değil çıkar ve bağımlılık penceresinden bakıyoruz günümüzde. Hakikatli dost olmak değil birilerine yapışarak yürümek istiyoruz. Bir yandan solo yaşam övülüyor ama bir yandan da tek başına kalmak, sessiz olmak adeta "suçlu" derekesine düşmek manasına geliyor sürekli "herkes"liğe çağrılıp duruyoruz. "Her gün aynı insanların buluşmasına, aynı kokteyllerin içilip aynı konuların konuşulmasına yahut aynı boş lafların edilmesine rağmen bu atlıkarınca gibi ardı arkası kesilmeyen partilerin sürdürülmesi son derece önemlidir... Sessizlik büyük suçtur, sessizlik yalnızlığı anıştırır ve korkutucudur" derken varoluşçu usta psikolog Rollo May çok haklı!... Keza "Sürekli aşktan bahsetmek istememizin, bundan hoşnutluk duymamızın altında bile varoluşsal yalnızlıkla yüzleşme korkusu var" diyen, yalnız olabilme becerisinin ruh sağlığı için çok önemli olduğunu vurgulayan psikanalist Julia Kristeva da öyle...

Her neyse, sözü daha fazla uzatmamak için modern zamanlarla birlikte insanın sadece varoluşsal bakımdan değil toplumsal olarak da yalnızlaştığı, yalnızlığa maruz bırakıldığı, bunun yanında varlık üzerine kafa yormaktan uzaklaştığı, sığlaştığı ve banalleştiği gerçeğini de aklımızda tutalım. Yalnızlık konusunda konuşurken bu zıt görünümleri, meselenin "herkes"lik boyutunu da hesaba katmak zorunda olduğumuzu, sadece yalnız kalmaya odaklanarak yalnızlık korkusunu anlayamayacağımızı bilelim. Yalnızlık korkusu, hep kalabalıklar içinde, tanıdıklar tarafından sarıp sarmalanma isteği değil mi çoğu zaman? Unutmayalım, "herkes"lik boyutunu hesaba katmazsak, hep edebiyatı yapılan, bağımlılık arzusunu bastırmaya yarayan yalnızlık histerisini, yalnızlık mızmızlanmasını gerçek yalnızlıktan ayırt edemeyiz.

Sonuç olarak varoluşsal bakımdan insan, aynı anda hem ilişkinin bir parçası olmak hem de ilişkinin dışında kendisiyle olmakla yükümlü. Yani insan teki olmakla, bir toplumun üyesi olmak, ikisi aynı anda, bir arada yaşanan ana hususiyetler. Mütemadiyen bu ikisi arasında raks ediyor varoluşumuz. Birisi olmadan insanlığımız tamam olmuyor. Yaşantımız sırasında bir tarafımızı bir süreliğine dışarıda bıraksak, bırakmaya hayat bizi zorlasa hemen rahatsız oluyoruz; kesikliği kapatmanın, aradaki boşluğu telafi etmenin yollarını aramaya başlıyoruz. Başkalarını, bir topluluk içinde yaşadığımızı unuttuğumuzda izole oluyoruz, paylaşılmayan acılarımız artarken tek başına sevinçlerimiz bir anlam ifade etmiyor. Başkalarının, "onlar"ın, arasında, topluluk içinde kaybolup gittiğimizde, tekil varoluşumuzu unuttuğumuzda, hayat bir gevezeliğe dönüşüyor. Varoluşsal olarak yalnızız, en nihayetinde tek başımızayız ama toplumsallığa birçok bakımdan mecburuz da.

Yalnızlık hissi ve korkusu sıkıntılı ve zorlayıcı tamam ama insanın zor şartlar altındayken bile hakikat arayışından vazgeçmemesi, tek başınalığının kıymetini bilmesi, yalnız bırakıldığında yılmaması, korkmaması da lazım. Tevazu içinde toplumsal sorumluluklarını yerine getirirken herkesliği esas yaşam modu hâline getirmemesi, dedikodu, gıybet ve gereksiz lakırdıya taviz vermemesi de gerekli...

Bunları konuşalım lakin modern zamanlarda bir de "maruz kalınmış yalnızlık" dediğimiz çok büyük bir sorun var. Her geçen gün birçok insanın istemediği hâlde yalnızlığın pençesine düştüğü gerçeği var... Bundan sonraki yazımızda bu gerçeğe, yalnızlıkla nasıl mücadele edeceğimize odaklanalım.

YALNIZLIKLA MÜCADELE

Modern zamanlarda yalnızlık hissinin ve korkusunun artacağı hakkında yıllardır birçok görüş öne sürülüyordu ama ilk kez 1953'te sosyolog David Riesman, batı toplumlarındaki görünümün "Yalnız Kalabalık" olarak formüle edilebileceğini söylemiş aynı adla bir kitap yazmıştı. Zygmunt Bauman 2011'de internet ve sosyal medyanın aslında görünenin aksine yalnızlık hissini daha da arttırdığını ifade edebilmek için Riesman'dan esinle "kalabalık yalnızlık" deyimine başvurmuştu. Türk Dil Kurumu (TDK), bu kelimeyi 2024 yılının kelimesi olarak seçti. Ancak son yıllarda ciddi bir bakış değişikliği gündeme geldi; yalnızlığın modernlikle birlikte artan bir sorun değil de modern yaşamın kabul edilmesi gereken bir görünümü olduğu şeklindeki görüş, akademide yerleşmeye başladı.

ABD'de 1995 yılının yaz aylarında aşırı sıcaklardan evlerinde ölü bulunan ve günlerce kendilerinden haber alınamayan yoğun bir yaşlı nüfus olduğunu fark ettikten sonra konuyu irdelemeye karar veren sosyolog Eric Klinenberg, 2013 yılında "solo yaşam"a gidişle ilgili kitabı yazdı. O tarihten sonra kavram, yeni bir hayat tarzı dalgasını simgelemek üzere akademi dünyasında hızla yayıldı. Artık akademide "yalnızlık" dendiğinde Alman asıllı ABD'li sosyolog Klinenberg'in ileri sürdüğü "solo yaşam" kavramı anlaşılıyor, daha doğrusu bu anlam tercih ediliyor. Yalnız yaşama eğiliminin uygarlığın yeni bir aşaması, kabul edilmesi gereken yeni bir toplumsal gerçeklik olduğu öne sürülüyor. Yalnız yaşamayı öğretebilmek için, yalnızlığın can sıkıntısı ve depresyon gibi olumsuz yan etkilerinden korunabilmek için kurslar düzenleniyor.

Maruz Kalınmış Yalnızlıklar da Artıyor

Dünya nüfusunun azalması gibi, yaşlanması gibi, yalnız yaşayanlar da yani solo yaşam tercihi de artacak. Adımlarımızı buna göre atmalı, bu doğrultuda planlar, projeler yapmalıyız. Tamam, bunda bir beis yok ama bir yandan da sadece tercih edilen değil "maruz kalınmış yalnızlık"lar yani hiç öyle istemediği hâlde yalnız kalan ve yalnızlıkla mücadele eden insanlar olduğunu da düşünmek zorundayız. Sürgünlük, mültecilik, muhacirlik, madunluk; yalnızlığa yapı olarak yatkın psikolojiler, hâller, kişilikler ve yalnızlığın kaçınılmaz olduğu kader zamanları var... Kendi hayal dünyalarıyla yetinen şizoidler, şizofrenler, otistikler, akran zulmüne maruz kalan ya da gruplara katılamayan ergenler var... Yalnızlık kuyusuna düşmüşler, depresifler, sosyal fobikler, çekingenler var... Kirli bir mendil gibi işi bitince fırlatılıp sokağa atılanlar, terk edilenler var... Başkalarının alkışları olmadan, sahne almadan yaşayamayanların ürpertici yalnızlık hisleri var... Yakınlarını kaybedenler, tutunamayanlar, hastalar, sahipsiz yaşlılar ya toplumun düşkün kılarak kendisinden tecrit ettiği ya da kendi kendini toplumdan tecrit edenler var... Haydi, günümüzde hayli azalmış hakikat arayıcılarının, tefekkür yolcularının, dervişlerin, düşünce insanlarının ve yalnızlığın son koruyucuları olan şairlerin yalnızlıklarını görmezden gelelim ama tüm bu saydığım yalnızlık çeşitlerini ve bunlardan mustarip yalnız insanları da düşünmek, dertlerine çareler üretmek mecburiyetindeyiz.

Anlatmaya çalıştığımız gibi yalnızlık ve yalnızlık hissi hayli karışık, dolayısıyla mücadele yöntemleri de nasıl bir problemle karşı karşıya olduğumuzun tam olarak belirlenmesine bağlı. Yaşlı bir insanın hayatta ve evinde yapayalnız kalmasıyla, hastanedeki ya da huzur veya bakım evindeki, hastanedeki bir insanın yalnızlığı arasında bariz farklılıklar var. Belli bir sosyal çevresi, yakınları ve akrabaları olsa da yalnızlık çeken birisinin yalnızlığıyla, hiç kimsesi olmayan bir insanın yalnızlığı aynı değil. Geliri ve imkânları olan yalnızların sorunlarıyla sosyoekonomik bakımdan çok zayıf durumda olanların yalnızlıklarını aynı kefeye koyamayız, onlara karşı aynı mücadele yöntemlerini benimseyemeyiz. Ayrıca yalnızlıkla ilgili bu belirsizliğin ve sorunun karmaşıklığının yanı sıra yalnızlık hissinin başta depresyon olmak üzere psikolojik bir rahatsızlığın belirtisi olmasını da aklımızdan çıkarmamalıyız. Kişinin benlik saygısının ve kendisine güveninin de azaldığı depresif yalnızlık hissinde ve yukarıda saydığımız yalnızlığa meyyal kişiliklerde elbette ilk çare, hemen bir profesyonele başvurmaktan geçiyor.

Tüm bunları ve her bir sorunun kendine özgü çözümünü, çoğu zaman devletin, belediyelerin, ruh sağlığı profesyonellerinin ve gönüllü kuruluş ve kişilerin yardımına ihtiyaç duyulduğu gerçeği ile birlikte göz önünde bulundurarak yine de yalnızlık ve yalnızlık hissiyle mücadele için bazı genel önerilerde bulunmak mümkün. Lütfen yalnızlık çektiğimizde ya da çevremizde böyle bir dertten mustarip bir tanıdığımız bulunduğunda bu önerileri dikkate alalım ve eğer yalnızlık hissiyle mücadele edilmezse işlerin daha da kötüye gideceğini bilelim. Nasıl akamayan bir su birikintisi bir süre sonra kirlenmeye ve mikroorganizmaların üremesine uygun bir vasata dönüşürse, çare bulunmayan yalnızlık hissine; terk edilmişlik, işe yaramazlık, suçluluk gibi olumsuz duyguların eşlik edebileceğini, psikolojimizin işleyişini bozabileceğini yani başlangıçta depresif olmasak bile yalnızlığımızın depresyona yol açabileceğini unutmayalım.

Yalnızlık Hissiyle Mücadele

Yalnızlık hissiyle mücadele ederken atılması gereken ilk adım; böyle bir hissi yaygın bir biçimde ve sıkça yaşıyorsanız öncelikle yalnız olduğunuzu, böyle bir dertten mustarip bulunduğunuzu kabul etmenizdir. Çevrenizde kaç kişi olursa olsun, görüntü bunu doğrulamasa bile, eğer yalnız hissediyorsanız; gerçekte yalnız olduğunuzu kabul etmeniz ve buna göre yönlenmeniz şarttır. Yalnızlık hissinizi mutlaka bir dostunuzla, ailenizden, yakınlarınızdan güvendiğiniz, yanında rahat hissettiğiniz kimselerle paylaşmanızı öneririm. Paylaşım, çevrenizdeki insanların fikirlerini alarak onlardan yararlanmanızın haricinde doğrudan doğruya size yardımcı olacaktır. Hepimizin başkalarına, insan kardeşlerimizle dertleşmeye, yaslanacak bir omuza ihtiyacımız var ve zaten yalnızlık hissiyatımızın temelinde, bir biçimde, bu ihtiyacın gideril(e)memesi bulunuyor.

Şunu hiç aklımızdan çıkarmamalıyız yalnızlık başka, tek başınalık başkadır. Tek başına kalsak bile hayata bağlılığımız ve mücadele azmimiz sürdüğü sürece mesele yoktur ama bu gerçek aslında öznel (subjektif) değerlendirme ile şekillenmiş his olan hüzünlü yalnızlığı normalleştirmemeli, insan yalnızlık girdabından mutlaka çıkmaya çalışmalıdır. Çünkü insan, grup-varlıktır, toplumsal yaşamın içinde başka insanlarla yaşar ve yeryüzünde bizim ulaşma menzilimizde olan on binlerce kişi bulunur. Biz, çevremizdeki onca insana rağmen sanki her biri tarafından reddedilmişiz, istenmiyoruz ya da onların varlığı derdimize çare olamayacak düşüncesi ve duygusu yaşıyorsak bu asla normal değildir. Bu gibi sağlıksız düşüncelere ve duygulara teslim olmamak, her fırsatta insanlarla temas içinde olmaya gayret etmek gerekir. Çevremizdeki insanlarla ilişki yolları üzerine kafa yormanın yanında gönüllü kuruluşlardan yardım almaya, interneti ve sosyal medyayı bu amaçla araştırmaya çaba göstermemiz lazım gelir.

Mücadele edilmesi gereken yalnızlık hissi, insanın istemediği hâlde kendisiyle baş başa kalması ve bundan hoşnut olmaması hâlidir. O yüzden bu hâlin başka bir faaliyetle; merak edilen bir alanda hobi geliştirmekle, kendini bir uğraşa vermekle, gönüllü yardım kuruluşlarına katılmakla, egzersizle, yazma çabasıyla, manevi arayış ve uğraşla değiştirilmesi elzemdir. Bu faaliyetlerin grup hâlinde, bir sınıfta, toplulukta gerçekleştirilmesi yalnızlık zincirinin kırılmasında çok işe yarayabilir. En nihayetinde insan insanın yurdudur; neşeli, mutlu, hayat dolu insanların bu hâllerini bize de geçirmeleri ihtimali yüksektir.

"Tebdili mekânda ferahlık vardır" denir. Elbette insan gittiği her yere kendi psikolojisini de götürür ama seyahatle, mekân değişimiyle birlikte hâletiruhiyesinin ve yalnızlık hissinin de ortadan kalkması imkân dâhilindedir. Hele hele bu seyahatler şimdilerde pek sık ve kolayca bulunan gezi grupları içinde gerçekleştirilirse ve her gidilen yerde insanlarla tanışma, görüşme, arkadaş edinme fırsatları değerlendirilebilirse, seyahat uzun sürdüğünde geride kalan tanıdıkları arayıp sorma, onlara kendisinden gezip gördüğü yerlerden haber verilirse bu ihtimal daha da artar. Seyahatlerin sadece turistik değil belli bir amaca mesela bir gönüllü yardım kuruluşunun faaliyetine yönelik olması, yalnızlıktan mustarip kimsenin derdine adeta panzehir gibi gelecektir.

Yalnızlık, elbette insani bir sorun, bir insan sorunudur, şu koskoca ve milyonlarca insanla dolu dünyada kendisini bir başına hissetme hâlidir. Ama diğer canlıları, tabiatı da unutmamak lazım gelir. Hayvanlardan ve tabiattan da öğreneceğimiz birçok şey var. Evcil bir hayvanın birçok psikolojik derde deva olduğu, hayvanlarla, tabiatla dost olabilenlerin diğer insanlarla da ilişkilerinin yolunda gittiği bilinen bir gerçekti. Bu büyük ihtimalle insanın içindeki sevgi ve merhamet pınarlarının güçlü biçimde akmaya başlaması, böylelikle kalbimizin çevremizdeki tabiatı ve insan kardeşlerimizi de algılayabilmesi ile alakalıdır.

Hayvanlar ve tabiatın kalbimizin kurumasına mâni olduğuna kanaat getirmişsek, diğer kalplerin anahtarının açılmasına da vesile olacağını zaten anlamışızdır. Kalbimizin pasını silecek, insan ilişkilerindeki olumlu duygularımızı harekete geçirecek insani etkinliklerin başında sanat, sinema, resim, fotoğraf, müzik ve şiir gelir. Yalnız hisseden insan, buradan kurtulmak için kendisini yalnızlığın mağarasına hapsetmektense olabildiğince sanatın, güzelliğin, dikkat ve özenin kucağına bırakmalıdır. Elbette estetik algının, dikkat ve özenin başlangıç yeri, insanın kendisidir. İnsan, öz-bakımına, fiziksel temizlik ve görünümüne dikkat ederek, daha güzel görünmek için yollar arayarak ve bunu gerçekleştirmek için çabalayarak yalnızlıkla mücadelede önemli bir adım atabilir.

Biz onlara zaman ayırdıkça kitaplar asla ihanet etmeyecek, biz onlara vakit ayırdıkça hayat ve insanlar, insan ilişkileri hakkında bilgimizi arttıracak eşsiz dostlarımızdır. Öğrenen insan, öğrenmenin hazzını yaşamasının yanı sıra bir süre sonra öğrendiklerini başkalarıyla sınamanın, hayata geçirmenin yollarını da aramaya başlayacaktır.

İNSAN ÖZLEYEN VARLIKTIR, ÇARE ÖZLEMDEDİR

İnsan varoluşuna derli toplu bir bakışımız olmaksızın yalnızlık olgusunu tam olarak anlamamız imkânsız. Evet, insani varoluşunun niteliğini, bu varoluşun bileşenlerini anlayamazsak yalnızlığı; desteklememiz gereken tek başınalığı, karşı çıkmamız gereken yalnızlık hissi ve korkusunu anlayamayız. Yine aynı şekilde insani varoluşta "özlem"in tuttuğu yeri ayırt edemezsek, günümüzün sorunlarına çözüm bulamayız. Tüm bunlar için atmamız gereken ilk adım, modernliğin bir başka alameti farikası olan insanı, âlemi, hayatı, düşünmeyi unutmaktan vazgeçip hatırlamak... Modern paradigmanın içinde kalarak, bizatihi modernlik tarafından üretilmese bile modernliğin şaha kaldırdığı bir sorunu anlamak ve kalıcı bir çözüm bulma gayreti boşa çaba...

İnsan, Tam Olarak Nedir?

Biz modernler olayları, olguları, şeyleri parçalara, kompartımanlara ayırarak anlayabiliyoruz. Zihniyetimizin, dilimizin temeli, kuruluşu böyle. Bu yüzden modern dil ve düşüncenin kendisi, neredeyse varoluşumuzu tümden kavramak için baş engel. "İnsan ve çevresi", "insan ve kültür", "insan ve tabiat", "insan ve toplum" diyoruz mesela. Sanki insan bunların hepsinden müteşekkil, insan tabiatın bir parçası; kültürü ve toplumu yapan insan değilmiş gibi... İnsan, her zaman somut bir bütünlük içinde ama farklı kipliklerde yaşıyor hayatını.

Varoluşumuzun aynı anda faal olan üç değişik boyutu var. Bu üç boyut, ilk anda, bir bütünlük içinde ele vermiyorlar kendilerini. Nereden bakarsak o boyutu görüyor, diğer boyutları ihmal ediyor, görmezden geliyoruz. Bunlardan birinci boyuta "etrafımızdaki dünya" diyebiliriz. Kastettiğimiz, çevremizdeki nesnelerin, tabiatın dünyası. Maddi bedenimizden ayrı olarak biyolojik dürtülerimiz, içgüdülerimiz diğer canlılarla ortak olan yanlarımız bu dünyanın içinde yer alıyor. "Etrafımızdaki dünya" yanımız, tamamen tabiat kanunlarına ve doğum-ölüm, uyku-uyanıklık, arzulama-ferahlama gibi döngülere bağlı bir çerçeveyle mukayyet. Bilinç ve irade, buranın katı sınırları içinde pek bir işe yaramıyor.

İkinci dünyamızın temelini ise diğer insanlar oluşturduğundan, ona "paylaşılan dünya" desek yeridir. Söz konusu olan insanlar, topluluklar, ilişkiler ve birbirimizle olan bağlarımız. Toplumsallığımızı bu yanımızla ifa ediyoruz. Birinci dünyamızdaki fizik ve biyolojinin kanunları kadar katı olmasa da bu ikinci dünyamızın da kuralları yani toplumsal kurallar var. "Etrafımızdaki dünya" gibi kesin ve çerçevesi belirli değil ama "payalaşılan dünya"ya da uyum gerekiyor. Karşılıklı farkındalık, tercih, bilinç ve irademizle yürüttüğümüz için "paylaşılan dünya", tam öyle olmasak bile kendimizi özgür hissettiğimiz dünyadır.

Varoluşumuzun son boyutu doğrudan doğruya bizimle ilgili olduğundan adına insanın "kendi dünyası" demek yerinde olur. Hani "bir ben vardır benim içimde" denilen, insanın kendi kendisiyle olan temasının varlık alanı burası, iç-dünyamız. Kendimizden "ben kendim", "özüm" diye bahsettiğimiz, arzumuzun, azmimizin, psikolojimizin karanlık, kaygan bölgesinin gömülü olduğu yer...

İnsan, aynı anda bu üç dünyada birden yaşıyor, hayat mücadelesini bu üç kulvarda birden sürdürüyor. Gerçekte asla bunlar farklı kiplikler değil, insanın aynı yer ve zamandaki farklı varoluş boyutları. Modern bilim, birinci varlık alanımızı biyolojiye, ikincisini sosyolojiye (ya da beşerî bilimlere), sonuncuyu ise psikolojiye incelettirerek bilmeye çalışıyor. İnsan varoluşu ayrı ayrı ele alınınca ister istemez parçalanıyor, insan nesneleşiyor. Oysa insana dair her ne varsa, bu üç varlık alanında aynı anda var olan görünümlerini hep birlikte ele almadan insani varoluşun bütünlüğü yakalanamaz. Mesela "sevgi" dediğimizde onun maddi biyolojik bir zemini, insan ilişkilerinde karşılığı ve kendi kendimizeyken özlem olarak yansıması vardır. İşte bu yüzden "yalnızlık" dediğimizde, bahsini ettiğimiz olgunun bu üç hâlin hangisinden ne kadar ihtiva ettiğini anlamak ve anlatmak durumundayız. Aksi hâlde düşünüp incelediklerimiz işin aslı esası değil ayrıntısı; söylediklerimiz, yazdıklarımız, söz maharetleri, kuru belagat olmaktan öte gidemez.

Modern İnsanın, Varoluşsal Mahrumiyeti

Kanaatimizce modern zamanlarda insan, varoluşunu bütünlük içinde idrak edememekten ayrı olarak bir de üç farklı boyuttaki varoluşunun her biriyle ilgili ayrı ayrı mahrumiyet hâlleri de yaşıyor. Mesela insan-tabiat ilişkilerinde yani "etrafımızdaki dünya"daki bu mahrumiyet bizi tabiatın diğer unsurlarından ayrıştırıyor, yalnızlaştırıyor. İnsan-tabiat ilişkilerindeki mahrumiyetimiz, öyle bir düzeye vardı ki bir yandan canlı türlerinin çeşitliliği hızla yok olurken bir yandan da hayvan hakları hareketleri ve tarihte eşi benzeri görülmedik bir hayvan sevgisi türü ortaya çıktı. Çevreci-ekolojik hareketler, bu mahrumiyetin farkına varılmasının bir tezahürü.

Varoluşumuzun bir diğer boyutu olan toplumsallığımız yani "paylaşılan dünya"mızdaki mahrumiyetimiz de modern zamanlarda çok ileri boyutlara ulaştı. Her ne kadar "herkes"lerin içine, kalabalıklara karışarak bu mahrumiyetimizi, toplumsal yalnızlığımızı örtmeye kalksak da mızrak çuvala sığmıyor, toplumsal yalnızlık hâllerimiz; özellikle madunlarda, kimsesizlerde, hastalarda, engellilerde, yaşlılarda, vatanından, ailesinden ayrı kalan göçmenlerde çok belirgin biçimde görülüyor. Bugün yalnızlığı büyük bir sorun hâline getiren akademinin, siyasetin, medyanın gözlerini buraya çevirmesine neden olan da zaten bu toplumsal veçhesi.

Varoluşumuzun kendimizle ilgili olan üçüncü boyutu ise günümüzde mağduriyetini en çok hissettiğimiz alan. "Anı yaşa! Zevk al, gül, oyna! Kendine iyi bak!" bağırış çağırışlarına rağmen kendimize kulak vermekten, kendimizi, kim olduğumuzu tanımaktan çok uzağız. Her zaman insan için en irkiltici buyruk olmuş "Kendini tanı!" sözüyle pek ilgimiz kalmış gibi görünmüyor.

Yalnızlıkla, bir topluluk içinde yaşamak, sanki kalbin çarpışları gibi... Kalbin gevşemesi kalabalıklardan biraz sıyrılarak nefes alma, sessizliği ve yalnızlığı arzulamamıza benziyor ve bir süre sonra sevdiklerimizi, insanları özlememiz onlara doğru gitmemiz ise kalbin kasılmasına... Böyle akıp gidiyor hayat çoğumuz için. Nasıl çoğunluğu oluşturan bu tablodan daha farklı yaşayan, kendine, yalnızlığına doğru dürüst vakit ayıramadan ömrünü tamamlayanlarımız varsa aynı şekilde adeta yalnızlığa teşne olan insanlar, psikolojik hâller, kişilikler, kader zamanları da var... Modern zamanlardaki maruz kalınmış toplumsal yalnızlık; hem yalnızlığa yatkın kişilikler, hâller hem de yalnızlık üreten kader zamanları anlamında çok arttı, büyük bir sorun hâline getirdi.

İnsanın maneviyatının en derinlerinde kökleşmiş olan Yaratıcısı ile ilişkisine dair inanç hâli, hakiki bir yalnızlık hissi olmadan yaşanmıyor. Sadece inanç hâli değil tüm derin tefekkür ve hissediş hâlleri de böyle ve zaten hepsi de birbirleriyle yakın akraba... "İnsan ne kadar hikmetli ve bilgeyse, yani ne kadar bilgiliyse ve gerçekliğin mutsuzluğunu ne kadar hissediyorsa, bunu ona unutturan ya da gözlerinin önünden bunu çekip alan yalnızlığını da o kadar sever" (Giacomo Leopardi'den aktaran, geçenlerde kaybettiğimiz İtalyan meslektaşımız Emilio Borgna) sözünün hakikat payı yüksek. Hakikat arayıcılarının, tefekkür yolcularının, dervişlerin, düşünce insanlarının ve "yalnızlığın son koruyucuları" diye çağrılan şairlerin yalnızlığı bu neviden... Ne var ki modern zamanlarda varoluşsal yalnızlığın bu devrimci hâlinden pek bir eser yok. Tabiatı, yakın olmayı, dost ve akrabaları, sevgiyi özleyen insan en çok da kendini özlemektedir aslında ama bir türlü fark edememektedir bu hakikati.

Yalnızlık Özlemektir

"Birey" sözü yüceltiliyorsa da aslında insan ilişkisine emek değil bağımlılık penceresinden bakıyor çoğunlukla modernler. Hakikatli dost olmak değil birilerine yapışarak yürümek istiyor. Ne sorumluluk alıp tek başına kalabiliyor ne de başkalarıyla dayanışma içinde bir arada olmanın gereklerini yerine getirebiliyor. O yüzden yalnız kalıyor, kalabalıklar içinde yalnız hissediyor modern insan.

Ahmet İnam Hoca "öteki ile yaşama sorunu", "can cana yaşama sorunu" diye tarif ediyor ve "canı da iki farklı yönlendirici güç hareket ettirir" diyor. Bunlardan birisi, olanı sürekli olarak dışlayan "özgelik", diğeri ise sürekli olarak toplayan "özgülük." Özge ile özgünün buluşmasından, hatta özgeliğin özgülüğe izin vermesinden "öz" ya da "özne" ortaya çıktığı kanaatinde Ahmet İnam. Ötekinin ne diğeri ne de başkası olmayıp can hatta canan olduğunu fark etmemizi istiyor. Çünkü "Can, canları canan olarak görebilirse, yani canevinin kapısını çalabilir, ötekini de sonsuz olarak algılayabilirse, kendisi de onunla birlikte sonsuzluğa katılır. Bir can olarak insan, özge ve özgüyü harmanlamayı öğrenemezse, özgelik tehdidi ve özgülük bencilliğiyle tehlikelerle dolu bir dünyada yaşamaya" mahkûm olur.

Bir başka filozofumuz ve Levinas'ın dilimize kazandırılan eserlerinin çoğunu borçlu olduğumuz Özkan Gözel ise dilimizdeki "öteki kişi" tam karşılığının "özge" olduğundan hareket ediyor. Adeta Ahmet İnam hocanın "Özgülük bir araya getiriyor, özgelikle çatışmasında; bir araya getirmede bir öz-leme var. Öz-leme, özgül olanın topladıklarında ortaklığı sağlıyor" ifadesini daha da açıyor. "Dışarının yakınlığı, Öz'ün Özge'ye Özlemi'nde açığa vurur kendini. Dışarıyla ilişki Özleme'dir. Özleme sadece bir duygulanım değil, Öz'ün fiilleşmesi, meydana çıkması ya da gerçekleşmesidir... Öz, yani Kendilik (Nefs) öz'ler. Öz, öz'leyerek Kendi olur. Öz, öz-leyişinde kendini Özge'ye açar. İletişimin sahiciliği ya da sahici iletişim Öz'ün Özge'yle ilişkisinde yatar. İletişimin özü, Öz-Özge ilişkisi demek olan Özleme'den itibaren anlam kazanır ve istikamet bulur..." diyerek sözünü ettiğimiz "özlem"in dilimizdeki özel anlamını belirliyor. Anlatmaya özlemenin, eksiklikten, mağduriyetten kaynaklandığı fikrini berraklaştırıyor.

Ve sözü üstat Sait Başer'e bırakalım: " 'Öz'lem. Özümüzün fili bu! 'Öz'ün, 'ruh'un hamlesi, asıl 'öz'ü fark edip 'o'na doğru çağlaması. Sevilenle aramızdaki bağ. Canımıza can katan, ruhumuzu dirilten iksir! Can cevheri!... Özlem! 'Öz'den Öz'e kancalanmak. Sevdiğinin rengine boyanma sürecinin adı!... Özlem ateşi, ikiliği tüketme kararında Hakk'ın sizinle beraber olduğuna delalet ediyor... Çünkü... Bu alemde 'Kişi sevdiğinin rengine boyanır'ken o alemde de kişi sevdiğiyle haşrolur..." Arapçadan dilimize geçmiş olan "hasret"ten yola çıkarsak "hüsran"ı anlarsak da aynı yere varacağımızı söylüyor Sait Başer.

"Biliyorsun bizim her türlü yalnızlığımız yeni bir dil olacak yarın" diyen büyük şairimiz Edip Cansever ile koyalım noktayı, yalnızlığımızın özlediklerimize kavuşmakla nihayet bulacağını belirtebilmek için... Ve elbette "Her mağduriyet de en nihayetinde eksikliği duyulanın özlemiyle neticelenir ve yalnızlık özlemektir" sözümüzün anlaşıldığını, modern insanın varoluşunun üç boyutunda da ortaya çıkan mağduriyetin aslında kendisini değişik biçimlerde yalnızlık hissiyatı olarak dışa vurduğunun ayan beyan olduğunu umarak...

Neyi özlüyorsak, oraya bakalım, oraya yönelelim zira çare oradadır...

TÜKETİM TOPLUMUNDA ŞANS VE ERDEM

Modern zamanlarda bilim ve teknolojiyle şans oyunları düşkünlüğü, tam karşıt noktalardan yola çıkan süreçler boyunca ilerleyip hayatımızdaki yerlerini aldılar. Şüphesiz toplumun çoğunluğu yine mutedil kaldı, orta yoldan gitmeyi tercih etti. Ama bir kısmımız akıl yoluyla bilime ve teknolojiye yüklenerek kesinlik ütopyasını gerçekleştirmeyi hayal ederken, bir kısmımız bizi korse gibi sıkan aklın bu çerçevesini çocukluğundan beri sürdüre geldiği 'oyun' tecrübesine sarılarak aşmaya girişti. Kendini oyunun içine attı, şans oyunlarıyla bu bitimsiz döngüyü kırmaya kalktı. Oyunun da onunla oynayacağını hesap edemedi, oyun müptelalığına yakalandı. Duçar olunan öyle bir rahatsızlıktı ki çırpındıkça daha çok batılıyor, battıkça daha çok kazanılacağına inanılıyordu.

Terbiye edebileceğimizi, hatta ettiğimizi sandığımız 'şans'; bir türlü peşimizi bırakmıyor, insan zihninin bilişsel imkânlarıyla oluşturduğumuz yapay zekâlar bize bir yandan 'dünyayı kontrol etme fırsatı' gibi sunulurken bir yandan da karşımıza her seferinde şans oyunları çıkarıp duruyordu. Yetmiyor, yaşadığımız tüketim toplumu ve piyasalar da bizi bu kötü gidişten alıkoyacak yegâne gücümüz olan ahlâkî erdemlere savaş açınca, dünya hayatımıza ilişkin vereceğimiz kararlar da bir şans oyuncusunun oyun oynama anındaki kararlarına benzemeye başlıyordu.

Bizi, Ürünümüzü Seçersen Kazanacaksın!

Tüketim olgusu, modern hayatın her cephesine sirayet etmiş vaziyette. Bu, modernliği geçmiş toplumlardan ayıran temel özellik... Tüketimi malların, alınış ve kullanılış biçimlerini ve bu süreçte ortaya çıkan değerler sistemini de kapsayan bir olgu olarak tanımladığımızda, yaşadığımız toplumu daha iyi anlayabiliriz. Zaten antropologlar, kültür araştırmacıları ve birçok düşünür, tüketimi; statülerin, hiyerarşilerin, sembol ve göstergelerin kullanımına dayalı olarak ele alıyorlar...

Tüketim toplumunda metalaşma bir heyula gibi her şeyin üzerine siniyor, maddi bir değere tekabül etmeyen birçok hizmeti, duyguyu, nesneyi, ilişkiyi piyasa şartlarına endeksliyor. Bu durum kültüre de yansıyor, kültürel değerler, ürünler ve ihtiyaçlar da neredeyse tamamen pazar koşullarında şekilleniyor...

'Evladiyelik' mal yok artık, kapitalizmin yeni üretim stratejisi epey bir zamandır beri "kullan-at"a dönüşmüş durumda... Nereye elimizi atsak mutlaka altından uluslararası bir firma, bir marka çıkıyor. Bizi moda-reklam-pazarlama stratejilerinin piyonu yapmaktan öte bir anlam taşımıyor şu meşhur "özgürlük" nidaları... Kapitalizmin hayatlarımızı belirlediği bir dünyada önümüzü bile göremiyor, nasıl hayatlar yaşadığımıza dönüp bakamıyoruz. Hakikatleri görmemek için ideolojik ve siyasi fanatizmden bir şal alıyoruz mesela üstümüze. Daha doğrusu aldığımız sanıyoruz, üstümüze konulduğunu fark edemiyoruz. Moda, reklam, pazarlama ve medya sayesinde amaçlananın sadece "tüketim, daha çok tüketim" olduğunu, bunun arkasındaki kâr hırsı ve tamahkârlığı göremiyoruz. Sadece bilinçli karar verdiğimiz ihtiyaçlarımız değil bilinçdışındaki arzu akışımız da metalaşıyor. Neyi arzulamamız gerektiğini bile "onlar" belirliyor. Günümüz toplumu artık fabrikalardan, akıl hastanelerinden, hapishaneler ve hastanelerden oluşan bir disiplin toplumu değil bunların yerini fitnes salonları, avm'ler, gökdelenler, gen laboratuvarları aldı. İtaatkâr öznenin yerine performans öznesi geçti. Bencil, hiperaktif, telaşlı, sadece Tanrı'ya ve öte dünyaya değil kendine de inancını yitirmiş, sağlığı ve bedenini ilah düzeyine getirmiş insanlar...

Tüketim toplumunda aşk, hakikat, emek, fedakârlık ve mahcubiyet değil arzu ve tatmin öne çıkıyor. Tüketim, maddiyat anlamını aşıyor. Çocuk, hatta maneviyat bile duygusal bir tüketim nesnesine dönüşüyor. Karşınızda sayısız tüketim nesnesi arzunun tatminini amaçlarken aslında çanına ot tıkıyor. Fark edemiyoruz... Tüketim çılgınlığı, maneviyatımızı etkiliyor en çok. Hırpaladığı, yıktığı erdemler; kanaatkârlık, mütevazılık (sadelik), cömertlik ve en nihayetinde adalet... Haset, hırs, açgözlülük, tamahkârlık erdemlerin yerine iç-dünyamızı doldurunca her şeye hakkı olduğuna inanan, minnetten habersiz, hep alacaklı insanlar sahne alıyor.

Bunlarla kalınsa iyi, pek tabiî olarak kimlik inşası ve benlik algısında da tüketim ürünleri belirleyici olup hayatımızda seçimlerimizi yaptığımız kararların zeminini oluşturuyorlar. Metalar bizatihi benlik projeleri sunuyorlar, ona göre kültürel ve toplumsal değer kazanıyor, kazandırıyorlar. Oluşturulmuş benlik ve kimliğin sergilenmesi için de yine metalara başvuruluyor, böylece tüketim toplumu aynı zamanda gösteri toplumu hâline geliyor...

Seçimlerimiz de bu süreçten payına düşeni alıyor. 'Hayat tarzı', 1960'lardan itibaren tüketim kültürü içerisinde bireyselliği, kendini ifade etmeyi, stil sahipliğini çağrıştıran bir kavrama dönüşmüş durumda. Modernlik geleneksel yapıyı çözdükçe ne yapacağını bilemeyen birey, pazardaki meta artışının sunduğu ya da mahkûm ettiği imkânlarla kimlik eldesine girişmiş. Gerek hayatın kendisi gerek bireyin kendi olma durumu ile alışveriş etkinlikleri arasında vazgeçilmez bir ilişki ortaya çıkmış... Artık bir kimsenin bedeni, giysileri, konuşması, boş zamanı kullanma şekli, yiyecek ve içecek tercihleri, ev, otomobil seçimleri, onun beğeni ve üslup duygusu; bireyselliğinin, kimliğinin işaretleri olarak görülmeye, kimlik böyle inşa edilmeye başlanmış durumda...

Küresel tüketim kalıplarının yönlendirdiği günümüz dünyasında dinî hayat, artık diğer küresel hayat formlarıyla iç içe geçiyor, yer yer eriyor, ancak bir alt-kültür olarak varlığını sürdürebiliyor. Dinlerin ve tüketim toplumunun anlam dünyaları farklı, aralarında temel kaynaklar açısından kaçınılmaz bir gerilim ve mücadele ortamı doğuyor ama sonuç olarak dinî hayat bile kapitalist tüketim toplumunun seçimlerimizi, hayat tercihlerimizi bir şans oyununa benzetmesi sürecinden payını alıyor.

Kapitalist tüketim toplumunun seçimlerimizi bir şans oyunundaki oyuncunun hâline benzetmesiyle ilgili işe yarar bir kavrama geldi sıra...

"Bolluk Paradoksu"

Bu ara başlık Barry Schwartz'ın çok okunan kitabından alındı. Schwartz, *Bolluk Paradoksu* kitabında günümüz insanının tüketim toplumundaki seçim şansının çoğalmasının neden mutluluğumuzu arttırıcı bir etkisi olmadığını ilginç bir tespit ile anlatmaya çalışıyor:

"Özgürlük, özsaygı, toplumsal katılım, devingenlik ve beslenme için çok gereklidir ama her seçim özgürlüğün önünü açmaz. Özellikle tüketim maddeleri ve hizmetlerinde artan seçenekler, söz konusu özgürlüğe çok az katkıda bulunur ya da hiç bulunmaz. Aksine, başka konulara ayırdığımızda daha mutlu olacağımız zamanımızı ve enerjimizi çalarak özgürlüğü azaltır... İddia ediyorum ki özgürlük kavramını doğrudan seçim özgürlüğüyle eşleştirip alternatifleri çoğaltarak özgürlüğü de çoğalttığımızı düşünmekle kendimize iyilik yapmış olmuyoruz. Bunun yerine, bizim için önem taşıyan konularla ilgili doğru seçimler yapmayı öğrenerek ve aynı zamanda önem taşımayan konular üzerinde fazla düşünme yükünden kendimizi kurtararak özgürleşebileceğimize inanıyorum." (Schwartz,16)

Modern hayattaki seçim olgusunun önceki zamanlara göre büyük bir dönüşüm geçirdiğini düşünen Schwartz, "Hayatın birçok alanındaki seçenekler örtülü ve genellikle psikolojik olarak gerçek-dışı bir durumdan, açık ve psikolojik olarak gerçek bir duruma geçti. Dolayısıyla, günümüzde insanlık tarihinde hiç olmadığı kadar yoğun bir seçim yapma yükümlülüğüyle karşı karşıyayız; Fred Hirsch'in 'küçük kararların tiranlığı' dediği şeye kısılıp kalmış durumdayız..." (s.56) diye yazıyor. Bir süpermarkette bizi bekleyen nesnelerden hangisini tercih etmemiz gerektiğiyle ilgili karar verme sürecinden başlayarak hep en iyiyi, en mükemmeli arama çabasının mutsuzlukla biteceğini göstermeye çalışıyor. Zira birçok şey içinden birini seçmeye çalıştığımızda bunun sonu yoktur. İçlerinden birini seçmek zorunda kaldığımız nesneler resmigeçidi biteviye sürdüğünden; en iyisi, en mükemmeli diye seçtiğimiz nesne karşısında eninde sonunda "keşke" diyeceğimiz, hayal kırıklığı içinde "kaçırdığımız fırsat"a yanıp yakılacağımız bir an gelecektir. Bu böyle sürüp gidecektir. Modern insanın bolluk paradoksu, "ne güzel, ne çok tercih edebileceğim şey var..." diye başlayıp hayal kırıklığı ve depresyon ile döngünün bitişinin ve tekrar başlamasının hikâyesidir.

Schwartz, yaşadığı bolluk ve çok seçenek ortamına rağmen bir türlü aradığı mutluluğa ulaşamayan günümüz insanının hâlini anlamaya çalışırken Pozitif Psikolojinin kurucusu Martin Seligman'ın "öğrenilmiş çaresizlik" diye bilinen keşfine de başvuruyor. Yapılan yüzlerce çalışmanın kontrolümüzden çıkan, denetimimiz altında olmayan durumlarda bir süre denedikten sonra yılgınlığa, bezginliğe kapıldığımızı ve seçim fırsatımızı kullanmaktan vazgeçtiğimizi gösterdiğini söylüyor. Buradan yola çıkarak da çaresizliğin sadece yokluk durumlarında değil pekâlâ seçeneklerin gereğinden fazla çoğaldığı ve hangisini seçeceğimizi bilemediğimiz hâllerde de gündeme gelebileceği tespitini yapıyor.

Barry Schwartz'ın kitabında anlatmaya çalıştığı tabloya baktıktan sonra ben, "öğrenilmiş çaresizlik"ten ziyade kapitalist tüketim toplumunun seçimlerimizi bir şans oyunundaki oyuncunun hâline benzetmemizin bizim için daha çok geçerli olabileceğini düşündüm. Şans oyuncusunun rulet masası, çarkıfelek veya dönüp duran oyun karşısındaki hâline koşut reklam ve pazarlama stratejileriyle, piyasa aktörlerinin portföy önerileri karşısındaki hâllerimiz benzeşmiyor mu sizce de? Bu durumda tüketim toplumundaki ürün bolluğunun sadece piyasaları düzenlemediği, aynı zamanda zihnimizdeki karar verme süreçlerini şans oyuncusunun zihin süreçlerine benzettiğini söyleyemez miyiz? Schwartz'ın âdeta bolluk içinde yokluk, varlık içinde hayal kırıklığı ve depresyon yaşadığımızı söylemesinin nedeni giderek bir kumar bağımlısını andıran bu hâlet-i ruhiye döngüsüne girmemiz olamaz mı? Kumar bağımlısı, gerçek hayattan koparak ve kendisini tamamen bu döngüye bırakan bir hezeyanvârî düşünce sistemiyle ayakta kalmaya çalışıyor. Peki ya biz?

Schwartz, yaşadığımız bolluk paradoksundan çıkabilmek ve mutlu olabilmek için önerilerini şöyle sıralıyor: 1. Seçim özgürlüğümüze gönüllü olarak belli sınırlamalar getirelim. 2. En iyiyi aramaktansa "yeterince iyi"yi arayalım. 3. Kararlarımızın sonuçlarıyla ilgili beklentilerimizi azaltalım. 4. Kararlarımızı geri alınamaz biçimde vermeye çalışalım yani sebat edelim. 5. Etrafımızdaki insanların ne yaptığıyla o kadar fazla ilgilenmeyelim...

Kendi adıma Schwartz'ın önerilerini işe yarar bulduğumu söyleyebilirim. Ama ufkumuzu daha da genişletmeli, teorik zeminimizi biraz daha sağlamlaştırmalı, erdemler üzerine daha çok kafa yormalı, zihin binamızın kavram tuğlalarını daha sıkı biçimde örmeliyiz. Böyle bir dünyada bize verilen ömrü nasıl sürmemiz, yaşadığımız hengâmede bir şans oyuncusunun karar verme süreçlerinin her türlü seçime yaygınlaşması karşısında ne yapmamız, nasıl davranmamız gerektiğini biraz daha konuşmamız lazım. Oyuna hayatımızda ne ölçüde yer vermemiz ve tercihlerimizi neye göre yapmamız hakkında biraz daha durmalı, 'şans' denilen durumlar karşısında takınacağımız tavrın ne olması gerektiğini tartışmalıyız.

UMUDUNU KESME SAKIN!

Kabul etmeliyiz ki "umut" konusu çok zor ve karışık. Henüz umudun tam olarak ne olduğu konusunda bile bir fikir birliğimiz yok. Onun bir his, bir duygu olduğunu söyleyen de var; bir durum, bir hâl, bir inanç diyen de...

Öncelikle umutla ilgili konuda kafa karışıklığımızın nedeninin, bazı batılı düşünürler olduğunu sanıyorum. Umudu gerçeğe gözünü kapamak, ham hayalle avunmak gibi tanımlayan bir bakış var Eski Yunan'dan beri. Umudu çoğu zaman iyimserlikle karıştırmışlar, onu Nietzsche'nin sözleriyle "zayıflara yakışan bir öğreti" olarak nitelemişler. Bu bakış, bir bakıma umudu hiç anlamamak demektir. Umudu, eziyet ettiği kişinin hemen ölmemesi daha çok işkence çekmesi için başına bir kova su dökülmesine benzetmek bu idraksizliğin açık ispatıdır.

Umut zulümle, eziyetle yan yana konulamaz. Umutlanmak, henüz doğmamış, gerçekleşmemiş, ortaya çıkmamış olana, çaresizliğe kapılmadan hazırlıklı olmak demektir. Nasıl arzulanan, talep edilen her şey bittikten sonra geri kalan şey gerçek arzu ise hakiki umut da tüm umutlar boş çıktıktan sonra geriye kalandır. Bizi hayatın zorlukları karşısında ayakta tutandır, kaygının karşısına çıkıp baş etmeye çalışmamızı sağlayandır. Umutsuzluğa düşmüşken gelen rüzgârın esintisidir, tam bitti dediğimiz yerde, hayat enerjimizi yeniden alevlendiriveren kıvılcımdır. Sanki umut, insanın kendisini sevmesi gibidir. Kendimizi sevip kendimize saygı duyduğumuz sürece umut akışı sürer. Günlük umutlanmalar bu akışın kendisini ifade ettiği, somutlaştığı hâllerdir. Umut bizim henüz göremediğimiz, şimdi daha gerçekleşmemiş olanı bir anda görüverir ve bize de ikna edici bir biçimde gösterir. Öyle ki "umut ediyorum o hâlde yaşıyorum" ya da "yaşıyorum o hâlde umut ediyorum" desek yeridir.

Evet, umut bir arzu türü o kesin. Ama belli bir hisle ve duyguyla tarif edilemeyecek kadar da karışık. Belli bir his yaşantısı içinde olmadan da insan umut besleyebilir. Umut en çok vaat ve niyete benziyor, bir histen ziyade bir eğilimi andırıyor. İnsanın potansiyellerini göreve hazır biçimde tetikte tutan bir eğilim...

Umut Varoluşsal Bir Özelliğimiz

Tüm bunlar nedeniyle önceleri umudu belli olaylar ve durumlarda ortaya çıkan gelip geçici bir yaşantı değil; hayat şekli, alışkanlık, sürekli yinelenen bir erdem olarak görme eğilimindeydim. Bir süredir onu tıpkı kaygı gibi insani varoluşumuzun zemin mizaçlarından biri olarak görüyorum. Sanki olumsuz tüm hissiyatımız kaygıdan, olumlu hissiyatımız ise umuttan köken alıyor gibi... Sanki her hâlükârda umut zemini her insanda bulunuyor. Daha kaygılı, endişeli olanlarda umut zemini biraz köşeye doğru itiliyor, sıkıştırılıyor ama var. Ona hayatımızda yer açıp açmamak bizim elimizde...

"İnsanın kaygı ve umut arasında olduğu"nu bilmekle yetinmeyip bu hakikati gerek kendi hayatımdan gerek danışanlarımdan yaşayarak öğrendiğimden beri umut konusuna kafa yoruyorum. Önceleri onun kalp kökenli ve merhamet kaynaklı bir erdem olduğunu düşünürken son zamanlarda buna ilaveten ontolojik bir mizaç özelliğimiz olduğunu sanıyorum.

"Benim tecrübe ve anlayışıma göre, ideal-anlam-umut sisteminin en üstünde manevi alan bulunur. Manevi alanla beslenmeyen, toplumsal olan tarafından desteklenip değer hâline dönüşmeyen ideal-anlam-umut sistemi; bir süre başarı ile işlese bile eninde sonunda teklemeye ve arıza yapmaya mahkûmdur. Elbette bunlar benim görüşlerim. Kendimce şöyle bir kanıtım var: En çok canları sıkılan ve can sıkıntısıyla baş etmek için çabalayanlar kimler sizce? Kumardan bungee jumping'e, pahalı zevklerden tehlikeli sporlara velhasıl sözüm ona heyecan üretme ihtimali bulunan her saçmalığa kendilerini atanlar, hak, adalet ve hakikat ile ilgilenmeden sadece maddi olanı, parayı, mevki-makamı, ideal-anlam-umut sistemi için yeterli bulanlar..."

Yalnızlık ve Umut kitabımdan aldığım bu temayı, daha sonra kaleme aldığım *Psikoloji Varoluş Maneviyat* kitabında daha da ilerlettim ve hayatımıza anlam ve ideal katan değer sistemimize "maneviyat" adını verdim... Hayatımıza anlam veren, gerektiğinde uğruna öleceğimiz değerler -ki ben bunlara maneviyat diyorum- umudumuzu besleyen pınarlardır. Bu pınarlar kuruduğunda, yaşamımızı değerlerle besleyemediğimizde hayat anlamsızlaşır, umutsuzluk sökün eder.

Zararlı Umut Var mı?

Dilerseniz umudun faydalı ve zararlı formları diye alt-başlıklar hâlinde düşünebilirsiniz elbette. Umudun kaygı gibi varoluşumuzun zemininde bulunan bir mizaç olarak nitelenmesi de buna imkân verir. Ama ben kendi adıma umudu, zararlı formlarla bir arada düşünmekten yana değilim. Umudu insandan, hayattan, tabiattan yana bir hissedişle birlikte ele almanın daha yerinde olduğunu sanıyorum. Bakın bu çetrefil durumu, insanın varoluşsal zemininde hasetin de şükranın da bulunduğu fikriyle hem karşılaştırabilir hem de bağlantılandırabiliriz. Hasete bulaşmış beklentileri, umuttan ziyade haset içinde değerlendirebiliriz.

Umudun boş hayallerle, gerçekçi olmayan iyimserlikle ayrılması için zaman bağlantısı çok önemli. Umut konusunda üzerinde en çok anlaştığımız hususlardan biri, onun şimdiki zamandan ve geçmişten daha çok geleceğe dönük oluşu. Ama bu demek değil ki onu şimdinin içinde hissetmiyoruz, geçmişle hiçbir bağlantısı yok. Tam tersi umut, şimdi ve buradaki hâlimizin baş köşesine oturmuş vaziyette ama gelecekle olan bağlantısı nedeniyle bizi ileriye doğru ittiriyor, teşvik ediyor.

İlk bakışta sanki hafızayla karşıt bir işleyişi var umudun. Hafıza, geçmişin çocuğu ve hesap tutucusu iken umut, kendini mütemadiyen geleceğe doğru sarıyor gibi. Ama umut hafızayla sıkı sıkıya rabıtalı, geçmişteki emek ve hatırlama, umut ağacının çırası. Emek verdiğimiz, duygularımızı yatırdığımız alanlar, geçmişte mutlu anlarımızın hafızamızda bıraktığı izlerin hatırlanması, şimdiki umudumuzun en önemli ateşleyicileri.

Sağlıklı insan, umutludur; umutlu insan, geçmişten ve gelecekten kopmadan şimdide yaşar. Geçmişin hatıralarından değerler ve anlamlar çıkartır ve geleceğe doğru idealize ederek yansıtmayı başarır. Umudun ayakları gerçeğe basar.

Umutlu insanın varoluşçu literatürde "otantik" (halis, hasbi) insana çok benzediğini de söyleyebiliriz. Bu benzerlik umutlu insanın paranoid derebeylerinden ayrılmasının önünü de açar. Umutlu, otantik insan; hayatla da, insan kardeşleriyle de, kaderiyle de barışıktır daha da önemlisi erdemlidir; sade, mütevazı ve kanaatkârdır. Onun beklentisini başkalarının acıları, çileleri, haset, kıskançlık ve tamahkârlık oluşturmaz.

Umutsuzlukta zaman durur, hayat akmaz, şimdide kalamaz, geçmişin batağına doğru çekiliriz. "Akan su kir tutmaz" diye bir sözümüz var, şüphesiz bu söz, mikrobiyolojik açıdan doğru değil ama varoluşsal açıdan çok doğru. Kendimizi geleceğe doğru aşıramazsak, aşkın varlık oluşumuzun gereğini yapamazsak, içimize doğru çökeliriz, adeta kirleniriz, can sıkıntısı ve peşi sıra depresyon eninde sonunda kapımızı çalar.

Umut Sağlığımıza Katkıda Bulunuyor mu?

Jerome ve Julia Frank, yıllar önce, tüm sağlık sistemlerini ve psikoterapileri "ikna" temelli olarak izah etmeye çalışan *Persuasion and Healing* adında çok ikna edici bir kitap yazdılar. Benim tıbba bakışımı çok etkilemiştir bu çalışma. Hasta insanda iyileşmeye yatkın, iyileşmek isteyen bir yan bulunuyor. O yan umuttur ve hastalıklarla mücadelede içimizden gelen güç odur; sanıyorum tıptaki "plasebo etki" de bununla bağlantılı. Dr. Jerome Groopman, *Umudun Anatomisi – İnsanlar Hastalıklarla Nasıl Baş Ederler?* kitabında hekim olarak bu konuştuklarımıza ilişkin klinik gözlemleri ni pek güzel anlatıyor.

"Depresyon" denilen ve mizaçta çöküntüyle karakterize bir psikolojik rahatsızlığın var olduğunu, kadınlarda biraz daha fazla ama hemen hemen tüm dünyada aynı oranlarda (yetişkinlerin % 10 kadarı) görüldüğünü, intiharların yarısının bu hastalık nedeniyle olduğunu biliyoruz. İşte umutsuzluk o rahatsızlığın olmazsa olmaz bir unsuru.

Aslında umutsuzluk sadece depresyonda görülmüyor, hepimizin başına gelebilecek bir hâletiruhiye. Ama sağlıklı insanlar onu genellikle çok kısa sürede ve kolayca atlatabiliyorlar. Nispeten kalıcı bir hâle dönüşmüşse, çabayla değişmiyor ve bir süre sonra insanda adım atacak güç ve enerji bırakmıyorsa, işte o zaman umutsuzluk, depresyon rahatsızlığının en önemli belirtisini ve hatta hastalığın esasını oluşturuyor. Araştırmalar, depresyon vakalarında umutsuzluk ne ölçüde şiddetlenmişse hayatın o kadar zindana dönüştüğünü ve canına kıyma ihtimalinin arttığını gösteriyor.

Biz gerek ölümü ele aldığımız *Hoşçakal* kitabımızda gerek *Yalnızlık ve Umut*'ta Müslüman toplumlarda intiharların çok düşük oluşunda umudun inancımızdaki yerine işaret etmiştik. Müslüman toplumlarda intiharların düşük oluşunun en önemli nedeni sanıldığı gibi intiharın yasak oluşundan çok, umutsuzluğun, yaratıcıdan umudu kesmenin büyük günah oluşunun payı olduğunu düşünüyorum. ABD'de intihar girişiminin suç sayıldığı, cezalandırıldığı eyaletler bile var, oralarda hiç de intiharlar azalmıyor.

Umut ve Maneviyat

Maneviyata nasıl baktığımı biraz önce anlatmaya çalıştım. Umudun ve inancın kardeş oluğunu düşünüyorum ama önce izin verirseniz batı düşüncesinde umuda sahip çıkan iki kahramanın bu konudaki fikirlerini anayım:

Kierkegaard'a göre umutsuzluğun tam karşıtında duran panzehri olan şey insanın ben'ini sahiplenmesi, bir başka deyişle kendi beninden kurtulmaya kalkmaması, kendini bilmesi, sonsuzluğun Tanrı'nın insana bahşettiği bir ayrıcalık olduğunu idrak etmesidir. Onun düşünce dünyasında umutsuzluğun tam karşıtında bu nedenle inanç vardır. İnançlı bir insan umutsuzluğa kapılmaz. Umutsuzluk sonsuzlukla karşılaşacağına inanmayan, böyle bir inanca sahip olmayan her insanda bulunur ve üstelik en güven ve huzur verici görünümlerin, mutluluk manzarasının derinine kaygı olarak yerleşir. İlk bakışta güvenli ve huzurlu bir görünüme sahip olsalar da insanlar kaygılıdırlar, en çok da hiçlikten kaygı duyarlar. Kaygılarının nedeni, sonsuzlukla karşılaşmak için ihtiyaçları olan inanca henüz yeterince sahip olmamalarıdır.

Kierkegaard'a göre insanların çoğu umutsuzluklarını örtebilmek için kendilerini sahte bir dertsizlik, yaşamdan tatmin olma duygusu içindeymiş gibi gösterirler. Kişi hiçbir derdi, sıkıntısı yokmuş, asla umutsuzluk içinde değilmiş gibi davranarak kaygıyı kendisinden uzak tutmaya çalışır. Ama aslında her insan şöyle veya böyle biraz umutsuzdur ve bilinmeyene, belirsizliğe karşı bir kaygı taşır. İnsan kendisini huzur ve sükûnet içinde göstermeye çalıştıkça içindeki kaygı da büyür, hayatı sıradanlaşır. Kierkegaard, mutluluk oyunu oynayan bu tipleri cahil-burjuva zihniyetine sahip kimseler olarak nitelendirir.

"Umutsuzluk, varoluşunun manevi yönünü inkâr eden modern çağ insanının iyileşmeyen yarasıdır." Bu devrin bireyciliği ideolojisi içinde kendilerini unutmuş olarak yaşayıp giden bireyler, gerçek birer benlik değillerdir. "Modern yaşamın en önemli özelliği olan soyutlama tarafından içleri boşaltılmış yaşayan ölülerdir. Bu benlikler artık ne Tanrı'ya ne kendilerine ne sevdiklerine ne yarattıkları bilim ve sanata aittir... Elbette bireyin yaşadığı tinsel çöküşün kaçınılmaz sonucu, içinde yaşayan insanların bir araya gelmelerindeki anlamla değil sadece rakamlarla ifade edildiği toplumlardır. Kierkegaard bu durumu hem bireyler hem de toplumlar için 'tinsizlik' olarak ifade eder. Cahil-burjuva zihniyeti tinsizliktir" yani ruhsuzluk, inançsızlık, maneviyatsızlıktır.

Diğer kahramanımız ise Gabriel Marceldir. O, insanı mütemadiyen bir durumdan bir diğerine geçen "gezgin bir varlık" (homo viator) diye niteler. Onun için insan hem varlıktır hem Varlığa yönelen ve Varlığa katılandır. Marcel, "umut"u insanın Mutlak Varlık'a yönelme, kendini gerçekleştirme sürecinde temel alır. Ona göre Varlığın evetlemesi ancak bir keşif ve katılım yoluyla mümkündür. "Katılım, somut varoluşsal tecrübemizden hareket ederek tüketilemez bir sır olan Varlığa aşk, sadakat, umut gibi edimler yoluyla ulaşmadır." Umut, insanın Varlık Sırrı'na katılım biçimidir.

İslamiyet'te ise umut hep korku ve kaygının karşıtı olarak tanımlanır ve aydınlık bir pencere olarak görülür. Ben de her daim Allah'a güvenilmesi ve Allah'tan umut kesilmemesi gerektiği, umudun garantisinin sonsuz ilim ve kudret sahibi Allah olduğu defalarca vurgulanan bir Kitaba inanmanın etkilerini insanımızın iç-dünyasında her zaman hissediyorum.

Topluluk psikolojimizde insanımızın inançlarından aldıkları güçle dünya hayatında karşılaştıkları sıkıntılara karşı sabrettiklerini, Allah'ın kendilerine bir ferahlık sağlayacağına inanarak yaptıkları iyi eylemlerin karşılığını hem bu dünyada hem ahirette görmeyi umarak yaşadıklarını müşahede ediyorum. Tövbeleri kabul edildiğinde Allah'ın kendilerini bağışlayacağı bilgisi de umutlarına dâhil olduğundan, yeterince titizlenerek ama asla neşe ve şevki elden bırakmadan çalışıp çabaladıklarını gözlemliyorum.

Bir sır vererek bitireyim: Son tahlilde umudun söze dökülmüş ve dökülmemiş "dua" olduğunu düşünüyorum ve çok dua ediyorum.

HANGİ MERHAMET?

Konuşmaya başlayınca çoğumuz yaşadığımız dünyanın ne kadar çok merhamete ihtiyacı olduğundan bahsediyoruz. Çok yerinde bir tavır ve ifade, ancak merhamet konusunda zihinlerimizin biraz daha berraklaşmasına ihtiyacı var.

Merhamet, çok önemli bir erdem, ama genellikle yanlış anlaşılıyor ve en çok da acıma ile karıştırılıyor. Popüler kültürde bu algılama biçimi, hayli yaygın. "Acıma" ise karşımızdakine ilişkin olumsuz bir hissiyatı da aynı zamanda içerdiğinden kastımız tam olarak anlaşılamıyor, hatta yanlış anlaşılıyor. Mesela "benden nefret et, ama bana acıma!" sözünde olduğu gibi acımanın bir insana karşı duyulabilecek en berbat his olduğu intibasını uyandıran ifadeler dolanıyor ortalıkta...

Popüler kültür dilimizde merhameti acıma ile karıştıran bir başka misal de "merhametten maraz doğar" deyişimiz. Sonucunda maraz doğacaksa niye merhamet iyi bir şey olsun, diye düşünmeden edemiyoruz. Ben kendi adıma merhametten asla maraz doğmayacağı; doğmuşsa bile, bu bizim gösterdiğimiz merhametten değil marazi şahsın kişiliğindeki merhametsizliktendir, diye düşünüyorum.

İnsan ilişkilerinde ölümcül bir narsistik rekabetin geçerli olduğunu anlatmaya çalışan dilimizdeki bu tür merhamete olumsuz bakışların, oldukça yeni ve Batı etkilenmeli olduğu kanaatindeyim. Görebildiğim kadarıyla geleneksel duygu tarihimizde; acıma, incitmeme, şefkat, yardımseverlik, hepsi de aynı hissiyat manzumesinin içinde ve genel "merhamet" kavramının şemsiyesi altında yer alıyorlar ve aralarındaki ayrımlar üzerinde pek durulmadığı gibi bu kavram hiç olumsuz bir nitelik taşımıyor. Oysa Batı düşüncesi hem bunları sürekli parçalara ayırıyor, indirgiyor hem de hiçbir zaman harmonik biçimde idrak edemiyor, birbirine karıştırıp duruyor. Aralarındaki ayrımları anlayabilmek için durmadan didikliyor.

Arendt: "Acıma Soyuttur, Boş Boğazdır..."

Batılı düşünürler, acıma (commiseratio), şefkat (misericordia) ve merhamet (compassion) arasındaki farklara ilişkin bize tuhaf gelecek öyle çok şey yazmışlar ki... Nietzsche, bu kavramların hiçbirine yüz vermez, hatta merhametten tiksinmemizi isterken çağdaşlardan Vladimir Jankelevitch, sevgi varken merhamete lüzum yok fikrinde:

"Merhamet, tepkili ya da ikincil bir insan sevgisidir, sevmek için, ötekinin ıstırabına ihtiyaç duyar, sakatın koltuk değneklerine, onun sefaletinin seyrine bağımlıdır. Acıma her zaman mutsuzluğun ardından gelir. Acıma, hemcinsini acınacak durumdaysa sever, merhamet ise mutsuz olduğunda ona sempati duyar! Evrensel insan sevgisi ise kendiliğindendir... Hemcinsimiz mutsuz değilse bile sevilebilir ve sevilmelidir..." diyor.

Elbette Schopenhauer gibi merhameti ahlaklılığın kökeni, en yetkin ve devindirici gücü olarak gören de var; Hannah Arendt gibi "acıma"ya olumsuz bakan Batı külliyatına karşı söz söyleyebilmek için merhameti ondan ayırmaya çalışan da var. Arendt, acıma ve merhamet arasındaki farkı şöyle anlatmaya çalışıyor: "Merhamet acımanın tersine tikeli kavrayabilir, geneli bilemez, tek bir insanın ıstırabına odaklanır, somuttur. Oysa acıma soyuttur, globalleştirir, boş boğazdır, o yüzden merhametin yumuşaklığı karşısında şiddetlidir ve hatta acımasızdır..."

Sponville: "Saygı Olmadan Merhamet Olamaz"

Andre-Comte Sponville de Arendt'e katılıyor ve acıma duyan insanın kibrine, kendini üstün görme hissine dikkat çekiyor. Oysa "hayran olunan şeye de mahkûm edilen şeye de merhamet duyulabilir... Acıma, yukarıdan aşağıya hissedilir. Merhamet ise, tersine, yatay bir duygudur: Ancak eşitler arasında anlam taşır, daha doğrusu ıstırap çekenle, onun yanında ve bundan böyle aynı düzlemde, onun ıstırabını paylaşan arasında bu eşitliği gerçekleştirir. Bu anlamda bir küçümseme payı olmadan acıma olamaz; saygı olmadan da merhamet olamaz" diyerek ayrımı belirginleştiriyor. Ayrıca merhametin onları içermekle birlikte alçak gönüllülük göstermekle, hayır işleri ve yardımseverlikle aynı şey olmadığının altını çiziyor.

Merhametin bir duygu olduğu doğrudur. Duygu olması siparişle, emirle yapılmasının imkânsız olduğu anlamına gelir. Ama insanın duygularını merhametli olmak için eğitmesi mümkün. Zaten bu imkân dolayısıyladır ki merhamet doğuştan var olan duygusal bir potansiyel olmaktan erdem hâline yükseliyor. Bu gelişimsel özelliği nedeniyle Rousseau, merhameti diğer erdemlerin kaynaklandığı esas erdem olarak görüyor... "Merhamet, birinden diğerine, duygusal düzeyden etik düzeye, hissedilen şeyden istenen şeye, olunan şeyden olunması gereken şeye geçmeyi sağlayandır... Merhamet bizi yalnızca tüm insanlığa değil, tüm canlılara ya da en azından acı çekenlere açan tek erdemdir. Merhamete dayalı ve merhametten beslenen bilgelik, bilgeliklerin en evrenseli ve en gereklisidir." Böyle söyleyen Sponville, merhameti bu yönüyle sevgiye benzetiyor, lakin tercihini sevgiden değil merhametten, Hıristiyanlıktan değil Budizm'den yana koyuyor. "Gerçek bir insan sevgisine tanık olduğundan kim emin olabilir? Merhamete tanık olduğundan ise kim kuşku duyabilir?... İsa'nın sevgi iletisi daha coşku vericidir; ama

Buda'nın merhamet dersi daha gerçekçidir. 'Sev, sonra da ne istersen yap'- ya da merhamet göster ve yapman gerekeni yap" diyor.

Batı'daki merhamet tartışmalarından ve onları nakleden *Büyük Erdemler Risalesi* yazarı Comte-Sponville'nin merhamet üzerine kendi görüşlerinden anladığımız şu ki Müslüman dünyada ve Batı kültüründe merhamet ve sevgi yaklaşımları hayli farklı ve üzerine doktora tezi yazılabilecek kadar çetrefil ve karışık... Batı kültüründe ve Hıristiyanlıkta ana tema olan "evrensel sevgi" kavramına tavır almış ve merhametin erdemler içindeki temel konumunu doğru tespit edebilmiş olanların İslamiyet'i muhtemelen bilmemeleri veya hatalı bilmeleri ve sempatilerinin Budizm'e yönelmeleri ise şaşırtıcı ve üzücü.

Kalplerimiz ve Merhamet

Uzunca bir zaman geleneksel dünyadaki "kalp" anlayışına neden bu kadar çok vurgu yapıldığı, "kalpleriyle akletmek" dendiğinde bunun basit bir tıbbi hata olmadığı ve aslında ne demek istendiği üzerine düşündükten sonra kalbin; insanı insan yapan etik, estetik değerlerin, hakikat arayışının, maneviyatın kaynağı anlamında kullanıldığı kanaatine vardım. Kalp üzerine düşüncelerim berraklaşırken merhametin ne demek olduğunu da daha iyi anladığımı sanıyorum. Kalp ve merhamet üzerine görüşlerimi *Kalpten: Varoluşsal Merkezimiz Kalp ve Temel Eylemi Merhamet* kitabımda dile getirmeye çalıştım.

Kalbi insani varoluşun ayırt edici özelliği ve özü olarak görünce, insana ve topluma dair birçok konuyu anlamanın önünü açmış, dil ve anlamla ilgili zorlukların üstesinden gelmek için sağlam bir çıkış hattı oluşturmuş oluyorsunuz. Modern psikolojik bilimlerde "toplumsal davranış", "süperego" ve "vicdan"; felsefe ve beşeri bilimlerde "öteki", ilahiyatta "mutlak öteki" ve "kötülük problemi" (teodise) gibi başlıklar altında incelenmeye çalışılan alanı "kalp" kavramı sayesinde daha derinden ve sıkı şekilde ihata etme şansına kavuşuyorsunuz. Kalp, aynı zamanda bitmek bilmeyen "etik" ve "ahlak" tartışmalarını sona erdirici, onları birleştirici bir pota özelliği gösteriyor.

Bana göre geleneksel dünyada insani varoluşun ayırt edici özelliği ve özü olan kalp; insanı hem Yaratıcıya, ötelere, ölüm-sonrasına hem de âleme, tabiata, hayata, birbirimize hatta kendimize, beynimize, bedenimize bağlayan temel kavşak, yapıştırıcı bir manevi ortam, bir aura manasında kullanılıyordu. Bağlılığın, sadakatin, samimiyetin, güvenin, öz-güvenin temelinde kalp vardı. Düşüncelerimiz, duygularımız ve davranışlarımız kalbin süzgecinden geçerse ancak o zaman algılamamız idrake, bilmemiz anlamaya, bilgimiz hikmete, aklımız külli akla ve irfana dönüşebiliyordu.

Kalp ile Maneviyat

Kalp ve insani varoluştaki işlevleriyle ilgili bu kadar kendinden emin konuştuğuma bakmayın. Bu noktaya, böyle bir kavrayışa ancak son zamanlarda, 60 yaşımdan itibaren ulaştım diyebilirim. Öncesi, çok uzun, zorlu ve çetin bir yaşama mücadelesini, yaşantıyı ve düşünce boğuşmasını içeriyor; inişli çıkışlı, dolambaçlı, engebeli bir yolculuk gerektiriyordu. Kalp ile maneviyat arasındaki ilişkiyi, onun ahlakın, erdemlerin kaynağı olduğunu elbette çok uzun zamandır hissediyor, dağınık ve retorikle kaplanmış hâlde de olsa bundan hep bahsediyordum. Sanıyorum zihnimdeki esas dönüşüm, kalbin temel eyleminin ve erdemlerin anasının "merhamet" olduğunu idrak etmemle başladı.

Evet, kalp; anlatmaya çalıştığım tüm bu işlevleri ancak ve ancak erdemlerin anası olan merhametin kaynağı, membaı olmak hasebiyle başarabilirdi. Bedendeki kalp nasıl diğer hücre, doku ve organlara kan pompalıyor, onların var kalmasını sağlıyorsa varoluşumuzun özündeki manevi kalp de hayata merhamet yağdırıyor, beşeri insanlaştırıyordu. Kalbin maneviyatımıza, psikolojimize merhamet yağdıran bu niteliğini fark edince ahlakın olduğu kadar içimizdeki sevginin ve güzelliğin de neşvü nema bulduğu odak ve cevher olduğunu kavramak da güç olmuyordu. Yolculuğun her aşamasında düşüncelerimi yazıya döktüğüm için yol boyunca kafamdan neler geçtiğini, yoldaki işaretleri oralarda görmek mümkün. Şimdi izin verirseniz merhamet üzerinde durmak istiyorum. Merhameti ne kadar iyi anlarsak onun kalp ve diğer erdemlerle bağını daha berrak biçimde göreceğimizi düşünüyorum.

Psikolojide ve Kültürümüzde Merhamet

Son zamanlarda psikolojik bilimlerle ilgili akademik çalışmalarda eskisinden farklı ve öne çıkan bir anlayış ve kavram var mı diye sorarsanız, cevabım hazır: "Pozitif Psikoloji"... Pozitif Psikoloji anlayışı ve bu anlayıştan kaynaklanan yeni kavramlar, araştırmalarda bariz biçimde öne çıkmış durumda. Psikolojik bilimler, önceleri psikanalizin karamsar ve olumsuz insan anlayışının da etkisiyle daha çok başarısızlık, patoloji, tükenmişlik ve çaresizlik gibi insan davranışının karanlık yönlerini araştırıyordu. İlk kez 1999 yılında Martin Seligman, bu gidişe itiraz etti. Psikolojik araştırma ve incelemelerin insanları nasıl daha normal, daha mutlu, daha başarılı ve daha iyi olabileceklerini öğretmek için kullanılması gerektiğini vurgulayarak "pozitif psikoloji" kavramını ileri sürdü. İnsanlarda neyin yanlış olduğuna değil, neyin doğru olduğuna ve bunun nasıl geliştirilebileceğine odaklanılması gerektiğini belirtti. Geçen kısa zaman süresi zarfında bu anlayış akademide hızla yayıldı. Pozitif Psikoloji; birey, grup ve kurumların işleyişi ve gelişimine katkıda bulunan süreç ve koşulların incelenmesi şeklinde tanımlanmaya başlandı.

"Pozitif psikoloji" ekolünden yana olanlar, bir süreden beri "merhamet" kavramının üzerinde duruyorlar. Merhametin, vicdanla, empati ve diğerkâmlıkla (alturizm) bağlantıları, ilk ne zaman ortaya çıktığı ve geliştiği, merhamet zaafının psikolojik sorunlarla bağlantıları araştırılıyor. Şimdiye kadar felsefe ve ilahiyata terk edilmiş olan merhamet kelimesinin psikolojik bilimler tarafından da araştırılması gerektiğini söylüyor, çalışmalar yapıyorlar. Merhametten konuşacağız derken birdenbire Pozitif Psikolojiden konuşmaya başlamamızın nedeni de bu çalışmalar...

Merhamet Nedir?

Psikoloji alanındaki bu gelişmelerden memnunuz çok. Lakin merhametin kültürümüzü rengine boyayan dinimizdeki derin ve vazgeçilmez anlamının da bilinmesini isteriz. Zira ben Pozitif Psikolojinin dilimize "merhamet" diye tercüme edilen kavramının tam da bizim kültür havzamızdaki anlamına tam olarak karşılık geldiğinden emin olmadığımı belirtmeliyim. İngilizce'de merhamet karşılığı olarak kullanılan "mercy" ve "pity" kelimeleri var ama onlar daha ziyade acımak, kayırmak, sakınmak, korumak şefkat göstermek anlamına geliyor ki bizdeki "merhamet"in anlamı bunlardan uzak. Merhamete en yakın düşen İngilizce sözcük; acıyı ortaklaşmak, acıyı birlikte yaşamak anlamında "compassion." Bizim merhamet kavramımızın anlamı onu da aşıyor.

TDK sözlüğü, merhameti batılı karşılıklarına yakın şekilde tanımlıyor: "Bir kimsenin veya bir başka canlının karşılaştığı kötü durumdan dolayı duyulan üzüntü, acıma." Kubbealtı Lügati, biraz daha kadim manaya yaklaşıyor: "Herhangi bir canlının acısını, kederini, mutsuzluğunu yüreğinde hissedip üzüntü duyma ve ona karşı yardım hisleriyle dolma, acıma"...

Biraz daha ilerleyelim: Merhamet, Arapça "rḥm" kökünden gelen "raḥima" fiilinin mastarı olup Kur'an-ı Kerim'in hem anahtar hem kilit kavramı. Zaten Kur'an, "Rahman ve rahim olan Allah'ın adıyla" diye yani besmele ile başlıyor; biri müstesna her sure besmele ile açılıyor. "Rahman ve rahim olan Allah" kavramı o kadar önemli ki münferit olarak besmele tefsir ve şerhleri yazılmış. Rahman da rahim de merhamet ile sıkı sıkıya bağlantılı olup Allah'ın sıfatları arasında yer alıyor. "Rahman", zati sıfatlardan olup insan için kullanımı söz konusu değil ama aynı zamanda insan yavrusunun anne karnında yerleştiği, bakılıp büyütüldüğü yer manasına da gelen "rahim" sıfatının insanlara da geçtiği değerlendiriliyor.

Müslüman kültür ortamının ana esin kaynağı olan "merhamet", temel kavramlardan biriydi. Müslümanlarca her işin başı olarak görülen besmeleden hariç olarak merhamet, Kur'an'da birçok ayette de geçiyor. Yaratıcımız "merhamet edenlerin en merhametlisi" (A'raf/151; Yusuf/92; Enbiya/83; Mü'minûn/118) olarak niteleniyor, rahmetinin (merhametinin) her yeri kuşattığı (A'raf/156) bildiriliyor ve insanların birbirlerine karşı sabrı ve merhameti tavsiye etmesi (Beled/17) buyuruluyordu. Kur'ân'da olduğu gibi, Müslüman zihin dünyasında ve yaşam kültüründe her işin başında "besmele" geliyordu. İkincisi, besmele tefsirleri incelendiğinde görülüyordu ki "Rahman", Allah'ın zâtî sıfatlarından, insan için kullanımı söz konusu olamazdı ama "rahim" öyle değildi. Merhamet anne rahminde başlıyor, Allah'ın "rahim" sıfatı kalbi olması hasebiyle insanda da yankılanıyordu. Zaten Allah, kendi isimlerinden Raûf (çok şefkatli) ve Rahîm (çok merhametli) sıfatlarını Hz. Peygambere de lutfettiğini bildiriyor (Tevbe/128), Hz. Peygamber'in (sav) âlemlere rahmet olarak gönderildiğini belirtiyor (Enbiya/107).

Öyle anlaşılıyor ki Müslümanlar, merhameti, kendilerine kul olma şerefini bahşetmiş Allah'taki en yüksek hâlinden insanların kalplerine doğru inen bir hususiyet olarak niteliyorlar ve içlerindeki merhamet hissiyatının asla Yaratıcı ile bağını koparmıyorlar.

Tüm bunları bir arada düşündüğümde ben, merhametin dilimizdeki en uygun anlamı, "kıyamamak" olması gerektiğini düşünüyorum. "Kıyamamak"; başta esirgemek, korumak, varlığını, acısını kalbinde hissetmek, onun için kaygılanmak, özen göstermek anlamları olmak üzere tüm diğer anlamları da içeriyor sanki... Merhameti kıyamamak olarak anladığımızda, onun sevgiden de ötelere varan derin anlamını kolayca fark ediyor, birbirimize, canlılara, hayvanlara, bitkilere, tabiata karşı beslediğimiz, içimizden gelen derin hisleri daha iyi idrak edebiliyoruz.

MİNNET VE ŞÜKÜR

Yaşlandıkça, insan olarak ömrümüz boyunca yapabileceğimiz iyilikler kadar sağlam ve güvenli bir mutluluk yolu olmadığına ilişkin fikrim pekişiyor. Dini ve ahret inancı olanlar, şöyle ya da böyle zaten öte-dünya hayatımızı bu şekilde biçimlendireceğimizi düşünüyorlardır. Ben fazladan olarak yaşantılarımdan edindiğim bilgi ve tecrübeye dayanarak yapılan iyiliğin, ölüm sonrasına kalmayıp bu dünyada da hiç değilse iç-dünyamızda mutlaka karşılığını bulacağını düşünüyorum. Size biraz naif gelebilir ama ekonomiden dış politikaya siyasetimizi ve kendi hayat felsefemizi esasen "iyilik" üzerine oturtursak işlerin hepimiz için daha yolunda gideceğine inanıyorum. Bu fikirlerim şurada dursun.

Söz iyilikten açıldığında, özellikle bizim alanımız olan psikolojik bilimlerde birçok sorunun ardı ardınca sökün edeceğinin farkındayım. Yapılan iyiliğin karşıdaki insanda uyandırdığı hissiyat olan minnet, herkeste aynı şekilde mi ortaya çıkıyor? Kimi insanlar, varoluşlarının debelendiği haset anaforunda minnet duymakta, kadir kıymet bilmekte zorluk çekmiyorlar mı? İyiliğin sahiden bir gücü varsa bunu, insanın doğumundan itibaren gelişimi içinde, psikoloji teorilerinin ışığında nasıl delillendirmek gerekir? Böyle birçok soru... Ama madem sohbet kıvamında başladık, öylece sürdürmeye gayret edeyim.

Psikolojik Sağlığın İki Ölçütü

Bana göre psikolojik sağlığın, daha doğrusu karşımızdaki insanın sağlıklı bir kişilik yapısında sahip olup olmadığını anlamanın iki ölçütü var. İkincisinden başlayalım. Görünüşte aklı başında olan, belirgin bir ruhsal rahatsızlığa duçar olmuş izlenimi vermeyen bir kimsenin psikolojik bakımdan durumunu kestirmeden test etmek istiyorsanız, onun, çocuklara ve gençlere karşı hislerine ve duygu ve düşüncelerine bakmalısınız. Psikolojik bakımdan sağlıklı insan, şu dünya hayatındaki ikametimizin geçici olduğunu bilir, faniliğin künhüne vakıftır. Bu bilgi ve vukufiyetini, dünyanın acemi mukimleri çocukları ve gençleri samimiyetle sevgisinde dışa vurur. Hayat hakkındaki bilip öğrendiklerini onlara sevgi ve şefkatle öğretmek, kendi yaşadığı zorlukları onların çekmemesini ister. Aynı şekilde neleri kaçırdığını onlardan öğrenmek için çabalar. O yüzden kim ki çocukları ve gençleri hiç sevmiyor, onların varlıklarına bile tahammül gösteremiyorsa o kimseye bir mim koyun. Bu kişi, faniliğini yeterince idrak edemediği için kendisinde menzile bir adım daha yaklaştığı hissi uyandıran çocuklardan ve gençlerden hazzetmiyordur büyük ihtimalle.

Bilerek ikincisinden başladım zira psikolojik sağlığın birinci ölçütü o kadar net ve kapsayıcı ki bir başka ölçüte lüzum bile yok. Haddi zatında sözünü ettiğim ikinci ölçüt de birinciyle yakından bağlantılı. Birinci ölçütümüz hasetle, daha doğrusu onun tam zıddı minnet hissiyle ilgili. Minnet hissinin gelişimini, psikolojik sağlığın temel ölçütü olarak görüyorum. Bir kimsenin kendisine yapılan iyiliğe verdiği cevap, onun psikolojik olgunluğu hakkında en sağlam kaynaklarımızdan. Mesleki bilgi ve tecrübem, bir kimsenin psikolojisine normal, kişiliğine sağlıklı diyebilmemiz için onda, belli ölçülerde şükran duygusunun, minnet hissinin gelişmiş olmasını şart koşuyor. Kendisine bahşedilen hayat nedeniyle Yaratıcısına samimiyetle şükreden, başka insanlardan, diğer canlılardan gördüğü iyilikler karşısında içtenlikle teşekkür edebilen kimse hakkında içiniz büyük ölçüde rahat olabilir.

Bir kimsede minnet hissi ne kadar eksikse o eksikliğin yerini haset ve tamahkârlık, açgözlülük doldurur. Hasislik kadar apaçık görülebilen bir psikolojik hâl daha yoktur. Hasis insan, minnet duygusu iyi gelişmediğinden içtenlikle teşekkür etmeyi beceremez. Dünyadan, hayattan, herkesten alacaklı gibidir. İstekleri karşılandığında teşekkür edeceğine anında yeni bir istekle karşınıza dikilir. Arada teşekkür benzeri beyanları olsa bile bunun yapmacık olduğunu, içine sinerek söylenmediğini hemen anlarsınız.

Minnet: Hem Erdem Hem Haz

"Minnet" diyor Andre Comte-Sponville, "erdemlerin en hoşudur ama en kolayı değildir." Bu etkileyici cümleden, bizim hep psikolojik bir kavram olarak ele aldığımız "minnet"in aynı zamanda bir erdem olduğunu, hoş olmakla birlikte pek de kolay olmadığını öğreniyoruz. Comte-Sponville, devamında minnetin bir "haz" olduğunu da söyleyerek psikolojik bakışa yaklaşıyor. Ona göre minnet, "hissedilen sevincin yankısı olan bir sevinç gibidir, fazla bir mutluluğa eklenen bir mutluluk daha gibidir." Ve minnet hakkında güzel bir başka güzel cümlesi: "Erdemlerin en hoşu ve hazların en erdemlisidir."

Minnet hem ahlaki hem psikolojik niteliklere sahipse, psikolojik boyutundan önce ahlaki olanı ele almak daha elzem. Minnet bir erdem zira bir insani davranışa verilen bir karşılık o. Minnetle karşılık veririz ama bizden bir şey alıp götüren bir verme değildir tam tersine yaşantının doyumsuz bir usaresi geriye bizde kalır.

Minnettarlığı, iyiliğe iyilikle karşılık vermekle karıştırmamalıyız. İyiliğe iyilikle mukabelede bulunmak, şüphesiz insan ilişkilerinin devamlılık kazanmasında, bağların güçlenmesinde çok önemli bir pekiştirici ama minnet hissetmek onunla birebir aynı değil. Minnet hisseden, bir karşılık verir ama ölçülebilir, maddi bir karşılık, somut bir beklenti değildir o. Öylece yapılan, iç-dünyamızda kendiliğinden ortaya çıkan, oluverendir.

Sadece samimiyetle sevinçli bir karşılık vermekle de sınırlı değil minnet. Minnet duyduğumuzda, şükran hissettiğimizde ya da içten bir teşekkür ettiğimizde, böyle bir yaşantıya vesile olan kimseyle paylaşıyoruzdur mutluluğumuzu. O bizim iyi hissetmemize neden olmuştur biz de "ona madem öyle sen de benim bu vesileyle yaşadığım şu hoşluktan buyur" der, paylaşırız iyi hissedişimizi. "Sevgi"nin bu alışverişten, sevinç yankılanmasından daha net gözüktüğü bir başka insani hâl var mıdır? Sanmıyorum. Başka türlü olsaydı, bizim için yapılanı görmezden geldiğimiz, yaşantı vadisinde bir iyiliği sevinçle yankılamadığımız hâlleri, "nankörlük" gibi sevginin tam karşısında yer alan bir sözle adlandırmazdık.

Minnet Eksikliği: Nankörlük, Hasislik

Nankör almış, almayı becermiş ama vermeyi bir türlü başaramayandır. "Nankör!", "Nankörlük etme!"...Bir insana sevgiden, sağlıklı insan iletişiminden bihaber olduğunu, sadece kendisini ve sadece geleceği düşündüğünü bunlardan daha berrak ifade edebilen başka kelime yoktur. Bunları söylediğimizde, söz de bitmiştir zaten, dahası gerekmez. Bencilin de bencilidir nankör, bencillikte nankörlükten daha öteye gidilemez. Minnet edebilen insan, sevgiyi yaşayabilmesinin yanında mütevazılığı de başarabildiğini gösterir. Onun sayesinde her sevginin aynı zamanda bir mütevazılık içerdiğini de idrak ederiz.

Peki, hep kendini ve geleceğini düşünüp kimseyi, kendisine yapılan iyilikleri görmeden, sürekli alacaklıymış gibi yaşayıp giden, nankörlüğü hayat stratejisi olarak benimsemiş insan, mutlu mudur? Belki bazıları öyleymiş gibi görünebilir ama nankörlerin asla başaramayacakları bir şey varsa o da mutlu ve huzurlu olabilmektir. Minneti, sevgiyi, mütevazılığı becerebilmiş ve bu sayede mutluluğu, sükûnu yakalayabilmiş insanlardan farklı olarak nankörler; hep tedirgin ve endişe içindedir. Her an yeni bir hesabın, yeni bir alacak peşine düşmenin tatmin olmaz şeytanı dolaşır zihinlerinde. Hayattan da insanlardan da alacakları hiç bitmez; yaşamayı, alacaklarını tahsil ettikleri asla gelmeyecek bir yarına erteler dururlar. O kadar gelecekle ilgilidirler ki ne şimdiyi ne geçmişi akıllarının ucundan bile geçirmezler, hasislikleri dinmez, tamahkârlıkları yatışmaz. İyilik etmek amacıyla yaşayan, gördüğü iyiliklerin karşısında minnet hissedebilen insanların yaşama sevincinin zerresi nankörlerin semtine bile uğramaz. Hayatları hayat değildir.

Minnet duyabilen, hiçbir karşılıksız beklemeksizin iyilik için çabalamanın hayattaki en güçlü neşe kaynaklarından olduğunu idrak etmiş insan, nankör gibi hayatı borç olarak yaşamaz. Kendisine yapılan iyiliklerin kıymetini bildiği içindir ki en büyük lütfun hayat olduğunu derinden kavramıştır. Hep şükür kapısının eşiğindedir, hep huzurdadır. Böyle olduğu için daha kolay baş eder hayatın derdiyle, mihnetiyle. Daha kolay bastırır, sol yanındaki endişenin her an vesvese veren tıpırtısını. Kalp atışlarını duymadan, nefes alışlarını fark etmeden, sağlık ve huzur içinde yaşar gider.

Ama dalkavuklukla minneti de karıştırmamalı, kula kulluğu minnet sanmamalıyız. Dalkavukluk, minnet değil, ahlaksızlıktır. Hakiki minnet, her zaman adalet ve iyi niyet ile birlikte olur, ancak hepsi birlikte sevince sevinç, sevgiye sevgi ekleyebilir.

Haset ve Şükran

Nasıl milletlerin tarihine bakılarak o millet hakkında bilgi ediniliyorsa, insanın da bir tarihi var. Hepimiz kendi bebeklik ve çocukluk tarihimizin içinden geçerek şimdiki günlerimize geliriz. Bu, şu anki davranışlarının kökenleri bebeklikte, çocuklukta atılır demektir. Şimdi hangi durumda ne yaptığımızın, nasıl davrandığımızın nedenlerini araştırmak için nasıl bir ailede yetiştirildiğimiz, bebek ve çocukluk döneminde bize nasıl davranıldığı gibi konuların aydınlatılması gerekir.

Bütün diğer canlıların yavruları neredeyse doğduktan itibaren türlerindeki yetişkinlerin yaptıkları fonksiyonları saatler, günler içinde yerine getirebilirler. Örneğin diğer memelilerin doğmaları ile yürümeleri arasında çok kısa bir zaman dilimi vardır. Fakat insan, yaradılışı gereği çok uzun bir bağımlılık dönemine ihtiyaç duyuyor ve ayakları üzerinde durabilmesi, kendisini toplumsal bir varlık olarak hissedebilmesi için ergenliğe kadar bağımlılık ihtiyacı devam ediyor. Bebek, özellikle ilk bir yıl içinde ebeveynine mutlak bağımlı, diğer bir deyişle birisi ona süt vermezse, birisi onun bakımını birebir üstlenmezse veya onunla ilgilenmezse hayatta kalması mümkün değil. Bu fark, aynı zamanda insan olmanın temellerini oluşturuyor. Bu uzun bağımlılık döneminde, nasıl bir aile ortamında yetiştiğimiz, bize nasıl davranıldığı çok önemli... Kişiliğimizin ve psikolojik yapımızın inşası bu temel üzere atılıyor.

Takdir edersiniz ki erken çocukluk yıllarına ilişkin araştırma yapmak, çocuğun psikolojisini ortaya koymaya çalışmak hâli müşkül bir konu. Konuşma, insanın en mucizevî yeteneği, insana ilişkin bilgilerimizi doğrudan doğruya ona sorarak öğreniyoruz. Ama bebek dilsiz; konuşabilmesi, isteklerini, hissettiklerini dile getirebilmesi hayli zaman alıyor. Şimdiki davranışlarımızın erken çocukluk yıllarındaki kökenlerini açığa çıkarmaya çalışanlar, hipotezlerini konuşamayan ve kendini anlatamayan bir varlığın yerine kendini koyarak sergilediği davranışları gözlemleyerek geliştiriyorlar.

Minnet hissiyatının kökenleri konusunda en gözde teorilerden bir tanesi Melanie Klein'a ait. Minnetin psikolojisini konuşurken o, tam da aradığımız kişi. Meşhur kitabı *Haset ve Şükran*'a şu sözlerle başlıyor Klein: "Yıllardır, hiç yabancısı olmadığımız iki tavrın, haset ve şükranın, en erken kaynaklarıyla ilgilenmekteyim. Bu çalışma içinde, hasetin, sevgi ve şükran duygularını daha başlangıç evresinde baltalayan çok güçlü bir etken olduğunu, çünkü ilk ilişkiyi, kişinin annesiyle ilişkisini etkilediğini gördüm. Bu ilişkinin bireyin bütün duygusal yaşamında oynadığı belirleyici rol birçok psikanalitik çalışmada ortaya konulmuştu."

Bir çocuk psikanalisti olan Klein, dinlediği, incelediği aile ve çocuklarla ilgili gözlemlerini de işin içine katarak anne-bebek ilişkisini, doğum anından itibaren haset ve şükran açısından didiklemeye başlar. İnsan yavrusunda tıpkı haset gibi sevgi ve şükran için de bir temel olduğunu düşünür. Ama belki hep sorunlu çocuk ve ailelerle ilgilendiğinden olsa gerek çalışmalarında daha çok hasetin psikolojimizi bozucu etkisi üzerinde durur. (Bize göre Klein'daki bu "haset" vurgusunda, "kötülük problemi"ne Hıristiyan inancındaki, insanı daha baştan kötü ve günahkâr gören bakışın etkisi büyük. Her çocuğun İslam fıtratı üzerine dünyaya geldiğini söyleyen Müslüman anlayışında, sevgi ve şükranın hasetten daha ön planda olması gerekir.)

Klein, hasetin kökenlerini bebeğin annesini ilk emme zamanına kadar geri götürüyor. İnsan yavrusunun doğduğundaki temel derdi hayatta kalmaktır, bunun için ise ihtiyacı olan tek şey, annesinin memesindeki süttür. Tüm enerjisini bu hayat damarına yapışmak için harcar, onu alabilmek için saldırır. Erişkin yaşamdaki öfkenin, tamahkârlığın, açgözlülüğün yani bütün olumsuz duyguların kökeninin bu ilksel (primordial) haset hissinde olduğunu söyler. Bebek, annesinin memesindeki sütü istiyor ve o olmadan var olamayacağını şöyle ya da böyle hissediyor, ona haset ediyordur. Anne, ne yapıp edip çocuğundaki bu haseti yatıştırmayı, sevgiyi ve minneti hâkim kılmayı başarmalıdır. İyi ama bunu nasıl yapacaktır? Annemizin yatıştırıcı gücünü nasıl kullandığı, bireysel tarihimizdeki ilk büyük meseledir.

Haset gibi yıkıcı bir kelimeyle, bebek gibi neredeyse melek yerine koyduğumuz insan yavrusunu aynı cümle içinde telaffuz etmek bile insana tuhaf geliyor. Ama insan psikolojisinde hasetin kökenlerini aradığımızı unutmayalım. Hasetin izleri geriye doğru takip edildiğinde bebekliğe kadar gider diyor Klein. Bebeğin nasıl hırsla tüketmek istercesine emdiğini annelerin çok iyi bildiğini söylüyor. Yetişkin hayattaki tamahkârlığın, açgözlülüğün, karşısındakini acımasızca sömürmenin kökenlerini bebeğin bu tüketircesine emme davranışında arıyor.

Klein, hasete karşı mücadelenin anahtarının da anne-bebek ilişkisinde olduğu kanaatinde. Ona göre bebekteki hasetin tamiri için bir tek şeye ihtiyaç var; o da yeterince iyi annelik özellikleri gösteren anne ya da annenin yerine bakımı üstelenen kimse.

Anne, bebeğe karşı öyle samimi ve içten davranmalıdır ki bebek, haset ettiği bu varlığın aslında onun iyiliğinden başka bir şey düşünmediğini anlayabilsin. Zaman zaman yemek yanıyor diye emzirmeyi geciktirse de, her an yanında olamasa, ağladığında hemen koşup yanına gelemese de kendisini çok sevdiğini, varlığını her şeyin üstünde tuttuğunu hissedebilsin. Ama annenin bunu yapması için kendisini parçalaması, bebeğin her istediğini yapması gerekmiyor. "Yeterince iyi annelik"; bebeğin her zaman ağzına memeyi dayamak, onun her istediğini yapmak değil. "Yeterince iyi annelik", samimiyetle iyi anne olmaya çalışmaktan geçiyor. Eğer ağladığında, altı açılmadığında, süt gelmediğinde veya herhangi bir nedenle hayal kırıklığına uğradığında anneden aldığı iyi duygular, tüm bu olumsuz yaşantılarını onarabiliyorsa, işler yolundadır. Bebek, anneye güvenir, hatta kısa sürelerle de olsa ondan ayrı kalmaya katlanabilir. Anne ve bebeğin karşılıklı sevgi alışverişleri, ilişkinin aslını oluşturmaya başlar.

Erişkinler olarak sevgiyi hep içimizde, derin bir yerlerde tonlarca bulunan bir şeymiş gibi görürüz. Bu nedenle sevgi göster(e)meyenlere sanki elindeymiş de bize inat ortaya çıkarmıyormuş gibi davranır, kızarız. Oysa durum sanıldığından daha karışıktır. Sevginin, sevme hissinin nereden geldiği, içimize nasıl yerleştiği, bilimsel olarak henüz bilinmediği gibi öyle herkesin içinin aslında sevgi dolu olduğu ama bazılarının gösteremediği fikri de pek koftur. Evet, söylemesi zor ama bebeğin içinden nasıl sevginin serpilip geliştiğini açıklamak çok da kolay değil. Bazı psikoloji teorisyenleri, başlangıçta insan yavrusunda sevginin olmadığını, anne haseti yatıştırmayı başardıkça bu güven ortamında sevginin yeşermeye başladığını söylüyorlar. Bizim Klein'a göre ise sevgi de haset gibi temel, ilksel bir hissiyat. Bizce de Klein haklı. Bebeğin iç-dünyasında sadece haset yok tam karşısında şükran, onun da temelinde sevgi bulunuyor.

Hasetin tamircisi sevgidir. "Yeterince iyi annelik", bebekteki bu sevgi yatağını harekete geçirerek başarılı oluyor. Annenin, kendisine haset eden, sütünü sonuna kadar tüketmek için saldıran bebeğe şefkat göstermesi, onu sevgiyle yatıştırabilmesi gerekiyor. Bebek, annenin bu başarısı sayesinde sevgiyi, sevmeyi, sevilmeyi öğreniyor. Haset, bütün olumsuz duyguların, açgözlülüğün, tamahkârlığın ve azla yetinmeyişin de kaynağı. Yani aslında anne, "yeterince iyi annelik" yaptığında, hasetini tamir edebildiğinde, bebeğe açgözlülükten, tamahkârlıktan korunmasını da öğretmiş oluyor.

Minnete, şükrana giden yolları tanıyabilmek için bunca sözümüz. Ne yapıp edip sözü oraya doğru taşımak istiyoruz. Hazır buraya kadar gelmişken bir de şu çok karıştırdığımız haset ve kıskançlık farkına da değinelim.

Haset iki kişi arasında, kıskançlık ise üç veya daha fazla kişi arasında ortaya çıkan his... Bir kişinin karşısındaki insanın sahip olduğu şeyin ille kendisinde de olmasını istemesi, hasetle ilgili. Hâlbuki kıskançlıkta başkaları da söz konusu... Kıskançlığın kökeninde bir kişiyi (anneyi) kiminle (babayla ve kardeşlerle) paylaşılacağıyla ilgili kaygı, kabul edememe ruh hâli bulunuyor. Anneyle birebir yaşantısı sırasında bebek bir süre sonra anlayacaktır ki dünya, kendisi ve annesinden kurulu iki kişilik bir dünya değildir, orada başkaları da vardır. Tam içindeki haseti onaran anneyle karşılıklı sevgi alışverişini başardığında, bu başkaları çıkıp gelmiştir. Bu durumu protestodur kıskançlık ve hasete oranla nispeten daha anlaşılabilirdir. Çünkü ortada tek bir kaynak var ve onun nasıl pay edileceği her zaman sorun yaratır. Yine de haseti yatıştırılamayan çocuğun kıskançlığının da hastalıklı bir şekilde tezahür edeceğini şuracığa not edelim.

Açgözlüler Daha Başarılı ve Mutlu mu?

Modern zamanlarda kanaatkarlık, sağlıklı çalışkanlık, insanlara faydalı olma ve hizmet etme anlayışı değil de dizginsiz bireysel hırs destekleniyor, istekleri konusunda "agresif" olan insanlara övgüler yağdırılıyor. Özellikle henüz kuralları, kurumları tam yerleşmemiş toplumlarda kolayca risk almaları nedeniyle bu tip insanlar daha çok öne çıkıyor, mevki-makam, para ve güç sahibi oluyorlar. Dışarıdan bakıldığında sanki dünya hayatında her zaman kazananlar, başarılı olanlar haset sahipleriymiş, tamahın ne kadar çoksa başarıya o kadar yakınmışsın gibi görünüyor. Bununla da kalmıyor, aç gözlü ve tamahkârların isteklerine ulaştıkça daha mutlu oldukları düşünülüyor. Oysa durum, tam da böyle değil.

Eğer bir insanın içi yatışamamış bir hasetle, açgözlülükle veya tamahkârlıkla doluysa rahata ermesi, huzuru bulması çok zor. Çünkü her elde ettiği şey, tatminin ve mutluluğun değil yeni bir isteğin tetikleyicisi olacaktır. Ulaştığı mevki-makamın, elde ettiklerinin hakkını da tam veremeyeceğinden uzun vadede başarılı olması imkânsızdır.

Haset sahipleri, tamahkârlar, istediklerine daha çok ulaşıyor gibi görünebilir ama emin olun, onlar, daha başarılı ve daha mutlu değiller. Sevgi dolu, bir başka deyişle haseti annesi tarafından yatıştırılmış, sevgiyi, şükranı hissedebilmiş insan, tanıyabilir ancak huzuru. Huzur tamahkâr, açgözlü kimsenin asla ulaşamayacağı bir duygu... Bir insanın haseti ne kadar çoksa başarının getirdiği tatminden ve mutluluktan o kadar uzaklaşmıştır. Onlar, bu hâlleriyle birtakım şeyler kazanabilirler ama kazandıkları şey, asla mutluluk olmaz. Ne mutluluğu, onlar, uykularında bile şöyle rahat bir dinginliği asla yakalayamazlar.

Haset sahibi kişinin mutluluk ve huzurdan uzak olmasının yanında birçok başka problemi de vardır. O, açgözlü ve tamahkâr olduğu kadar kaprislidir de. Hiçbir zaman istediğini tam olarak aldığı kanaatinde değildir ve hep eksiklik duygusu hisseder. Bu duygusunu kapris olarak dışa vurur. Haset sahibi kişi için yalan, iftira, gıybet insan ilişkilerinin olağan bir parçasıdır. Onun yaptığı gıybet, gündelik hayatta çoğumuzun içine girip çıktığımız şirin dedikodular gibi olmaz üstelik. Doğrudan doğruya muhatabı yok etmeye, yıkmaya, ayağının altındaki toprağı kaydırmaya yöneliktir, tuzaklarla doludur. Karşıdakinin itibarını ve varlığını yok etmeyi hedefler.

Haset sahibi kişi, kapris ve öldürücü gıybet sarmalının için de kıvrandığı yetmiyormuş gibi kindardır da. Çok kolay küser. Elbette makul küslük, insani bir durumdur ancak barışmayı bilmek gerekir. Hasetçinin küskünlüğü ölümünedir, kolayca kine ve gareze dönüşür. Kitabında bağışlama yoktur. Muarızıyla hemen kanlı bıçaklı hâle gelir.

Hasetçi, tam bir nankördür. Nankör olması için ille de birisinden iyilik görmesi ve onu inkâr etmesi gerekmez. Nankörlük, hasetçinin varoluşsal olarak konumlandığı yerdir. Karşısındaki haset ettiği insanın hiçbir müspet yanını görmez, onu toptan reddeder.

Haset sahibi kişi görünenin aksine, kendisine güvensizdir. Aslında istedikleri için kapasite olarak yetersiz olduğunun içten içe farkındadır. İnsanlar hakkında bu kadar kötü hislere sahip olduğu için bir gün gelip kendisine de kötülük yapılacağının kuşkusu ve korkusu içindedir. Haset ettiği insanlarla hesabı asla bitmediğinden bu feci duyguların çağlayanında çırpınır durur.

Bu konuları çokça düşünmeli; kanaatkâr, dünya malına fazla meyletmeyen kişilik yapısının teşvikçisi olmalıyız. Kanaatkâr olmak, tembellik demek değildir tam tersine kanaatkâr insan çok çalışır ama asıl amacı ailesine, çevresine, toplumuna yardımcı olabilmektir. Maalesef bugün kanaatkârlık ve idealistlik, değer olarak yüceltilmiyor. Medyada başarı ve mutluluk timsali olarak genellikle kanaatkârlar değil tamahkârlar sahne alıyor, bize, çocuklarımıza örnek olarak sunuluyorlar. Hasetin yatıştırılması için daha bebeklikten itibaren sevgiyle bıkmadan yola koyulmak gerektiğini söyleyen önerilerimiz, biraz havada kalıyor.

Minnet ve Şükran Sayesinde İnsanız

Her ikisi de Arapçadan dilimize geçmiş olan minnet ve şükranı bir arada kullanıyorum ama anlatmak istediğim olgu aynı. Arapçada minnet iyiliği hayrı çoğaltmak, şükran ise yapılan bir iyiliğe karşılık vermek, teşekkür etmek manasına geliyor. Minnetin zıddı nankörlük, şükranın zıddı ise küfran yani ret ve inkâr... Türkçe kullanışta minnette çok daha fazla olmak üzere anlam kaymaları olmuş. Mesela teşekkür etmek ve şükür etmek arasındaki bağ, hemen tamamen kopmuş... Minnetin geniş bir anlam ağı oluşmuş, Farsça bir ekle minnettar hâlini almış hatta kimi zaman "yaranma" anlamına yaklaşmış. Ben, psikolojiden ve insan ilişkilerinden bahsederken genellikle "minnet" ve "teşekkür", teolojik bağlamlarda ise "şükran" ve "şükür" kelimelerini tercih ediyorum. Ama her durumda kastımız doğrudan doğruya bir ihsan ve lütuf karşısında hissedilen sevinç, takdir, hayranlık karışımı üst düzey bir duygulanım...

Bebekte minnet ilk kez ona rahim olan, karnında taşıyan, doğuran bakıp besleyen, kahrını çeken, kaprisini alan varlığa karşı duyduğu histen köken alıyor olmalı. O bakımdan haset kadar temel ve kökene dayalı bir his, minnet.

Minnet duygusu olmasaydı ne aile ne topluluklar ne devlet oluşurdu. Bir kişi, "Ben, bu aile sayesinde, bu toplumsal dokunun koruyuculuğu altında var kalabildim, bu devlet sayesinde kendimi güvencede hissediyor ve sınırlarımı biliyorum ve bu nedenle ben de onlara karşı üzerime düşen vazifeyi yapmalıyım" dediği anda aile, toplum ve devlet gerçek varoluş güvencesine kavuşur. Dahası minnet, ahlakın ve dinin kökenidir denebilir. Karşısındakine borçlu hissetmek, ibadetin de tabiat sevgisinin de toplumsal saygının da iyiliğin de kaynağıdır.

Anneyle yaşantımız sırasında devreye giren, öğrenilen minnet sayesinde insan hem kendisinin iyi yanlarıyla barışır hem de başkalarının iyi yanlarıyla temas kurabilir. Diğer insanların iyi yanlarını görmeyi sağlayan göz veya ışık, minnet hissimizden gelir. Bizim içimizdeki iyi yanın temsilcisi olan minnet duygusunun güvercinleri, gider karşımızdakinin iyi yanının üzerine konuverir; onun güvercinleri de bizdeki iyi yanların üzerine yapar yuvasını.

Minnet duyabilen kimse, karşısındaki insanın iyi yanlarını görmeye daha yatkın olduğundan affedebilmeyi daha kolay başarır. Minnet sayesinde hayatı olduğu gibi kabul edebilmeyi, herkesin değiştiremeyeceği bir kişiliği ve kaderi olduğunu öğrenir ve kin tutmak yerine affedici olur.

Doyumun, memnuniyetin, mutluluğun kaynağı da şükran ve minnet hisleri... Anneyi emdikten sonra doyan ve uykuya dalan bebeklerin yüzündeki ifade, memnuniyetimizin ilk görünümü, sonraki mutluluk yaşantılarımız inşa edeceğimiz hissi zemindir. Eğer bir kişi, karşısındakiyle düzgün bir iletişim kurabilmişse, onunla arasında insani bir alışveriş varsa ve bu alışverişten dolayı karşısındakine minnet duyuyorsa, memnuniyeti ve mutluluğu hak eder. İnsan, karşısındakinin yaptığından memnunsa onu da memnun etmek ister. Eğer karşısındakinden bir şey almıyorsa ona iyilik yapmak, onu mutlu etmek ya da memnun etmek o kişinin içinden gelmez. Gerçek memnuniyetin ve neşenin kaynağı minnete dayalı insani diyalogdur. Çabamız, hayatın içinde böyle diyalogları mümkün kılmazsa bu kez sahte, ucuz zevklerin, şans oyunlarının, kimyasalların peşine düşeriz.

Minnet hissinin etkisi diyalog ile sınırlı değil toplumsal karşılıkları da var. Cömertliğin, yardımseverliğin kökeninde de minnet hissi bulunur. Hakiki, sağlıklı cömertlik, başkalarına iyilik ederken kendisine, ailesine zarar vermek değildir. Cömert insan, tıpkı annenin sadece bebeğini değil tüm ailesini düşünmesi, bebeği için insanlığın diğer alanlarından feragat etmemesi gibi kendi ailesini de düşünür, onları korur, başka insanların da yardımında koşar ve onların iyiliğine çalışır.

Sevgi ve şükran dolu, minnet duyan insan aynı zamanda hayata karşı da bu hislere sahiptir. O hayatın kendine bahşedildiğinin, hiç kimsenin bu dünyaya kazık çakmayacağını ve faniliğinin bilincindedir. Hayatın hepimize bereketinden cömertçe sunan anne olduğunu bilir. Hayatın ritmine ve kendine özgü devir daimine saygılıdır. Bu yüzden çok çalışır, daha verimli olmaya gayret eder, hayata benzemeye uğraşır. İnsanlaşma, son tahlilde böyle bir şeydir, hayata boyun eğmenin bilgeliğiyle döngü tamamlanır. Tüm bunları hakkınca, künhüne vararak anlayan; annesinin, ailesinin, milletinin, insan kardeşlerinden ve hayattan gördüğü iyiliklerin kıymetini bilen, onlara karşı minnet hisseden insan, Yaratıcısını asla unutmaz. Asıl minnet edilmesi gerekenin O olduğunu çok iyi kavramıştır.

Şükrandan Şükre

Potansiyel olarak sevgiye, şükran hislerine yatkın bir psikolojiye sahip olma noktasında aynı öze sahip olmamıza rağmen hepimiz farklı aileler içinde dünyaya geliyoruz. Nasıl biyolojik olarak her birimiz farklı isek aynı aileye doğan kardeşlerin bile psikolojilerinin geliştiği ortamlar, karşılaştıkları, maruz kaldıkları olaylar değişik olabiliyor. Bu farklılıklar nedeniyle her birimizin kişilik tipleri de kişiliğimizin olgunlaşma düzeyleri de bambaşka biçimlerde tezahür ediyor. Hiçbirimiz tamamen bir diğerinin tıpkısının aynısı olmuyoruz. Her birimiz nevi şahsına münhasır, biricik varlıklarız.

Bizi insanlaştıran, insan yapan, kişiliğimizi şekillendiren ortamlar böylesine farklıyken, genetik ve toplumsal çevre açısından hiç eşit değilken nasıl olup da ahlaki olarak aynı imtihana tabii tutulacağız? Kesrette vahdet (çoklukta birlik) formülünün anlatmaya çalıştığına benzer bir tablo var ortada. Her birimiz insan teki olarak birbirimizden farklıyız ama yatay görünümde bu böyle. Oysa dikey görünümde yukarı doğru gidildikçe konik bir panorama ortaya çıkıyor, giderek benzeşiyor; en tepede tek noktada birleşiyor, aynılaşıyoruz. Farklı sorulara muhatap olsak da nihai sınav anında tamamen adil bir değerlendirmeye tabi tutuluyoruz.

Yatay plandaki farklılıklarımıza rağmen varoluşumuzu dikey planda benzeştiren ve birleştiren olgu, aynı Yaratıcının kulu olma ve farkındalık bilinci bakımından eşit şansa sahip oluşumuz. Aynı şükran ve haset potansiyelleriyle dünyaya geliyoruz ama daha doğum anında itibaren bu potansiyel kendini farklı biçimlerde dışa vuruyor dolayısıyla hepimizde şükran ve minnet hissetme, teşekkür etme yeteneği aynı olmuyor. Ama bu farklıklarımızı aynı Yaratıcıya şükretme fırsatını değerlendirerek eşitleme fırsatımız var. Nasıl aynı potansiyellerle doğuyorsak şükür, bizi insani var olma düzleminde yeniden aynı hizaya getiriyor. Bu sefer gerisin geriye, haset ve şükran tavırlarımızı gözden geçirip onarma imkânı ortaya çıkıyor. Hani modern psikoterapistler yetişmemiz sırasında annemizin, ailemizin eksik bıraktıklarını, bizi hayal kırıklığı içinde eli kolu bağlı koydukları durumları, terapist-danışan ilişkisiyle yeni baştan kurup onardıklarını, hataları telafi etmeye çalıştıklarını söylüyorlar ya aynen onun gibi...

İnsan ilişkilerindeki teşekkürden Yaratıcıya şükre, Yaratıcıya şükürden insan ilişkilerinde teşekküre karşılıklı patikalar, tozlu yollar, otobanlar, ışık huzmeleri var... Menzil her hâlükârda bizim çabamıza, varoluşumuzun hikmetini fark edebilme bilincimize bağlı. Annemizden, ailemizden ne kadar iyi biçimde öğrenirsek öğrenelim insan ilişkilerinde başardığımız minnet ve şükran bizi Yaratıcıya şükür makamına taşıyamayabiliyor. Annemizden, ailemizden yeterince iyi biçimde öğrenemediğimiz şükran ve minneti, bu kez kulluk bilinciyle hayata geçirme, hasetimizi gemleme fırsatı beliriyor.

Şükür sayesinde merhamet hislerimizi canlandırabiliyor, daha cömert, paylaşımcı ve yardımsever hâle gelebiliyoruz. İnsan ilişkilerinde daha duyarlı ve dürüst oluyoruz, şefkat ve vefa duygularımızı geliştirebiliyoruz. İnsan kardeşlerimizle aynı hamurdan, aynı kadere sahip faniler olduğumuzu görüp onların kıymetini daha çok anlayarak insanlaşabiliyoruz.

Yaratıcıya her şükredişimizde bizi sevgiden, mütevazılıktan, cömertlikten, yardımseverlikten, iyilikten alıkoyan haset yanlarımızı daha net biçimde görüp "dur!" diyebiliyoruz. Öfkemizi, hiddetimizi, tamahkârlık ve açgözlülüğümüzü baskılayabiliyoruz. Kıskançlıklarımızı centilmence, neşeli bir yarışa çevirebiliyoruz.

Bakmayın güzel güzel anlattığıma, hiç de kolayca ilerlemiyor bu süreç. Hepimiz kendi şartlarımızda, kendi kişilik imkânlarımızla karşılıyoruz hayatı. Ne kadar istesek de kimi zaman şükretmenin sükûnetini, sekinetini, huzurda olmanın huzurunu tam olarak tüm varoluşumuzda hissedip yaşayamıyoruz. Kaygı, endişe ve onlarla birlikte kabullenememe ve isyan hisleri gelip çatıyor. "Niye ben?", "Niye şimdi?" gibi kışkırtıcı sorular kaplıyor zihnimizi. Geriye gitmemek için zorluyoruz kendimizi; dayanmaya, tahammül etmeye, bulunduğumuz, maruz kaldığımız şartları kabul etmeye zorluyoruz. Sabrediyoruz kısacası. Bu yüzden aynı özden kaynaklandıkları, aynı özün farklı veçheleri oldukları hâlde sabır, şükürden ayrışıyor. Kur'an-ı Kerim, şükrü de sabrı da iyice anlayalım diye defalarca tekrar ediyor. "İman, iki eşit parçadır. Yarısı sabır, yarısı şükürdür" buyuruyor Hz. Muhammed (SAV)...

UNUTULAN KAVRAMLAR: SORUMLULUK, İRADE

Hatırlayacaksınız, daha önceki şans ve erdem üzerine yazımızda *Bolluk Paradoksu* kitabının yazarı Barry Schwartz'ın, yaşadığımız tüketim toplumundaki tercih artışı karşısında nasıl seçimler yapmamız gerektiği konusunda önerilerini ele almış şunları yazmıştık. "Schwartz, yaşadığımız bolluk paradoksundan çıkabilmek ve mutlu olabilmek için önerilerini şöyle sıralıyor: 1. Seçim özgürlüğümüze gönüllü olarak belli sınırlamalar getirelim. 2. En iyiyi aramaktansa 'yeterince iyi'yi arayalım. 3. Kararlarımızın sonuçlarıyla ilgili beklentilerimizi azaltalım. 4. Kararlarımızı geri alınamaz biçimde vermeye çalışalım yani sebat edelim. 5. Etrafımızdaki insanların ne yaptığıyla o kadar fazla ilgilenmeyelim..."

Yaşadığımız tüketim toplumunda zombileşiyoruz, insanlıktan çıkıyor, beşerliğe doğru düşüyoruz. Buradan çıkışın tek yolu tekrar bizi neyin insan yaptığı üzerine düşünmek ve onları hayatımızda daha çok uygulamaya koymaktır. Tamam ama nasıl yapacağız tüm bunları? Nasıl uygulamaya koyacağız Schwartz'ın önerilerini? Erdemler üzerine daha çok konuşalım, tercihlerimizi şöyle yapalım, kararlarımızı böyle verelim deyip duruyoruz ama bunları yapacak olanın, yaşam sorumluluğunu üstlenmiş insan iradesi olduğunu, günümüzde de bu kavramların yani sorumluluk ve iradenin ağır bir tahrip yaşadığını görmezden geliyoruz.

Unutulan Sorumluluk

Anı yaşamaktan, anda kalmaktan, kendin olmaktan, dilediğini özgürce yapmaktan çokça bahsediyoruz bu günlerde. Ama insanın "iradi" bir varlık olduğunu, hayatı boyunca bizzat kendi iradesiyle yapmış olduğu ve yapacağı tercihler ve sonucunda üstlenmek durumunda kalacağı sorumlulukları nedense pek gündeme almıyoruz. Maalesef günümüzde 'irade' ile birlikte neredeyse rafa kaldırılmaya çalışılan kavramlardan birisi de 'sorumluluk'... Ne yazık ki böyle olmasında da çocuk yetiştirme pratiklerine ve eğitime çok güçlü yansımaları olan modern psikoloji söylemlerinin ve onların toplum tarafından algılanışının payı çok...

Modern psikolojik bilimlerde, psikiyatri ve psikoterapi uygulamalarında ne hayat seçimlerimiz ne de sonucunda kabul etmek zorunda olduğumuz sorumluluklarımızın pek dikkate alınmadığını söylemek durumundayım. Tamamen elimizde olmayan nedenlerle bir kişiliğe ve psikolojik bir rahatsızlığa sahip olmuşuz ve bundan dolayı kendimizi sorumlu tutmamamız, suçlamamamız gerektiği şeklinde bir yaklaşımız var. Ancak modern psikoloji teori ve uygulamalarının ihmalden geldiği bu husus, adli psikiyatri ve psikolojinin gündeminden hiç eksik olmuyor; bu alanlardaki meslektaşlarımız, toplumda ve modern psikolojik bilimlerde pek yüz verilemeyen "irade" ve "sorumluluk" kavramlarını didikleyerek vakalar üzerinde karar vermeye çalışıyorlar. Evet, "irade" ve "sorumluluk" kavramları sadece adli süreçlerde hukukçuların biz psikolojik bilimlerdeki meslek sahiplerine bilirkişi olarak "cezai ve hukuki ehliyet", "fârik ve mümeyyiz olup olmama" gibi soruları karşısında yaptığımız davranış, işlediğimiz suç nedeniyle gündeme geliyorlar. Psikolojik bilimlerdeki meslek sahipleri olarak kişinin akıl hastalığı olup olmadığına, eğer varsa, işlediği fiilin hukuki anlam ve sonuçlarını algılama veya bu fiille ilgili olarak davranışlarını yönlendirme yeteneğini (şuur ve hareket serbestisi) etkileyip etkilemediğine, etkilediyse ne ölçüde etkilediğine göre cevap vermeye çalışıyorlar.

Genel hatlarıyla ele alındığında elbette modern psikiyatrinin ve psikolojik bilimlerin bakışında bir sorun olmadığını söyleyebiliriz. Sistem bir biçimde işliyor. Bir yandan insan psikolojisi, zihni, beyin işleyişi ve akıl hastalıklarının nedenleri anlaşılmaya, bilimsel zeminde tedavileri düzenlenmeye çalışılıyor, bir yandan "suç" ortaya çıktığında varsa psikolojik rahatsızlığın ne ölçüde etkili olduğuna cevap bulunmaya gayret ediliyor. Ancak ben yine de "Keşke insanın hayat tercihlerine ve sorumluluklarına sadece adli süreçler karşısında değil de tüm psikolojimizin işleyişinde ve sağlıksız, psikopatolojik durumların da ortaya çıkışında dikkat edilip rolleri, payları araştırılsaydı..." demeden edemiyorum. Hatta bu temennimi "Keşke ilgili beşerî bilimlerle bağlantı içinde günümüz yaşantı ve anlayışlarının insan tercihleri ve sorumluluk anlayışındaki etkisi üzerinde yeterince durulabilseydi..." demeye kadar genişletmek mümkün. Çünkü akademide irade ve sorumluluğun üzerinde fazlaca durulmaz daha ziyade insanın elinde olmayan hususların altı çizilirse bunun çocuk yetiştirme pratiklerine ve eğitime hesap edemediğimiz çarpıtılmış yansımaları olacağını, olduğunu görüyoruz. İnsanlara davranışlarının sorumluğunun kendi ellerinde, iradelerinde olduğunu anlatmakta müşkül çekiyorsunuz. Kimse sorumluluk almak istemiyor, sorumlu; doğulan aile, genetik yapı, insanın elinde olmayan kişilik ve psikolojik özellikleri olarak gösteriliyor.

Sonuçta biz irade ve sorumluluk kavramlarını unuttukça, her yeni nesilde, sürekli "Beni seç, benim ürünümü tercih etmen hâlinde kazanacaksın!" diye aklımızı çelmeye çalışan, bizi çepeçevre kuşatan moda-reklam ve pazarlama dünyasının seçimlerimiz üzerindeki etkileri biraz daha artıyor. Hayatının her alanında aklına ne gelirse o doğrultuda anlık seçimler yapan, bunu özgürlük alanı içinde değerlendiren ve böyle yapmanın sorumlulukları üzerine hemen hiç düşünmeyen, sürekli sorumluluğu ve suçu başka şeylere yıkmaya çalışan bir zihniyet yapısı ortaya çıkıyor.

Maalesef günümüzde varoluşçu felsefe ve psikoloji dışında insanın "seçim yapan varlık" olduğunu vurgulayan güçlü bir ekol yok. "İnsanın özgür iradesiyle yaptığı tercihlerini ve ortaya çıkacak sonuçlarını kendisinden başka kimseye yükleyemez. İnsanın özgürlüğü diğer canlıların serbestliğiyle kıyaslanamaz" diyen bulunmuyor.

Özgürlük Anlayışımız da Sorunlu

İnsan seçim yapan (ihtiyar sahibi), iradesini seçimleri doğrultusunda kullanan ve bu nedenle de hayatından sorumlu olan bir varlıktır. İnsan kendi hayat tercihlerini kendi iradesiyle yapar. Doğrudur; kendi anne babamızı, bedenimizi, toplumsal kuralları, hayat koşullarını belirleyemediğimiz dünya hayatında insanın tekil iradesinin gücü olsa olsa kelebeğin kanat çırpmalarıyla kıyaslanabilir ama son tahlilde insan özgürdür. Bizi fiillerimizden sorumlu kılan, işte varoluşumuzdaki bu özgürlük unsurudur. Seçimlerimiz, özgürlüğümüzün cisimleşmesi, gerçeklik kazanmasıdır. Özgür olduğumuz için seçim yapar, seçim yaptığımız için sorumlu oluruz. Seçtiğimiz hayatı yaşamanın, seçmediklerimizden vazgeçmenin sorumluluğu...

Her seçimimiz, aynı zamanda bir kaybedıştir; diğer seçim ihtimallerinden vazgeçtiğimiz için potansiyel olarak suçluluk ve pişmanlık duygusunu barındırır. Seçim yapabilme iradesi aslında vazgeçtiklerimizin yokluğuna katlanabilme gücüdür. Bu nedenle birçokları, özgürlüğün eninde sonunda pişmanlığa yol açacak bir kararla neticeleneceğini sezdikleri için özgürlükten çok korkarlar. Özgürlüklerini sere serpe hoyratça kullananlar gibi yapmazlar ama özgürlük korkusu onları başkalarına yapıştırır, başkalarının iradelerine bağımlı hâle getirir.

Özgürlük "Dilediğimi yaparım, kimse bana karışamaz!" pervasızlığı ve serkeşliği değil, tam tersine eylemlerinin sorumluluğunu almayı ve sonuçlarına katlanmayı gerektiren bir varoluşsal konumlanıştır. Elbette insanın yapacağı tercihi, vereceği kararı etkileyen ve baştan sona hepsini hesaba katmaya kimsenin muktedir olamayacağı sayısız önkoşul ve durum vardır. Ama yine de insan, bir tercihte bulunurken, bir karar verirken mutlaka öncelikle kendisiyle sonra vereceği kararı çerçeveleyen koşullarla ilgili gerçekliği mutlaka hesaba katarak hareket eder. Akıl baliğ olan, gerçekçi değerlendirmeler yapabilen her insan şöyle ya da böyle özgürlüğün tek başına bir töz olmadığını mutlaka yanında sorumluluğu da taşıdığının farkına varmıştır.

Eğer bir insan hayata dair sorumluluklarını üzerine alamıyor ve yaşadığı olaylarda kendi payını göremiyorsa, onun değişmek için hiçbir çaba harcamayacağı, değişme çabasını anlamsız bulacağı açıktır. Ancak sorumluluğunun ve başına gelenlere kendi katkısının farkında olan insan, değişim için bir inanç ve umut taşıyabilir, arzusunu iradesinin rehberliğinde değişmeye doğru yöneltebilir.

Arzu ve İrade

Özgürlük hissimiz varoluşumuzda o denli belirleyici ki, aslında dört bir yandan zorunlulukla sarılmış, kuşatılmış olduğumuzu, zorunlulukların bizi sorumlu kıldığını görmüyoruz. Zorunluluklarımız, bizim dışımızdaki şartlar öylesine belirleyici ki göklere çıkardığımız irademizin elinde aslında çok az seçim fırsatı kalıyor. Benliğimizin içinde önemli bir yer tutan bedenimizin sağlıklı olup olmaması hakkında bile bize çoğu zaman söz düşmüyor. Hayatımız ve irademiz çoğu zaman bu zorunluluklara uyum sağlamaya çalışmanın, kimi zaman da sahiden özgürce tercihte bulunma arasında geçip gidiyor. Her ne kadar günümüzde daha çok özgürlüğün nidaları duyulsa da gerçekler böyle yani gerçekliğin aleyhine bir işleyiş söz konusu...

Özgürlüğün öne çıkarılmasının temel nedeni, tüketim ve portföy toplumunda arzulara ve hazza verilen önemden kaynaklanıyor. Sistem buna göre çalışıyor. Bu yüzden psikolojik bilimler ve psikiyatri 'irade' kavramını ilahiyata ve felsefeye terk etmek, arzuyu ve doyumu vurgulamak durumunda kalıyor.

Freud'un insandaki arzu akışının ve dürtülerin kaynağı olarak gösterdiği "bilinçdışı" kavramı, arzuyu iradenin karşısına diken anlayışa çanak tuttuğunu şimdi daha iyi görebiliyoruz. Geriye dönüp bakıldığında tüm modern psikolojik bilimlerde iradenin dışlanarak arzunun öne çıkarılmasının Viktorya döneminde[1], Batı dünyasında iradeyi hükümran kılmak adına insan arzusuna karşı açılan savaşa bir tepki olduğunu söylemek mümkün. Elbette Viktorya dönemi saçmalıklarını kimse savunamaz, insanın arzu akışını iradeyle

---

1 Viktorya dönemi, tüm Avrupa'da yaşanan bir ahlak anlayışını temsil etmesine rağmen adını İngiltere'de Kraliçe Victoria'nın hüküm sürdüğü 1837-1901 yıllarından alır. Bu dönemde İngiliz İmparatorluğu gücüne güç katmış ama aynı zamanda kilise ve bilim, inanç ve akıl, ahlâkî değerler ve fuhuş arasındaki çelişki ve gerilimler en yoğun biçimde yaşanmıştır. Cinsellik alanına getirilen baskılarla ve kadının azize gibi davranmadığı zaman baştan çıkarıcı şeytan olarak görülmesiyle bilinen bir dönemdir. Cinsellik alanında "bekâret kemeri"yle temsil edilen inkârcı bir tutum geliştirilmiş, sansür uygulanmıştır. Hayvanat bahçelerindeki hayvanlara bile pantolon giydirilmiştir. İşin ilginç yanı, tüm bunlara rağmen tüm sapkınlıkların arttığı bir dönem olarak kayıtlara geçmiştir.

tamamen baskılamak hem imkânsız hem saçmadır. Viktorya döneminin saçmalıklarına karşı çıkıyorum diye insanın iradesine ve sorumluluklarına karşı çıkmanın da iler tutar bir yanı yoktur. İnsan davranışında iradenin hiç payı olmadığını, davranışların tümüyle bilinçdışı dediğimiz karanlık alandan ya da toplumsal dinamiklerden kaynaklandığını söylemek de yorumda çok aşırı gitmenin bir başka şeklidir.

Arzu ve irade, birbirinden koparılamaz. Nasıl bilinçli hâllerimiz bilinçdışıyla bağlantılıysa, arzu da iradeden bağımsız değildir; onlar birbirine karşıt değil aynı sürecin tamamlayıcı parçalarıdır. Arzu iradenin temelidir, arzu yoksa irade de yoktur. İnsan arzusu, yalnızca geçmişten gelen bir itme ya da yalnızca tatmin isteyen ilkel ihtiyaçların çağrısı değil fakat aynı zamanda iredemizle gelecekte olmasını umduklarımıza, bir şekil vermedir. İnsan, arzulayan bir varlıktır ama arzu akışını insana yakışır bir yola sokacak olan iradedir. Arzunun anlam çağrışımı inanca, hevese, yaşama şevkine yakındır.

Bugün insanın başına gelenlerin ve bu arada davranışsal bağımlılıkların ve kumar sorununun sorumlusu, sanılanın aksine arzular değil iradesi alınmış dünyada, arzuların rehbersiz kalmasıdır. Davranışsal bağımlılıklardan, kumar sorunundan mustarip kimseler de iradesinin şiddetli arzuya engel olamadığı iddialarından vazgeçmelidirler. Ağır, içinden çıkılması zor bir derde düştüklerini elbette kabul etmeliyiz ama çıkış için başlangıç yolu, henüz başaramıyorsa bile yapabildiği ölçüde, hayata dair sorumluluklarını üzerine almaya çalışmak olmalıdır. Zira insan yaşadığı sorunlarda kendi payını göremiyorsa, onun değişmek için hiçbir çaba harcamayacağı, değişme çabasını anlamsız bulacağı açıktır. Sorumluluğunun ve başına gelenlere kendi katkısının farkına vardıkça insan; değişim için bir inanç ve umut taşır, arzusunu iradesinin rehberliğinde olumlu yönde değişmeye doğru yöneltebilir.

ÖDEV AHLAKI

Sartre, hayata ve insana nihilistik-varoluşçu bakışından beklenmedik bir biçimde başka insanlara karşı sorumluca tutumlardan özel bir vurguyla bahsediyor: "Her insan bütün insanlardan sorumludur. İnsanların seçimleri onların bireysel çaplarını aşar, her bir seçim bütün insanlar adına yapılır. Öncelikle her bir fiilimiz kim olduğumuzu belirler: Korkak, cesur, vasat, yetenekli, işte ve aşkta başarılı ya da başarısız. [...] Eylemlerimizle sadece kim olacağımıza karar vermiyoruz, aynı zamanda İnsan'ın nasıl olması gerektiğine karar veriyoruz. Şu ya da bu eylemi seçmek demek bir değeri seçmek demektir. Herkesin yararına olmadığı müddetçe hiçbir şey kendi yararımıza değildir."

Ateizmin sorumluluk ahlakını savunmak için engel teşkil etmeyeceğini, hem gündelik hayattan hem düşünce dünyasından biliyoruz; Sartre'ınki de buna güzel bir örnek. Doğrudan doğruya Sartre ile başlamamızın nedeni şimdi ele alacağımız sorumluluk ve ödev ahlakı konusunun dini inancımız ne olursa olsun hepimizi ilgilendirdiğini daha baştan duyurabilmek için. Açmaya çalışayım.

"İyinin ve Kötünün Ötesinde" Değil İyinin Yanında

İlk anlam üretimimizin "iyi" ve "kötü"nün ne olduğunun belirlenmesi amacına yönelik olduğunu, benliğimizin kuruluşunda ahlaki bir topografya bulunduğunu düşünüyor, böyle inanıyorum. Neyin iyi, neyin kötü olduğu hakkındaki bilgilerimiz de nasıl bir ahlaka sahip olduğumuzu ve insan ilişkilerindeki tavrımızı, tarzımızı belirliyor. O yüzden kendi adıma tüm anlam dağarcığımı "iyi" olmak, "iyi"nin yanında olmak niyetiyle doldurmaya çalışıyorum. Bu yolda ilerlerken destek aldığım birçok bilge insan var. Tüm insanların benlikleri ahlaki bir topografyaya sahip olduğuna göre, ömrü süresince heybesini "iyi" davranışlarla doldurmaya çalışan yalnızca ben değilim. Şüphesiz hepimiz kendimize göre "iyi"nin yanında konumlandığımıza inanırız. Hiçbirimiz göz göre göre "Ben hayatımı kötülüğün kazanması için seferber ettim" demeyiz. En iyi hayatı kendimizin yaşadığına, aynı zamanda en ahlaklı hayatın bu olduğuna inanırız. Hayatımızın anlamı da işte bu inançlarımızda yuva yapmıştır; orada ikamet etmektedir.

Hayatın anlamı da, iyi hayat anlayışı da, sorumluluk ahlakını gerekçelendirme biçimi de insana göre değişiyor. Tamam, insanlara ve inançlarına saygı gösterelim ama bu insana göre değişim ya da insana görelik rahatsız edici gerçekten de. Bir tutamak noktası, hepimizi ikna etme gücü olan bir bakış olmalı. Herkes kendini en iyi ve en haklı görüyorsa "doğru" hakkında nasıl hüküm vereceğiz? "Doğru da insana göre değişir, ne olsa gider" demekle mi yetineceğiz? Öyle bir düşünür bulalım ki günümüzün, modern zamanların insanı olsun, bizim derdimizi anlasın. Neredeyse doğuştan itibaren insanın psikolojisinde bir ahlakın demirlemiş olduğu fikrine yabancı olmasın. "İyi" insan olma yolundaki önerileri aklımıza yatsın. "Herkesin iyisi, doğrusu kendine" tezindeki göreliliği, rölativizmi bertaraf edecek, bizi insaniyette buluşturacak görüşlere sahip bulunsun. Öyle bir düşünür bulalım ki, kuru kuru özgürlük şakşakçısı olmasın, özgürlüğümüzün iradi bir varlık oluşumuzla ilgili olduğunu bilsin. Özgürlüğümüzün insan olarak özel oluşumuzdan kaynaklandığına, özel olarak yaratıldığımıza, Yaratıcıya inansın.

Evrensel Ahlaki Buyruk

Aradığımız düşünür benim için Alman Aydınlanması'nın büyük filozofu Immanuel Kant'tır.[2] Sorumluluk ahlakı ve ödev bilinci açısından evrensel fikirlere sahip olmak bakımından Immanuel Kant, tam da aradığımız düşünürdür. Bu nedenle

---

[2] Şüphesiz birçokları gibi biz de Kant'ı öven bir cümle söylediğimizde mutlaka onunla ilgili bir ihtirazı (çekince) da belirtme gereği duyuyoruz. Her ne kadar hayatının son 10 yılında değiştirdiği söylense de Kant'ın açıkça ırkçılığı savunan berbat fikirleri olduğu doğrudur. Biz bu konuda daha fazla bilgi için Sibel Fügan Varol'un "Kant düşüncesinde ırkçılık" makalesini hem öneriyor hem de yazarın sonuç kısmındaki şu görüşlerine aynen katılıyoruz: "Filozoflar da diğer insanlar gibi kendi toplumlarının ürünüdür. Batı'nın "insan onurunun düşünürü" olarak kabul ettiği Kant'ın zihni de kendi toplumunun ve döneminin düşünce ve önyargılarıyla şekillenmiştir. *Pratik Aklın Eleştirisi*'nden mezar taşına aktarılmış olan 'üstümdeki yıldızlı gökyüzü ve içimdeki ahlak yasası' sözleriyle ayakları fizik dünyaya basan fakat ahlâkı önceleyen bir düşünür olduğunu ortaya koymaya çalışmışsa da Kant'ın ahlaki perspektifinin kendi döneminin farklı insan topluluklarına ilişkin ırkçı önyargılardan gerçek bir kopuş sağlamasına yetmediğini söylemek mümkündür. Üstelik Kant, farklı biyolojik özelliklere sahip insan toplulukları söz konusu olduğunda, kendi dönemi için bile ilkel sayılabilecek ırkçı önyargılara sahip olmuştur. Öyle ki, siyah kölelerin öldürülmeden fakat acıları artırılarak nasıl dövülmeleri gerektiğine ilişkin önerilerde bulunmuş, koyu ten rengini zihinsel kapasitedeki geriliğin göstergesi olarak kabul etmiş, beyaz ırk dışındaki ırkların varlığını anlamlı kılacak tek şeyin beyazlara hizmet etmek olduğunu, zaten beyazlar dışındaki bütün ırkların yeryüzünden silinip gideceğini söylemiştir. Bu söylemler yalnızca günümüzde değil, düşünürün yaşadığı yüzyılda bile bir düşünür için aşırı sayılabilecek niteliktedir. Kant'ın ırkla ilgili önyargılarının onaylanmaması, felsefe ve uluslararası ilişkiler disiplinlerine yaptığı katkıları ortadan kaldırmaz. Sömürgeciliğe karşı duruşu, 'kozmopolitan hak' kavramıyla insan haklarının evrenselliğine işaret etmesi ve kölelik karşıtı düşünceleri hem felsefe hem de uluslararası ilişkiler disiplinleri için oldukça önemlidir. Bu çalışmanın altını çizmeye çalıştığı şey de düşünüre duyulan saygının bütün görüşlerinin koşulsuz olarak kabul edilmesi anlamına gelmediği ve diğer konulardaki görüşlerinin düşünürün ırkçı önyargıları da dikkate alınarak değerlendirilmesinin gerektiğidir."

dağınık psikolojik bakışımıza bir çerçeve sunsun diye onu bir süreliğine felsefeden ödünç alıyorum.

Kant, modern zihin için felsefenin yeni bir şemasını oluştururken; aklın, bilimin, ahlakın, dinin, sanatın tanımlarını ve sınırlarını çizerken hayatın anlamını biz modernlere en yakın gelecek biçimde sorgulamayı da ihmal etmeyen oldukça iyi bir yol göstericidir. Kendisinden önceki ahlak felsefelerini yalnızca mutluluğu ve faydayı amaçlamaları, koşullara bağlı olmaları ve evrensel olamamaları nedeniyle eleştiren Kant, onların yerine hayat anlayışındaki "ödev ahlakı"nı önerir.

Her insanın, her topluluğun mutluluğa, faydaya ulaşmak için çabaladığı, canlıların kendi rahatlıklarını amaçladıkları doğrudur. Lakin Kant, hayatın amacının yalnızca bu nokta-i nazardan görülmesini; tecrübelere ve duyulara fazlaca güvenilmesi ve amacın dürtülerin doyurulmasıyla sınırlandırılması olarak görür. Mutluluk ve faydayı esas alan anlayış, akıllı bir varlık olan insan için eksiklik ve haksızlıktır. Mutluluk ve fayda için de akıl gerekir ama bu dürtüleri ve istekleri yöneten teknik, araçsal akıldır. Ama insanın bunun haricinde bir de iradeyi yöneten pratik, ahlaki aklı vardır.

İnsanın ahlaklı hareket etmesiyle mutlu olmayı istemesini birbirinden kesin olarak ayıramayız ama bir insanın mutluluğu elde edip etmemesinin onun ahlaki varlığıyla bir alakası yoktur. Kuşkusuz, insanın arzuladığı maddi hedeflere erişmesi içimizde köklü bir biçimde yerleşmiş, gerekli, "iyi" bir şeydir. Ama her insanı mutlu kılacak olan şeyler başka başka olduğundan buradaki "iyi", "ahlaki iyi" değildir. "Ahlaki iyi" arzuların, dürtülerin doyurulmasıyla değil iradenin tavrıyla ilgilidir; onun bir amaca ulaşması, işe yaraması demek değildir. İradenin bir tavrının "iyi" diye nitelenebilmesi, "ahlaki iyi" olabilmesi için onun bizim kişisel yararımızı ve isteklerimizin tatminini aşması gerekir. Mesela böyle bir tavır için "iyi niyet" şarttır; iyi niyet, uygulamada istediği sonuca ulaşamasa da iyilik derecesinden, niteliğinden bir şey kaybetmez; bir mücevher gibi kendi başına pırıl pırıldır.

Doğa yasaları gibi ahlakın da bir yasası vardır ama bu yasa, insan iradesini, doğa yasalarının doğadaki nedenselliği yönetmesi gibi yönetmez; "Yapmalısın!" diye buyurur. Ahlak yasası olan "Yapmalısın" buyruğu, insanın iradesini yönetir; doğa yasası ise olup biten bütün doğa olaylarını...

Ahlaki buyruğu anlamak için mesela "Tutumlu ol!" buyruğunu ele alalım. Bu buyruk, genellikle "Eğer paranı iyi kullanırsan hastalıkta ve yaşlılıkta işe yarar" anlamında kullanıldığı için çıkarla yani araçsal akılla ilgili olduğundan ahlaki bir buyruk değildir. Ama mesela "Yalan söylememelisin" buyruğunda bir gizli yarar yoktur. İşte ahlaki buyruklar, hiçbir "eğer" şartı içermeden yalnızca buyurdukları için "kategorik" niteliktedirler. Ahlaki buyruklar, duruma ve şarta bağlı değillerdir; tüm insanlardan, hangi durumda olurlarsa olsunlar, buyrulanı yapmalarını isterler.

Kant, doğal ihtiyaç ve isteklerden, dürtü ve eğilimlerden kaynaklanan eylemlerle, pratik aklın yani iradenin yönettiği ahlaki eylemleri kesinlikle birbirinden ayırır. Bunların her zaman birbirlerine karşıt olmaları gerekmez ama insan, iradi bir varlık olduğu için ödeve bağlı ahlaki eylemleri birinci plana almalıdır. Ödev de niyet gibidir; yalnızca ödev olarak yapılır, zaten gerçek iyi niyet de budur ancak ödev buyruğunun yönettiği bir irade iyi niyete dayanır. Bir başka deyişle ahlaklı eylemler, iyi niyetten doğan eylemlerdir.

Ahlaki eylemin iradeyle bu kopmaz bağının dışında evrensel olma özelliği de vardır. Nasıl Newton çekim yasasını "en yüksek doğa yasası" olarak görüyorsa, bütün ahlaki buyruklar da aslında tek bir yüksek buyrukta toplanabilir: "Öyle davran ki senin iradenin düsturu her zaman aynı zamanda genel bir yasanın ilkesi olarak geçebilsin." Ya da "Öyle davran ki bu davranışında insanlığı hem kendinde hem de diğer insanların her birinde her zaman bir amaç olarak göresin; asla bir araç olarak kullanmayasın." Kant, bu genel yasayla hayattaki tüm eylemlerin ahlaka uygun olup olmadıklarını kesin olarak gösteren bir ölçüt vermek istemektedir.[3] Evrensel ve en yüksek buyruk, daha kolay bir şekilde, "Öyle hareket et ki bu hareketinde, insanlığı (insan olmayı) hem kendinde hem de başka insanların her birinde, her zaman bir amaç olarak alasın ama asla araç hâline getirmeyesin" diye de ifade edilebilir.

Özgürlük ve Ahlak

İnsan olmak, kendi varlık yapısının temeline yani akla, iradeye dayanarak kendi kendini yöneten bir varlık olmaktır. Eğer insan, pratik aklı yani iradesi sayesinde ahlaki buyrukla bir bağlantı kurabiliyorsa, irade onu hem Yaratıcıya hem özgürlüğe bağlar. İrade kendi yasasını kendi koyduğu, kendi kendini yönettiği için özerktir, otonomdur. Oysa ihtiyaçları, istekleri karşılamaya dönük mutluluk yönelimleri; dışarıdan, doğanın yasaları tarafından yönetilir yani heteronomdur. İnsan, Yaratıcıyı temsil eden özgürlüğü, sonsuzluğu da duyularıyla bilemez, onlar doğa yasalarının üzerindedir. İnsan özgür olduğunu bilir ama bu bilgi ona duyularından

---

[3] Dikkatli okuyucu hemen fark edecektir, Kant'ın bu bakışı İslam'ın ahlak anlayışına çok yakındır. Ahlak düsturu, "Sana yapılmasını istemediğin bir şeyi başkasına yapma" hadisini akla getirdiği gibi insana verdiği değer de takdire şayandır. Ayrıntısı için bakınız: T. Ş. Nişancı *Bir Bütün Olarak İnsan Gerçeği Açısından 'Kant Ahlakı'nın Pratik Değeri.*
Yine aynı şekilde ve henüz akademide incelenmeden kalmış bir husus olarak Osmanlı dönemi düşünürlerinden Kınalızade Ali Efendi'nin 1564 yılında kaleme aldığı *Ahlak-ı Alai* adlı eserinin yıllar öncesinden Kant'ı öncelediğini belirtmek isteriz. Kınalızade ve *Ahlak-ı Alai*'deki İslami bakış konusunun ayrıntısı için bakınız: E. Göka, M. Beyazyüz. *Ahlaki Meydan Okumaya Türklerin İki Cevabı: Kınalızade ve Erol Güngör.*

gelmez, tıpkı ahlak yasası gibi içeriden, doğadaki nedenselliği aşan bambaşka bir yerden gelir. Eğer duyularımızı aşan, "yapmalısın" diye buyuran bir ahlak yasası olmasaydı, özgür olduğumuzu savunmaya hakkımız da olmazdı. Özgür olduğumuzu ahlak yasası dolayısıyla biliyoruz. Aynı şekilde insan özgür olmasaydı, ahlak yasasının da hiçbir anlamı olmazdı. Özgürlük ve ahlak, birbirini temellendirir. Özgürlük, bir gelişigüzellik demek değil yasaya uymaktır.

İrade sahibi her insan, insanlığın taşıyıcısı olarak son tahlilde kutsaldır. Bu nedenle diğer insanlara karşı isteklerimizi aşan, en ahlaki, en nitelikli hissiyatımız saygıdır. Her insan, davranışlarıyla değil ama insan olması hasebiyle saygıyı hak eder. İnsanlık onuru, bizatihi kutsaldır. Her insan, insanlığın taşıyıcısı olarak onuruna saygıyı hak eder. Nasıl saygı, halis bir ahlak duygusuysa insanların eylemlerini ahlaklı yapan şey de bu eylemlerin ödeve karşı saygıdan doğmasıdır. Bu nedenle her insan, içinde ödev duygusunu hisseder; içinde onu itaatsizliğe iten eğilimler uyandığında, ödevin tunçtan sesiyle ürperir. İçimizdeki dürtüler, istek ve ihtiyaçlarımız tatmin olmak ve insan da bu yolla mutlu olmak ister ama yine içimizdeki ahlaki buyruk, kendimiz için istediklerimizi başkaları için de istememizi, mutluluğu erdemden ayırmamamızı emreder.

Ahlak yasası, "en yüksek iyi"yi gerçekleştirmemiz için bizi sürekli kendisine uymaya çağırır ama doğadan gelen yanlarımız olduğu sürece ahlak yasasını tam olarak hayata geçirebilenimiz çok azdır. Ancak insan hakkındaki tüm bilgilerimiz, insana en yüksek mutluluğu sağlayacak olan gerçek hedefin sürekli ahlak dairesi içinde kalmaya çalışmak olduğunu söyler.

Batı düşüncesinden insanlığa armağan edilen bu büyük düşünürün neden "Üstümüzdeki yıldızlı gök ve içimizdeki ahlak yasası" diye vurgulayıp durduğunu, niye ısrarla kanaatkârlık ve makuliyet sınırları içinde hareket etmemizi önerdiğini anlamalıyız. Bunu başardığımızda Kant'ın "Mutlu olmak için seni değerli kılacak şeyler yap", "Arzularını tatmin etmeyi bilen kişi zekidir, ona hükmetmeyi bilen kişi ise bilgedir", "İnsan, daha iyi bir insan olmadığı müddetçe mutlu olmayı umamaz", "İnsan iyi olmalı ve gerisini beklemeli" sözlerindeki sır perdesini kaldırmış oluruz. Dahası Mevlana'nın "İyilikler de, kinler de gizli bir yoldan, gönüllerden gönüllere gider" diye söylediğini idrak edebilenler kervanına katılırız.

BUGÜN MANEVİYATI NASIL ANLAMALIYIZ?

Türk Dil Kurumu (TDK) sözlüğünde, "maddi olmayan, manevi şeyler" veya "yürek gücü, moral" anlamlarına gelen "maneviyat", etimolojik olarak Arapça "manevi" sözünün çoğul hâli. "Manevi" ise, "anlama ilişkin; özellikle gizli ve derin anlama ilişkin fillerinin nispet hâli" tanımlarına sahip... Kubbealtı Lügatinde kavram biraz daha açıklanıyor: "Madde ve cisimle alâkası bulunmayan, ruh ve mana ile ilgili olan hususlar, manevi şeyler. Karşıtı: Maddiyat" deniyor. İkinci anlam olarak da "Çeşitli güçlükler, tehlikeler karşısında inanç ve ahlâkî değerlere bağlılıktan doğan dayanma gücü, ruh kuvveti, moral" diye tarif ediliyor.

Maneviyatın tanım olarak ilk bakışta "kültür"e yakın bir anlamı var ama yakından bakıldığında anlam yakınlığı değil de olsa olsa bir anlam benzerliğinin söz konusu olduğunu görüyoruz. "Maneviyat" ve "kültür" kavramlarıyla, sadece "insana has" olanı, insanı diğer varlıklardan ayıran hususları tanımlamaya çalışırken karşılaşıyoruz. İlk bakışta çok benzer görünseler de aslında hayli farklı muhtevalara sahipler.

"Maneviyat" kavramının çok boyutlu bir anlam katmanına sahip olması ve değişik disiplinler tarafından farklı yönlerinin öne çıkarılması nedeniyle bugün için herkes tarafından kabul edilen bir tanımı bulunmuyor. Kavramın dilimizdeki serüveni, önceden farklı olmasına rağmen son yıllarda batı dillerindeki "spirituality" veya "spiritualite" karşılığı olarak da kullanılmaya başlanması tabloyu daha da karışık bir hâle getirmiş durumda...

Dilimize "ruhsallık" veya "tinsellik" diye de çevirileri olan "spiritualite" ve kökeni olan "spirit" kelimelerinin uzun bir tarihsel geçmişi var. "Spirit" kelimesinin İslam düşünce tarihinde "ruh" ve "nefs" olarak kullanımlarının ayrıntısını daha önceki çalışmalarımızda[4] ele aldık. *Oxford Collocation Dictionary*'e göre bu söz, sıfat olarak (spiritual) kişinin derin düşünce, duygu ve hislerini ilgilendiren ve din ve Kilise ile bağlantılı anlamlar barındırıyor. İsim olan "spiritualizm" ölülerin ruhlarından mesaj alınabileceği inancı; "spiritualist" ise ruhlardan mesaj alan kişi manasına geliyor.

Maneviyat Artık Dini Olan Demek Değil!

"Maneviyat" ve "din" arasında yakın bir bağlantının sadece içinde yaşadığımız İslam kültürü için değil geleneksel dünyadaki tüm dini kültürler için geçerli olduğunu söyleyebiliriz. Şüphesiz "maneviyat" tam tamına "din" ile aynı anlama gelmiyordu ama birbirlerinden ayırt edilmesinde güçlük çekilecek kadar da yakınlardı. Bu saptamayı şunun için yapma gereği duyduk: Batı dillerinde de son zamanlara kadar genel kullanımda "din" ve "maneviyat" arasındaki bu anlam yakınlığı ve geçişliliği söz konusuydu ama yakın zamanlarda yepyeni bir gelişme ortaya çıktı. Batı toplumlarında yaşayan insanlar arasında Doğu dinlerine ve yeniçağ inançlarına ilginin artmasıyla birlikte çok ilginç bir durum yaşandı. "Spiritualite" kelimesi, geleneksel dinin, Hıristiyanlığın, karşısında bir anlam öbeğinde yer almaya başladı. Hatta bazı araştırmacılar "spiritualite'ye olan ilgi artışının geleneksel dinden uzaklaşmanın sonucu olduğunu ileri sürdüler.

Araştırmacılar, günümüzde "maneviyat"a ilişkin modern yaklaşımları üçe ayırarak inceliyorlar: 1. Teolojilerdeki dü-

---

[4] Bakınız: *Psikiyatri ve Düşünce Dünyası Arasında Geçişler.*

şünce ve pratiğin nedeni olarak gösterilen, geniş ya da dar olarak tasavvur edilen Tanrı merkezli maneviyat... 2. Bir kimsenin ekoloji ya da doğa ile ilişkisini vurgulayan dünya merkezli bir maneviyat... 3. İnsan(ın) başarısını veya potansiyelini vurgulayan hümanist veya insan merkezli maneviyat... Bu ayrımın daha çok günümüz dünyasındaki inanç gruplaşmalarından kaynaklanan bir sınıflamaya dayandığını görmekle birlikte, ben de kabaca bu ayrımı doğru kabul ediyorum. Ancak bu sınıflandırmanın çerçevesinin "Maneviyat, bireyin kendisinin ve varoluşunun ötesindeki güçtür" şeklindeki bir tanımla belirlenmesi gerektiğini düşünüyorum. Bu tanımdan hareket etmemiz hâlinde hem maneviyatın dini inançla bağlantısına işaret edebilmiş hem de maneviyatı dini inanç ve dindarlık ile sınırlayamayacağımızı, dini inancı zayıf olan veya hiç olmadığını söyleyen hatta Tanrı'ya inanmayan bir ateist olduğunu vurgulayan bir kimsenin psikolojisinde manevi bir alandan bahsedebilme imkânı bulmuş olacağız.

Zinnbauer ve arkadaşları, maneviyat ve dindarlık arasındaki ilişkiyi incelemek için katılımcılardan şu dört seçenekten kendilerini en iyi tanımlayan ifadeyi seçmelerini istemişler.

i) Dindarım ama manevi yönden güçlü değilim.
ii) Manevi yönden güçlüyüm ama dindar değilim.
iii) Hem dindarım hem manevi yönden güçlüyüm.
iv) Dindar değilim, manevi yönden güçlü de değilim...

Geliştirildiği 1997 yılından itibaren birçok araştırmada da kullanılan bu derecelendirme şekli, bu ifadelerin hayli tanımlayıcı ve işlevsel olduğunu göstermektedir. Bizce de bu ifadelerin her birinin kendine uyduğunu belirten insanlar olması, "maneviyat" ve "din" kavramlarının hiç değilse günümüzde aynı anlamlara gelmediğinin ispatı niteliğinde. Üstelik bu durum sadece Batı ülkeleri için değil artık tüm ülkeler ve kültürler için geçerli gibi görünüyor. Ve artık din mi maneviyat mı daha kapsayıcıdır gibi bir tartışmanın da anlamı bulunmuyor. Böyle bir tartışmada savunulan görüşler, daha ziyade insanların bu kavramların içeriklerine yükledikleri anlamlar tarafından belirleniyor ve bu durumun kendisi günümüzde din ve maneviyatın artık bir ve aynı anlama gelmediği gerçeğinin yanında tali nitelikte kalıyor. Kaldı ki merhamet, hoşgörü, affedicilik gibi erdemlerin sadece din ve dindarlıkla ilgili olduğunu söylemek, günümüz insan gerçekliğiyle örtüşmüyor. İnsanların geneli maneviyatın sonra kazanılan bir olgu olmayıp her insanın manevi bir potansiyel taşıdığı, hayatına bir anlam bulma ve iç huzuru arayışı içinde olduğu fikrine daha yatkın. Ahlak ve erdemlerin din ve dindarlıkla hiçbir ilişkisi olmadığı fikrini işleyen başta evrimsel psikoloji kaynaklı olmak üzere çok sayıda akademik yayın yapılıyor. Bizim de bu kitapta çokça söz ettiğimiz *Büyük Erdemler Risalesi* adlı dünya çapında çok okunan bir yapıt, dini inançtan hiç bahsetmeden erdemleri tartışabilme başarısı göstermiş durumda.

Sonuç olarak üzerinde bir anlaşma sağlanamasa da din ve maneviyatın geleneksel zamanlarda çok yakın anlamları olduğu ama modern zamanlarla birlikte başlayan ve 21. yüzyılda inanılmaz şekilde ivmelenen bir sürecin sonunda bugün, maneviyatın dini anlamları aşan, dinden bağımsız olarak değerlendirilmesi gereken bir içerik kazandığı söylenebilir.

Bana göre tüm bu gelişmeler nedeniyle "maneviyat" kelimesine yüklediğimiz anlam da değişmek zorunda; kavramın mahiyeti hem geleneksel dini inançları hem de Batı'da yeni zuhur eden "new age" denilen akımları hatta dini inancı olmayanların iç dünyalarındaki tasavvurları, yani tüm kültürleri kapsamak durumunda. Ben, "maneviyat" derken, daha ziyade "spiritualite" kelimesinin Latincedeki yaygın manası olan "yaşamı hissetmek, yaşam boyu kazanılan bilgilerin sonucu olarak, insanın kendisini ve diğer kişilerle olan ilişkisini, hayatın anlamını ve evrendeki yerini anlaması" şeklindeki tanımı kast etmenin uygun olduğu kanaatindeyim. Dini olanları da Kutsal'ın her türlü öznel yaşantısını kapsayacak biçimde insan tecrübesindeki her türlü aşkın boyut ve anlam arayışı; kişinin inancını gündelik hayatta yaşama şekli, insanın varoluşunun nihai koşullarıyla ilişki kurma ve anlamlandırma, dolayısıyla hayatına anlam verme biçimi "maneviyat" olarak tanımlanabilir.

Her İnsanın Maneviyatı Var

Bence artık maneviyatın her insanda hayatın gidişatını belirleyen yüksek bir anlam katmanı olarak görülmesi ve özellikle din adına konuşan kimselerin buna dikkat etmeleri şart.

Elbette hayat devam ediyor, geleneksel dünya ve değerleri çok radikal değişiklikler geçirse de hayatın temel aparatları ve insan, büyük ölçüde aynı kalmayı sürdürüyor. Elbette bu değişiklikler, doğrudan doğruya geleneksel inançların da değişmesi ya da onlardan taviz verilmesi manasına gelmiyor. Ama kendi adıma, yaşanılan dünyada dini inanç ve bu inanç ile bakış açılarını şekillendiren kimselerin izlenecekleri yol haritasında tüm bu gerçekleri göz önünde bulundurmaları gerektiğini söyleyebilirim.

Maneviyatın geleneksel dünyada dinle hemen hemen özdeş olan yapısının çok değiştiği hesaba katılmalı; her insanın yaşamına yön veren, hayatına anlam katan bir manevi alanı olduğu ve bu alanın bilim-felsefe- geleneksel dinler ve doğu inançlarıyla durmaksızın harmanlandığı bilinci ve esnekliğiyle hareket edilmelidir. Twitter (X) sayfamda sabit tweet olarak yerleştirdiğim ifade de belirttiğim gibi: "Modernlik bilginin (epistemoloji) peşinden giderken âlemin, hayatın ve insanın temel yapısını (ontoloji) unuttu. Birçok bilgi biriktirdi, onları teknolojiye döktü, hayatı öylesine karmaşıklaştırdı ki bilgeliği imkânsız hâle getirdi."

Böyle bir hercümerçte sahici ve sahih olanın bulup çıkarılması, sanılanın aksine çok ama çok daha zordur. Dikkatle ve özenle yol alınması kaçınılmazdır. Diğer insanların da beğenelim beğenmeyelim, uygun bulalım bulmayalım bir maneviyatları, inanç dünyaları olduğu bilinmeli ve ona göre hareket edilmelidir.

Bunlardan ayrı olarak kendi adıma bilimsel olmadığı gerekçesiyle değerden düşürülmüş olan "kalp", "kalple akletmek" gibi geleneksel dünyanın ana kavramlarını yeniden canlandırmak gerektiği kanaatindeyim. Yine sadece akademik bir alana, etik'e indirgenmeye çalışılan, toplumların oluşumunda ve işleyişindeki önemi reddedilen, geleneksel insan ilişkilerinin temelini oluşturan ahlak ve erdemlerin; iyiliğin, merhametin ve umudun tarihsel değil evrensel-ontolojik hakikatler olduğunu düstur edinmemizin şart olduğunu düşünüyorum. Aksi takdirde konuşup anlaşmamızın imkânsız olduğu, herkesin kendi maneviyatını bir başkasına zorla benimsetmeye kalktığı bir cangıl bizi bekliyor.

V. BÖLÜM

GÜNÜMÜZ VE BAZI DÜŞÜNÜRLERİ

GÜNÜMÜZÜ AYDINLATAN BİR FENER: JEAN BOUDRILLARD

Teknoloji ve dijitalleşen medya; tanımlarımız başta olmak üzere zihinlerimizi, gerçekliği algılamamızı, hayat tarzımızı ve ritimlerimizi belirliyor. Bunu biliyoruz ama dilimizin sınırları nedeniyle açıklamakta zorlanıyoruz. Yeni dünyayı anlamak için başvurmamız gereken düşünürlerden birisi de Jean Baudrillard (1929-2007). Baudrillard, özellikle Oğuz Adanır Hoca'nın dilimize kazandırdığı çeviri ve söyleşileriyle ülkemizde de tanınıyor ama kabul etmek gerekir ki pek özgün kavramsallaştırmaları, yöntem ve üslubuyla anlaşılması hayli zor. Ünlü Fransız düşünürün söyledikleri bize aşikâr hâle geldikçe, "teknomedyatik dünya"nın resmi gözümüzün önüne daha net olarak serilecek diye düşünüyorum.

Gençliğinde Marksist olan ve üretimin aynasından dünyaya bakmaya çalışan düşünür, daha sonra bu bakışın Batı toplumunun günümüzdeki işleyişini anlamada pek bir işe yaramadığını görüyor ve şöyle düşünüyor. 1929 büyük ekonomik bunalımı ve özellikle 2. Dünya Savaşı sonrasında işçi sınıfının emeğinin sömürülmesi ve ürettiği mala yabancılaşması esasına dayalı analizler, işçilerin de kapitalizmin sadık bir tüketicisine dönüşmesiyle birlikte anlamını yitirmiştir. Kapitalizm, mutasyona uğrayarak artık yepyeni bir evreye girmiştir. "Üretime dayalı kapitalist bir toplumdan, bu kez her şeyi (yaşamın tüm alanlarını) denetlemek isteyen, sibernetik özellikler gösteren neo-kapitalist bir düzene geçilmiştir..." Baudrillard, bu yeni düzene "simülasyon" adını verir.

Bununla kast edilen sadece kapitalizmin tüm hayatımıza hâkim olması, dijital medya sayesinde insanın 7/24 tüm rutinlerinin tüketimle bütünleştirilmesi değildir; "simülasyon düzeni"nin çok daha derin bir anlamı vardır.

Simülasyon teorisiyle Baudrillard, Marksizm'le ve postmodern düşünce akımlarıyla uzaktan yakından ilgisi olmayan bambaşka bir durumu anlatmaya çalışıyor. "Simülasyon" kelimesini tıpta hekimler de kullanıyor. "Hastalık numarası" yapan sahtekârlara bu adı veriyorlar. Buraya birazdan tekrar geleceğim. "Simulasyon"u, Türkçeye; benzetme, taklit, muvazaa gibi şekillerde tercüme edebiliriz ama bunların asla hakiki manayı tam olarak karşılamadığını bilelim. Zaten düşünürümüz de bu kavramı orijinalinden farklı bir anlama dönüştürdüğünden, düz tercüme etmektense tarif etmeye çalışmak daha uygun. Çalışalım...

Simülasyon Düzeni Olarak İleri Kapitalizm

Baudrillard da başka birçok düşünür gibi Rönesans'tan sonra nasıl olup da Batı toplumunun böylesine büyük bir dönüşüm geçirdiğini anlamanın derdinde. Bu nokta çok önemli. Çünkü onun odaklandığı dünyadaki toplumsal değişim değil sadece Batı toplumunun dönüşümüdür. Dünyanın geri kalanıyla Batı arasında bir ayrım yapar ve Batı'nın gittiği modern uygarlık yolunu, hiç ama hiç sevmez Baudrillard. Diğer toplumların bu yolu izlemesinin sakıncalı olduğunu görür ve onları uyarmaya çalışır. Öncelikle bir kavram icat eder, daha doğrusu uydurur: Simülakr. "Gerçeklik olarak algılanmak isteyen" görünümdür simülakr. Baudrillard'ın simulakr kavramını anlayabilmek için, öncelikle kültürü, "insanın tabiata ilave ettikleri" olarak tanımlamayı, ardından da insan tekinin zihni ile insanın hiçbir ilave yapmadığı hâliyle tabiat arasındaki etkileşimi hayal etmeyi öneriyorum. Zira simülakr'lar, kültür inşası sırasında insanın zihniyle tabiata ve gerçeklik düzenine nasıl ilave yaptığıyla, daha doğrusu gerçekliği nasıl yeniden üretmeye çalıştığıyla bağlantılı...

Ona göre, Rönesans'tan bu yana üç çeşit simülakr düzeni var olmuştur. Buradaki sıralamada adı geçen örneklere dikkat kesilirsek, simülakr'ın ne olduğunu anlamamız kolaylaşacaktır. Başlayalım. Birincisi sanayi devrimine kadar olan dönemdeki kopyalama; ikincisi sanayileşmeyle birlikte ortaya çıkan seri üretim dönemi ve tüketimin belirleyici hâle gelmesiyle yapay ve sanal olanın teknolojinin imkânlarıyla gerçek olarak sunulduğu son evre ise üçüncü yani "simülasyon düzeni"dir... "Ayna", ilk; "fotoğraf makinesi", ikinci; "sinema, televizyon ve dijital medya" aracılığıyla üretilen görünümler ise simülasyon düzeni denilen son evredeki simülakr'lara örnek olarak verilebilir.

Simülasyon, tam olarak taklit demek olmasa da taklitle ilgilidir; bir kökenin ya da gerçeklikten yoksun gerçeğin modeller aracılığı ile türetilmesine denir. Günümüzde gerçek; artık minyatürleşmiş hücreler, matrisler, bellekler ve komut modelleri tarafından üretiliyor yani tamamen taklide dayalı. Bu sayede gerçeğin sonsuz sayıda yeniden üretimi mümkün oluyor ve simülakr'lar her yeri kaplıyor. "Sanal" dediğimiz dünya, baştan aşağı simülakr'larla kaplı ve orada hayat tamamen taklit ediliyor adeta klonlanıyor

"Simülasyon düzeni" denilen günümüzde gerçeklik, tabii bir oluş değil de ondan modeller aracılığıyla türetildiğinden ve üzerinde istendiği gibi oynamalar yapıldığından artık bambaşka bir şeydir. Onun bu özelliklerini tanımlayabilmek, aşırılığını vurgulayabilmek için Baudrillard, "hiper-gerçeklik" -dilimize "artırılmış gerçeklik" diye tercüme edenler de var- der ve "simülasyon düzeni"nde önceki zamanlardan farklı olarak gerçeğin yerini artık tamamen simülakr'ların aldığını belirtir.

Teknoloji ve medya, daha doğrusu ikisinden müteşekkil "teknomedyatik dünya"; insanın, tabiatın, hayatın hakiki yapısından, yani ontolojisinden apayrı görünümler üreterek bizi içine çeker. Böylece Batı, tekno-kültüre teslim olur, tamamen simüle edilmiş bir tüketim toplumu olur çıkar. Sanıldığı gibi ilerlemez, yerinde sayar, patinaj yapar. Artık önemli olan ihtiyaçlar değil, teknolojinin ve onu elinde bulunduranların insanlara sahip olmaları gerektiğine inandırdıkları nesnelerdir. Nesnelerin hayatımızdaki anlamı değişmiş, fiziksel işlevden çok psikolojik işlev öne çıkmış, ihtiyacın yerini gösteriş ve itibar almıştır. Medya, reklam, moda, yeni kapitalizmin işleyişinin doğal sonuçlarıdır. Reklamlarda sunulan ürünler birer fetiş hâlini alacak, insana aynı zamanda bir yaşam modeli de dayatacaklardır.

Tükettikçe mutlu, mesut ve ayrıcalıklı olacağına inanacaktır "simülasyon düzeni"nin ağına düşen insan. Sadece maddi ihtiyaçlarımız değil giderek zihinsel, kültürel ve manevi dünyamız da kapitalist maddi üretimin bir parçası hâline gelecektir. Kitle iletişim araçları, sanat, hatta dinî yaşantı kaçınılmaz biçimde bu sürecin birer parçası olacaklardır.

Sanal, Sahte Demek Değil!

"Simülasyon düzeni"nde gerçek, tabiat, orada öylece durur aslında ama yaşam ortamı, teknolojinin önüne koyduğu tüketim nesneleri ile kitle iletişim araçları ve dijitalleşen medya ürünleri olan simülakr'lar tarafından çevrelendiği için insan, artık gerçeği olanca hakikatiyle görme şansına sahip değildir. Gerçeği sadece sanal hâliyle algılamaktadır. Sanallığın kendisini gerçek sanmaktadır. Ki haklıdır da zira sanal; sahte, taklit demek değildir gerçeğin, gerçek olmayan kopya bir formudur.

Şimdi tekrar tıpta hekimlerin "simülasyon" dediği, hastalığın taklit edildiği duruma dönelim... Baudrillard'ın simülasyon teorisini biz psikiyatri hekimleri nispeten daha iyi anlayabiliriz. Psikiyatride, hastalığı komik şekilde taklit etmeye çalışan, düpedüz hasta taklidi (temaruz) yapan sahtekârlardan farklı olarak bir de "kurmaca (factitious) bozukluk" dediğimiz tablolar vardır. Bu ikisi arasındaki farkı ayırt etmek psikiyatri hekiminden beklenen bir görevdir. Zira temaruz, suç; kurmaca bozukluk ise psikolojik bir sorundan kaynaklanan hastalık hâlidir. Kurmaca bozukluk hastalığında sorun, hastanın o hastalık rolüne olan ihtiyacıdır. Bu nedenle o hastalığın kendisinde bulunduğunu ispat için ne gerekiyorsa yapar. Önemli olan onun bir biçimde, hasta rolünün gereğini aynen yerine getirmesi, bunu yaşamasıdır. Kurmaca bozukluk hastası, rolüyle tıpatıp özdeşleşen oyuncu gibidir.

Hekim, hasta numarası yapan sahtekârı kolayca anlayabildiği hâlde, kurmaca bozukluk tanısı koyabilmek için çoğu zaman hastayı kliniğe yatırarak gözlem altında tutmak zorunda kalır. Baudrillard'ın simülasyonla anlatmaya çalıştığı tablo sahtekârın değil, hastalığı sahiden varmış gibi yaşayan kurmaca bozukluk hastasının dünyasına benzer. "Kurmaca bozukluk" tablosu, bize hastalık numarası yapmakla, hasta rolüne girmenin yani sahtekârlık ile rol yapmanın aynı olmadığını öğretir.

Bizim simülasyon evreninde yaşadığımız sanallığı gerçek sanmamız, tıpkı kurmaca bozukluk hastasının kendisini hasta rolüne kaptırmasında olduğu gibidir. Reklamların, markaların, sosyal ağların dünyasında tükettikçe daha mutlu olacağımızı sanarak yaşayıp gitmemiz bu nedenledir. Sadece teknolojinin, tüketimin ve sosyal medyanın ağında yaşadıklarımızı gerçek sanmak değildir bahtsızlığımız, kitle iletişim araçlarıyla yaptığımız haberleşmeyi "iletişim", bu aygıtlardan algı dünyamıza giren her veriyi de "bilgi" sanmamızdır.

Yabancılaşma ve Cinsel Kimlik

"Yabancılaşma, şeytanla anlaşmadır" der, Jean Baudrillard. Tanım olmayan bir tanımdır bu, anlaşmayı yapanlar ne psikotikler (gerçeği değerlendiremeyecek kadar ağır ruhsal rahatsızlığı olanlar) ne normallerdir, tüm insanlardır; şeytanın kim olduğu ise muğlak, kaygan... Baudrillard okurken bu tür ifadelerle düşünce kovanımıza bir çomak sokulur; sadece öğrenmek, sınıflamak ve yargılamak için değil düşünmeye ve yaşanılanı anlamaya çalışmak için olduğunu fark ederiz aklımızın...

Baudrillard'a göre yabancılaşma, ticarete dayalı (kapitalist) toplum yapısının ta kendisidir... Tüketim, kültürel sistemimizin üstüne temellendiği sistematik bir etkinlik biçimidir; eşyalarla ilişkimizin ötesinde toplum ve dünya ile ilişkimizde de etkindir... Eşyanın birincil konumu, eşyanın kullanım değerleriyle değil sembolik değişim değerleriyle ilgilidir... Emeğimiz, işimiz ve eylemlerimiz, bu nedenle ifa edildikleri andan itibaren nesneleşir, bizim dışımıza çıkar; denetimimizden kurtulur ve bir bakıma şeytanın eline düşer.

"Tüketimin öznesi göstergeler düzeni" olduğundan ve her yapıp etmemizin bir meta mantığı genellemesi içinde tüketilebilir bir göstergeye dönüşmesinden ötürü de şeytanla anlaşmak zorundayızdır. Çünkü kendi varoluşumuzu, kendimizin dışına attığımız, bizden türeme bu göstergelerin konumuna göre yani toplumsal aynadaki imgelerimize bakarak anlamlandırabiliriz. Bu nedenle tüketim toplumunda cinsellikten fantazmalarımıza kadar tüm insan etkinliklerinde ve insan ilişkilerinde yabancılaşmadan kurtulma imkânı yoktur. Tüketime karşı bir söylem geliştirdiğinizde ise (çevrecilik, ilerleme karşıtlığı vs. gibi yollarla) bırakın yabancılaşmadan kurtulmayı tam tersine ruhumuzu şeytana satmanın suçluluk duygusuyla hareket ediyoruzdur. Baudrillard'ın ünlü Matrix filminin girişinde onun "Simülakr ve Simülasyon" kitabının gösterilmesini, anlaşılmamışlık hissiyle gülümseyerek karşılaması bundandır.

"Tüketim toplumu mitos üretmiyor, zira kendi kendisinin mitosu durumunda. Altın ve zenginlik getiren şeytanın yerini bolluk almıştır. Şeytanla anlaşma, refahla anlaşmaya dönüşmüştür. Nasıl ki şeytanın en şeytani yanı var olmadan varlığına inandırmaksa, bolluk için de aynı şey söz konusu. Tüketim bir mitos, çağdaş toplumun kendi üstüne ürettiği bir söz, toplumun kendini konuşma biçimi. Her mitos gibi kendi öz-söylemine ve karşı-söylemine sahip. Bolluk veya refahı yücelten söylem, tüketim toplumunun kötülüklerini anlatan ve moral hocalığı yapan bir karşı-söylemle birlikte gelişiyor... Tüketim toplumu, tüketim ve tüketimin kınanması üstünde dengede duruyor."

Baudrillard'ın en farklı ve onu yaratıcı kılan yanı, asla eleştirellikten taviz vermemesi, düşüncelerini son noktaya kadar götürme kararlılığı ve yaşananların tanığı olarak uzanabildiği her yandan deklanşöre basmasıdır. Dolayısıyla onun saptadığı görünümlerin bir araya gelmesinden oluşan manzara, çarpıcı ve edebi bir nitelik taşır; bilimsel söylemin kuru griliği bu manzaraya fon bile olamaz; manzaranın içinde tek tek bireyler de vardır, tüm bir toplum da. 'Meta mübadelesi' gibi insan ilişkilerinde belirleyici bir rolü olduğu sanılan ekonomik bir hücre aramaya kalkmaz Baudrillard. Teorik bir model içine 'toplumsal olguları' yerleştirme gibi büyücülük işlevleri yüklenmez kendine. Şiire yakın bir ifadeyle konuşur. Şiirin imgelerle hakikat'in peşine düşmesi gibi düşer şeytanın peşine, yakaladığında da çekiverir kuyruğunu. Teoriyle dünyanın değişmeyeceğini bildiği gibi teoriyle dünyanın tam olarak tanımlanamayacağını da bilir.

Cinsel kimlik konusuna geçerek Baudrillard'tan söz etmeyi ve bu yazıyı yazmakla muradımıza ulaşma çabamızı sürdürelim...

Önce "anormal"i icat edip ardından bir yolunu bulup geçerli bir tanım geliştirmek, onun ardından tanımın objektifliğini sözüm ona sınamaktır günümüzde psikolojik bilimlerin yöntemi... Bu nedenle İkinci Dünya Savaşı›ndan önce "anormal" toplumun kabullerine göre belirlenip "cinsel sapkınlık"lardan (parafili) bahsedilirken daha sonra cinsel kimliğe tamamen kişinin hissiyatı, yaşantısı esas alınarak bakılır örneğin. Liberal paradigmanın ve postmodern çeşitliliğin etkisiyle cinsel kimlik, özel bir cinsel rol yaşantısı; cinsel rol ise cinsel kimliğin genel ifadesi olarak görülür. Cinsel rol, birinin ne dereceye kadar erkek veya kadın olduğunu kendi kendisine veya başkalarına göstermek için söylediği ve yaptığı her şeydir. Cinsel kimlik, kişinin hangi cinse ait olduğunu bilme duyusudur; "Ben bir erkeğim" veya "Ben bir kadınım" hissinin yanı sıra ne kadar ve nerede, hangi cinsin özelliklerini göstermek istediği kişinin tercihine bırakılır. Hâl böyle olunca cinsel kimlikle ilgili rahatsızlıkların tanımları da toplumdaki anlayış değiştikçe zaman içinde değişmeye başlar. Önceleri cinsel kimlikle ilgili rahatsızlıklardan daha net biçimde söz edilirken giderek kişinin taşıdığı cinsiyetten rahatsız ve huzursuz olma hâli esas alınır. Ve bunu, cinsel kimlik alanında aslında gerçek bir rahatsızlık olmadığı, cinsel kimliğin kişinin tercine kalmış bir çeşitlilik olduğu, sorunun kişiyi etiketleyen toplumda olduğu anlayışı takip eder. Bu anlayışın sonucunda cinsel kimlikle ilgili rahatsızlık skalası sıfır noktasına kadar daraldıkça daralır, homoseksüellik gibi transseksüellik de rahatsızlık olarak görülmemeye başlanır.

Hemen görüleceği gibi bu yaklaşımda egemen kültürel bakışın etkisi belirleyici konumdadır. Ve ne yazık ki psikolojik bilimler, görünüşte olanca objektif olma çabalarına rağmen egemen kültürel bakışın peşine takılmıştır; sözüm ona "bilimsellik" etiketiyle onu hem haklı çıkarmakta hem de gizlemektedir.

Baudrillard ise asla gerçekliği egemen kültüre göre belirlemekten yana değildir. Ona göre toplumsal ve bireysel olan arasındaki güçlü bağlantıyı iyice araştırmadan verilen kararlar, hakikati yansıtmaktan çok uzaktır. Baudrillard'tan uzun bir alıntı yapmama izin verin.[5] Daha 1986'da Amerika izlenimlerine şunları yazar düşünür:

"Cinsellik alanında yeni bir gelişme. Orji bitti; özgürlük bitti. Aranılan artık seks değil, insanlar artık cinsiyetlerinin peşindeler; hem 'görüntü' (look) hem de onun genetik yapısı anlamında. İnsanlar arzularıyla onların tatmini arasında gidip gelmiyorlar artık. Bu salınım şimdi onların genetik yapılarıyla (keşfedilecek) cinsel kimlikleri arasında. Bu yeni bir erotik kültür. Yasaklama üstüne temellenmiş erotik bir kültürden sonra (seks için nelere ihtiyaç duyuyorsunuz? Kapı kilitli, ışıklar sönük ve annem başka bir eyalette olmalı) bu yeni kültür, kişinin kendi tanımlamasını sorgulamasına dayanır: Benim bir cinsiyetim var mı? Varsa hangisi? Dahası cinsiyet gerekli mi? Cinsiyet farklılığı nelerden meydana gelir? Özgürlük herkesi belirsiz bir durumda bırakır (Bu her zaman böyledir; bir kez özgür oldun mu kim olduğunu sormaya zorlanırsın). Bir zafer sarhoşluğu evresinden sonra kadın cinsiyetinin kendini göstermesi, erkek cinsiyetinde olduğu kadar kırılgan bir hâle geldi. Hiç kimse bu işin neresinde olduğunu bilmiyor. İşte bu yüzden ne kadar çok aşk yapılıyor ya da bu kadar çok çocuk yapılıyor: Bu da hiç olmazsa iki kişi olmak zorunluluğunun kanıtı; demek ki hâlâ bir ayrım var. Ama uzun süre için değil. Vajinal kaslarını kullanarak erkek duhulünün etkisini aynen sağlamayı becerebilen 'kaslı

---

5 Jean Baudrillard. America. Verso, 1996.

kadın' kendi kendine yetebilmenin ve farklılığı hiçe saymanın iyi bir örneğidir; o kadın kendi etiketini bulmuştur.

Cinsiyet özelliklerinin tebarüz etmesindeki inişe bağlı olarak farklılığın ortadan kalkması daha genel bir problemdir. Görünür erkeklik işaretleri, sıfıra doğru yol alıyorlar; kadınlık işaretleri de öyle. İşte böyle bir konjonktürde yeni idollerin ortaya çıktıklarını görüyoruz; tanımlanamayanın meydan okuyuşunu kabul eden, karışık cinsel kimlik ve cinsel tutum gösteren yeni idollerin ortaya çıktıklarını... 'cinsel kimlik şaşkalozları'. Ne erkek, ne kadın ama kesinlikle homoseksüel de değil. Boy George, Michael Jackson, David Bowie...

Önceki neslin idolleri abartılı seks ve zevk figürleri iken bu yeni idoller, onlardaki tanım eksikliğini ve farklılık numarası sorununu herkesin gündemine getiriyorlar. İstisnai figürler olan bu idollerin çoğu, bir kimlik arayışı için bir 'cinsiyet modeli'nin, ortak bir yapının peşine düşüyorlar. Farklılaştırıcı bazı görünümler bulunmak zorundaysa bunlar niye modada veya genetikte olmasın? Ya giysilere dayanan bir 'görüntü' (look) ya da hücrelere dayanan bir 'görüntü'. Ne tür bir budalalık, ne tür bir deyim olursa olsun, iş görür. Farklılık sorunu, zevk sorunundan daha önemlidir. Acaba biz burada, şimdi geçip gitmiş olan cinsel özgürlüğün -ki bu özgürlük yalnızca bir modaydı- postmodern bir versiyonunu mu görüyoruz, yoksa, bu tüm modern döneme damgasını vuran bir önceliğin, cinselliğin daha evvelki önceliğinin yitirilmesi üzerine temellenen bizim kendimizi algılayışımızda biyososyolojik bir mutasyon mu? Cinsel kimlik araştırması: Yeni bir sınır.

En uç noktada, denilebilir ki artık ne erkeklik ne dişilik kalacak, yalnızca kendi kendilerine gönderme yapan, her biri kendini özerk bir firma yönetir gibi yöneten bireysel sekslerin yayıldığı görülecektir. Baştan çıkarmaya, cinsel farklılığa paydos, bir başka değerler sistemine doğru kayma...

Hayret uyandırıcı bir paradoks ortaya çıkıyor: İlk dönem topluluklarında olduğu gibi cinsellik bir kez daha yalnızca ikincil bir sorun hâline geliyor ve daha güçlü sembolik istemlerce (doğum, hiyerarşi, çilecilik, ihtişam, ölüm) karartılıyor. Bu da cinselliğin olsa olsa birçok modelden olası bir model olabileceğinin ve en önemli olmadığının kanıtıdır. Bu yeni modeller, günümüzde diğer hepsinin kaybolduğu bir sırada neler olabilirler? Ortaya çıkması olası model, bir performans ideali modeli, insanın kendi formülünü kalıtımsal olarak gerçekleştirmesi modelidir. İş yaşamında, duygusal yaşamda, girişimlerde ya da eğlencelerde herkes kendine en uygun olan programı geliştirmeye çalışacaktır. Herkesin kendi kodu, kendi formülü olacaktır. Ama aynı zamanda herkesin kendi looku, kendi imajı da olacaktır. Kim bilir belki de genetik 'görüntü' gibi bir şeyin peşindeyizdir" (*America*, s.46-48)[6]

Evet, özellikle bu satırların yazılmasından sonraki 40 yıl içinde olup bitenleri göz önüne aldığımızda, Baudrillard'ın ta o zamanlar olguları nasıl gözlemleyip böyle muazzam gerçekçi sonuçlara ulaştığına inanması çok zor...

Bir yıl sonra 1987'de *Liberation*'a yazdığı makalede cinsel kimlikle ilgili görüşleri daha yaygınlık ve belirginlik kazanıyor; onun saptama ve soyutlama gücüne olan hayretimiz ve hayranlığımız artıyor : "Biz hepimiz simgesel olarak transseksüeliz... Herkes kendine bir 'görüntü' (look) arıyor. Kendi varlığımızı öne sürmek mümkün olmadığına göre (artık bakışmak yok, baştan çıkarma sona erdi!) geriye ne var olmak ne de hatta bakılmak kaygısından uzakta görüntü olarak davranmak kalıyor." Böyle diyor Baudrillard: "Biz hepimiz simgesel olarak transseksüeliz"...

---

[6] Bu kitap bu yazının ilk yayınlanış tarihinden sonra, Yaşar Avunç tarafından dilimize kazandırılmış, Ayrıntı Yayınları'nca yayınlanmıştır. Burada bizim yaptığımız tercüme esas alınmıştır.

Böyle diyebilmek için kendisinin de dokunduğu kumaştan herkese aynı boyutlarda bir elbise dikmek amacıyla ölçüp biçmek yerine -ki o zaman elbisenin uymadığı kimseleri kolayca saf dışı etme hakkımız doğar- kumaşın niteliğini anlamaya cesaret edecek bir düşünce militanlığı gerekli. Baudrillard, düşüncenin korkusuz militanı. Beşeri bilimlerin toplumdan yalıtık, insan gözlemevinin rehavet verici ılıklığında iktidarla cilveleşmesinin suç ortaklığını kabul etmeyecek kadar özgüvenli. Dışarıya kendi iç prizmalarının kırılma indisinden baktığının farkında; o nedenle toplumu anlamaya çalışmak, kendini anlamaya çalışmakla yan yana, iç içe.

Onun cinsel kimlik ve yabancılaşma hakkındaki bu tespitleri, akla hemen 2012'de oldukça yankı uyandıran, internet aşklarını ele alan "Sazan" (Catfish) dizisini getiriyor. Bu diziden sonra "sazan avcılığı" (catfishing) kavramı, birisinin çevrimiçi olarak yeni bir kimlik oluşturmak için (genellikle diğer insanların sosyal medya hesaplarından alınan) görüntüleri ve bilgileri kullanmasına verilen isim olarak yaygınlık kazandı. Gerçekten de sosyal medya ortamında bir bireyin tüm kimliğini kendi kimliği gibi kullananlar bile söz konusu olabiliyordu. Yeni oluşturulan sosyal medya hesapları daha sonra kimliğin gerçek sahibinin itibarını zedelemek için kullanılabiliyor veya alternatif olarak diğer kişilerin görüntüleri ve bilgileri kullanılarak oluşturulan kurgusal kimlikler çevrimiçi olarak dürüst olmayan ilişkiler kurmak için alet edilebiliyordu. "Sazan avcılığı" olgusu aslında "teknomedyatik dünya"da cinsiyetlerin de birer görüntü hâline dönüşebileceğinin, yani Baudrillard'ın tezinin de ispatı niteliğinde. Baudrillard'ın günümüzde cinsel kimliğin aldığı hâllere ilişkin saptamaları; toplumsal cinsiyete itiraz etme adına cinsiyetlenmeye karşı çıkan, biyolojik cins ayrımını bile reddeden, internet oyunu ile gerçek yaşamı eş tutan "insan-sonrası" (posthuman) taraftarlarına, hele hele insanın kendisinin bile simülakr hâline geldiği yapay zekâ tartışmalarına bakınca daha da anlam kazanıyor.

Öyle bir dünyada yaşıyoruz ki bırakın eleştirmeyi, yaşadığımız dünyayı anlayabilecek kavramlar bile üretebilmiş değiliz. Baudrillard, günümüzün "teknomedyatik dünya"sını anlayabilmek, değerlendirebilmek için çok önemli bir bakış açısı sunuyor. Bizim "Zamanın ruhu, insanın ruhunu döver mi?" yazımızda dile getirdiğimiz, artık teknolojiye bir çekidüzen verme, "ontoloji versus teknoloji" gerilimini bir noktada dengede tutma vazifemizi hatırlatıp duruyor.

Baudrillard, eleştirel olunmaksızın anlamanın mümkün olmayacağına inananlardan, eleştirelliğin aşkınlığın ilk adımı olduğunu bilenlerden. Sürekli uyanık kalmak için hep kendi kendini iğneleyen bir düşünce tarzı var. Dili de ona göre. Dur durak bilmeden iz sürüyor, bir avın peşinde, kendinin, insanlığının, insanlığımızın; ayarlandığımız saatlerin, yeniden yeniden kavrulmalarımızın. Yaşanılanın içinde bir silüet (olgu değil) yakalıyor, sonra başlıyor onun etrafında dönmeye; gözleri karşısındaki karaltıyı izliyor gibi elleri tetikte ama silahı kendine çevrili. Hiç tetiğe basmıyor, oynuyor yalnız. Hep oynamıyor muyuz?

Kimlik ve kişilik sorunları, cinsel kimlik ve işlev bozuklukları ile uğraşıp duran biz psikiyatri pratisyenlerinin hiç değilse sığ akademik düşünce kadar postmodern sosyolojinin bu parlak haşarı düşünürüne ihtiyacımız yok mu sizce? Eğer onun eleştirel bakışıyla donanmış olsaydık, tanılarımızı böylesine egemen kültürel paradigmanın emrine sunar mıydık?

UÇARI GÖRÜNEN CİDDİYET: BYUNG-CHUL HAN

Günümüz toplumu ve insanı üzerine kafa yoran, dişe dokunur fikirler üreten, zamanımızın felsefi olarak en sağlam eleştirilerini yapanlardan, hepimizin yaşadığı ama dile getirmekte zorlandığımız problem alanlarını ifade etmeye çalışan ender düşünürlerden biri; Kore kökenli, Almanca eğitimli Byung-Chul Han. Han, yaşadığımız zamanların toplumsal ve psikolojik analizinde çok yararlı ve önemli tespitler yapıyor. Hemen tüm eserleri dilimize çevrilen Han'ın bakışı hem ufuk açıcı hem düşünce ayartıcı nitelikte. Ali Yaşar Sarıbay Hocanın deyimiyle Han'ın kitapları "Luhmann'dan Foucault'ya, Bourdieu'den Heidegger'e kadar düşünce, yorum ve eleştiri seremonisi. Özellikle Heidegger felsefesi ile sosyoloji arasında kurduğu ilişki çok özgün" ve hayranlık uyandırıcı... Onu okumak, onunla didişmek bana çok iyi geliyor, okuyanlardan da aynı şeyi duyuyorum. Müsaade ederseniz fikirlerini biraz tanıtmak, hissettiğimiz iyilik hissinin gerçekliğini sizlere de sorgulatmak istiyorum.

Onun "yorgunluk ve şeffaflık toplumu" kavramları ve neo-liberal yeni iktidar tekniklerini ele alan, günümüz kapitalizmini "heyecan kapitalizmi" olarak adlandıran psikopolitika yaklaşımı gerçekten de çok önemli saptamalarla dolu. Şüphesiz Michel Foucault'un bıraktığı yerden devam etmesi, onun yaşayıp göremediği hususları merceğine alarak modern iktidarın psikolojik tekniklerini sorgulaması çok önemli. Ama ben kendi adıma Han'ın en büyük katkısının, özgürlük ve mahremiyet kavramları alanındaki dev tahribatı fark etmesi ve adeta günümüzdeki anlamlarını baş aşağı ederek yerli yerine oturtması olduğunu düşünüyorum...

Ey Özgürlük Sen Nesin?

"Bu özgürlük kavramıyla daha fazla ilerleme kat edemeyeceğimize inanıyorum. Bugün özgür olduğumuzu varsayıyoruz, oysa gerçekte kendimizi tutkuyla sömürüyoruz"... "İnsan sevgi ve arkadaşlık ilişkilerinde kendini özgür hisseder. Bizi özgür kılan şey bağların yokluğu değil, bağlı olmaktır. Özgürlük, en mükemmel hâliyle, ilişkilere mahsus bir sözcüktür"... "Kendini özgür sanan performans öznesi aslında bir köledir" diyor Han, "özgürlük" adı altında yaşadığımızın aslında köleliğin ta kendisi hatta kölelikten bile daha ağır bir durum olduğunu belirliyor. Neo-liberal sistem, "özgür olduğumuzu düşünerek bir girişim ortaya koymalı ve devam ettirmeliyiz" düşüncesi ekseninde çalışır ve esasen özgürlüğü de metalaştırarak sömürür. Sınıf kavramını, sermayenin ve gücün kolayca değişebilirliğine göre yeniden tanımlar. Han'a göre Marksist anlamda bir proletarya ve burjuva sınıfı ayrımı artık kalmamış, görünüşte herkes girişimci, daha doğrusu sermaye birikimi için bir çalışan hâline gelmiştir ama bu süreç aynı zamanda herkesi tüketici de yapmaktadır.

Ekonomide girişim özgürlüğü görünümü altında gizlenen kölelik, bilişim sistemlerine dayalı "şeffaflık toplumu"nda ise dijital ağların yarattığı gönüllü gözetim biçiminde kendini gösterir. "Şeffaflık" kavramı, Han'ın zor kavramlarındandır ama idrak edildiğinde genel bakışının da daha berrak biçimde görülmesini sağlar. "Şeffaflık"la kast ettiği, tüm her şeyin ama gerçekten her şeyin, gözlemlenebilir, ölçülebilir, hesaplanabilir adeta bir bilgisayar algoritmine göre kodlanabilir hâle getirilmesidir.

"Şeyler, her türlü olumsuzluktan arındıklarında, *pürüzsüzleştirildiklerinde, düzleştirildiklerinde,* sermayenin, iletişim ve enformasyonun pürüzsüz akıntılarına direnç göstermeksizin katıldıklarında şeffaflaşırlar. Eylemler *işlemsel* (*operasyonel*) hâle geldiklerinde, hesaplanabilir, yönlendirilebilir ve kontrol edilebilir süreçlere tabi olduklarında şeffaflaşırlar. Zaman, elimizin altındaki bir şimdiler dizisi kertesine getirildiğinde şeffaflaşır. Böylelikle gelecek de olumlulaştırılarak optimize edilmiş bir şimdi hâline gelir. Şeffaf zaman, kadere ve olaya yer vermeyen zamandır. Görüntüler, her tür dramaturjiyi, koreografiyi ve sahnelenişi, her tür yorumbilgisel derinliği, hatta anlamı yitirerek pornografik hâle geldiklerinde şeffaflaşırlar. Pornografi, görüntü ile göz arasındaki dolayımsız *temas*tır. Şeyler, tekilliklerini terk edip sadece fiyatlarıyla ifade edildiklerinde şeffaflaşır. Her şeyi her şeyle *karşı*laştırılabilir kılan para, şeylerin birbiriyle eş bir ölçüye vurulamazlığının, tekilliğinin her türünü ortadan kaldırır. Şeffaflık toplumu, *aynının cehennemidir...* Günümüzde toplumsal sistem bütün süreçlerini, bunları işlemselleştirmek ve hızlandırmak amacıyla şeffaflığa zorlar." Bu süreçte, pornografinin yanı sıra müthiş bir totaliter yan görür Han, "Hizaya getirmenin yeni adı: *Şeffaflık*"tır der.

Sınırsız özgürlük vaadiyle kendimizi kucağına attığımız dijital ağlarda aslında gönüllü olarak görünmek, her hâlimizi göstermek ister, bu arada dipten tırnağa denetleniriz. Büyük veriler, devamlı bilgilerimizi kaydeder, internette her adımımız izlenir. Dijital toplumda veri akışı, bilgiye ulaşmak ve kendini ifade etmek oldukça hızlı, kolay ve ucuz maliyetlidir. Bu yüzden hepimiz bu yeni denize dalarız, orada yaşar, yaşama tarzımızın orası tarafından belirlenmesine müsaade ederiz; dalmayanlar nefes alamaz, sudan çıkmış balığa dönerler. Bu da yetmiyormuş gibi "budala" olarak nitelenirler.

Artık açık şiddet ve baskıya dayalı, disiplin toplumu yok onun yerine; ikna, hoşnut etme ve tatmin temelli gönüllü kölelik düzeni vardır. "Dataizm, dijital Dadaizmdir. Bu dijital Dadaizm, her türlü anlamlı bağlamdan feragat eder ve nihilizmde sonlanır. Anlamdan yoksun sayılar ve veriler, mutlaklaştırılmakla kalmaz ayrıca fetişleştirilir ve pornografikleştirilir... "Toplumun gittikçe pornografikleşmesi modaya yansır. Günümüzün modası bariz pornografik özellikler taşımaktadır. Biçimlerden ziyade et gösterilmektedir"...

"Bugün kapitalizm hayatın her alanını ele geçirmiştir. Her şey bir mal hâline gelmiştir. İnsanlar kendilerini ürün olarak sunmaktadırlar. Kapitalizm, sevgiyi de tüketilebilir duygular düzenine dönüştürmüştür." Böyle bir sistemde tüketimi sürekli kılabilmek için mütemadiyen yeni ihtiyaçlar yaratılır, insanlar ancak o ihtiyaçların karşılanması hâlinde mutlu olabileceklerine ikna edilir. Tüketilen nesnelerle birlikte aslında duygular da tüketilir, daha doğrusu yönetilir. Böylece heyecan kapitalizmi yaşamı oyunlaştırır. Faaliyetlerin oyunlaşması sırasında insanlar tahakkümün ve tüketim dayatmasının bilincinde olmaksızın sömürülürler...

Mahremiyet Kaldı mı Gerçekten?

"Mahremiyet" ve "mahremiyet hakkı", günümüzde insan hakları içinde tanımlanması zor olanlarından... Oysa onların geleneksel dünyadaki manası, çok açıktı, fazla mıncıklanmıyor, daha ziyade erdemlerle bağlantısı içinde kavranıyordu. Geleneksel dünyada mahremiyet, her şeyden önce, insanın hür ve iradi bir varlık oluşunun tasdikinden kaynaklanıyor; kişisel sınırlara ve kararlara saygı olarak berraklaşıyordu. Ama maalesef günümüzde üzerinde bütünüyle anlaşabileceğimiz bir mahremiyet tanımı pek mümkün görünmüyor.

Şöyle tanımlanmaya çalışılıyor mahremiyet ve mahremiyet hakkı: "Kişilerin tek başlarına kalabildikleri, istedikleri gibi düşünüp davranabildikleri, başkalarıyla ne zaman, nerede, nasıl ve hangi ölçüde ilişki ve iletişim kuracaklarına kendilerinin karar verebildikleri bir alanı ve bu alan üzerinde sahip olunan hakkı ifade ediyor"... "Mahremiyet otonomi hakkıdır; yalnızlık, samimiyet ve anonimliği yaşama hakkıdır. Mahremiyet, kişiyi çevreleyen yakın fiziksel alanı, kişiyi haksız müdahalelere karşı korumayı, kişisel verilerin toplanma, saklanma, işlenme ve dağıtımının nasıl yapılacağını veya yapılmayacağını kontrol etmeyi gerektirir. Mahremiyet hakkı; bir kimsenin özel hayatı, fiziki, ahlaki bütünlüğü ve kişisel bilgi denetimi kadar kişiliğini geliştirme özgürlüğünü, başkalarıyla kişisel ilişkiler kurma hakkını ve profesyonel iş yaşamına ilişkin etkinliklerini muhafaza etme yetkisini de içerir."

Bizim Byung-Chul Han, bu tür tanımlara itibar etmiyor ya da göstermelik buluyor. Yaşadığımız topluma niteliğini veren temel özelliklerden birisi "şeffaflık" olduğu için Han'ın tüm çalışmalarında doğrudan ya da dolaylı bir biçimde işlenen konulardan birisi de mahremiyet. Ama Han'a göre günümüz toplumunda mahremiyet ciddi bir içerik değişimine uğramış, devasa bir dönüşüm geçirmiştir. Han'ın bu bakışını anlayabilmek için adeta yerleşik düşüncemize takla attırmamız gerekir. Zamanımızın bizi her şeyi olumlamaya mecbur tutan yanını görmeksizin günümüzdeki mahremiyet dönüşümünü anlamamız mümkün değildir.

"Sadece enformasyonlardan oluşan ve bunların parazitsiz dolaşımına 'iletişim' adı verilen bir dünya bir makineye benzerdi. Olumluluk toplumu 'içinde hiçbir olayın kalmamış olduğu bir yapıdaki enformasyonun şeffaflığı ve müstehcenliği'nin hâkimiyeti altındadır. Şeffaflık zorlaması bizzat insanı sistemin işlevsel bir öğesi düzeyine indirir. Şeffaflığın şiddeti buradadır... Dünyayı hasta eden şey, mahremiyet ve yasaklama değil, aşırı iletişim ve aşırı tüketim; bastırma ve olumsuzlama değil, her şeye izin verme ve her şeyi olumlamadır..."

Han'a göre günümüzde her ne kadar mahremiyet çok önemseniyormuş gibi bir izlenim verilse de aslında mahremiyeti tamamen bitirmeyi amaçlayan bir ideoloji yürürlüktedir. Bu ideoloji, sanki olabilirmiş gibi şeffaflık adına kişisel alanın tümüyle elden çıkarılmasını talep eder ve bunun nihayetinde içi görülebilir bir iletişime yol açacağını iddia eder. İlk bakışta yüzde yüz anlamayı ve anlaşılmayı amaçlayan ideal bir iletişimden bahsediliyor gibidir ama bu beklenti, insanın tabiatıyla, psikolojisiyle tamamen uyumsuzdur. Biraz açmaya çalışalım:

Mahremiyeti, onu tehdit altında tutan üç temel faktöre baktığımızda daha iyi anlayabiliriz. Mahremiyete yönelik tehditlerden birincisi, kendini ifşa etme; ikincisi merak, üçüncüsü ve sonuncusu gözetleme-kontrol... Günümüzde mahremiyet bu üç alanda da büyük bir saldırı altında... Öyle ki bu saldırılar nedeniyle kamusal ve özel alan tanımları altüst oldu. Özel alan kamusallaştı, kamusal alan özelleşti. Bilişim teknolojileri sayesinde kendini-ifşa etme arzusu öyle bir hâl aldı ki, günümüz toplumuna "şeffaflık toplumu" diyen Byung-Chul Han, günümüz insanı için "göstermekten başka bir şey göstermek istemiyor" diye feryat ediyor. Bence ilave etmeliydi aynı zamanda gösterilenleri merakla izlemek de istiyor(uz). Merak duygumuz insanlık tarihinde hiç bu kadar tatmin için kışkırtılmamıştı. Meraktan ölüyoruz.

Evet, mahremiyetin tüm düşmanları, günümüzde gemi azıya almış vaziyette. Mahremiyetin üçüncü düşmanı "gözetleme ve kontrol" için eskiden hep devletler suçlanırdı, oysa "teknomedyatik dünya"da tüm teknolojik aklı elinde tutan güçler, denetim ve kontrol alanında hiç de devletlerin gerisinde kalmıyor. Bizi, hür ve iradi bir varlık olarak değil yönlendirilebilir bir arzu yumağı gibi görüyorlar. Tüm hâllerimizi ifşaya zorladıkları yetmiyormuş gibi ne yiyip ne içtiğimizi, neyi merak ettiğimizi kollayıp duruyorlar. Sistemi ona göre kurmuşlar, sanal ağa bir kez takıldık mı artık onların kurallarına uymak zorundayız ve artık oradan bir çıkış bulmamız neredeyse imkânsız. İnsanı hür ve iradi bir varlık olmaktan çıkarıp kendimizi ifşa isteğimizi ve merakımızı kırbaçlayanlar onlar, arzularımızı pazara çıkaran ve yağmalayanlar onlar, gruplara ve kurumlara mahremiyet isteyenler yine onlar... Bizi hem çıplak bırakıyor hem gözlüyorlar. Ne yapıp ettiğimizi elektronik bir göz her daim görüyor. Ama biz onlar hakkında hemen hiçbir şey bilmiyoruz. Mahremiyeti bizim için değil kendileri için istiyorlar. Oysa şöyle diyor Han, insan psikolojisi ile ilgili bilgileri de kanıt göstererek: "İnsan ruhu, görüldüğü kadarıyla, ötekinin bakışından uzak, kendi başına kalabileceği alanlara ihtiyaç duyar. Geçirgenlikten yoksun olma gibi bir özelliği vardır. Bütünüyle ışıklandırılması *yanmasına* ve bir tür *ruhsal tükenişe* yol açacaktır. Sadece makineler şeffaftır. Hayatı hayat yapan kendiliğindenlik, olay doluluk ve özgürlük, şeffaflığa izin vermez." Şeffaflık toplumu ve sistemi çok ama çok güçlüdür ama kesinlikle insan ruhuna aykırıdır.

Ben mi? Biraz insan psikolojisinden anlayan birisi olarak Byung-Chul Han'a sonuna kadar katılıyorum. İnsan kalmakta ısrar ve devam edeceksek, gittiğimiz yol çıkmaz sokaktır ve bir gün sonuna gelinecektir diyorum.

Dikkatimiz Dağınık ve Yorgunuz Çünkü

Byung-Chul Han, hemen her konuda günümüz toplumuna ve insanına eleştirel bir bakışa sahip. Pek zeki, pek sevimli; onu okumak iyi geliyor insana, her cümlesini görmek istiyoruz.

Ama çok yazıyor be kardeşim!... Bence kendisinin eleştirilmeyi en hak eden yanı da burası... Bugüne kadar 19 kitabı Türkçeye çevrildi, oku oku bitmiyor. Kendi adıma "teknomedyatik dünya"ya karşı insanı, hayatı, zamanı, erdemi ve güzelliği savunmada yoldaşım olarak gördüğüm Han'dan artık düşüncelerini deneme kıvamından çıkarıp sistemleştirmesini bekliyorum. "Günümüzde lisan kalmadı - bir lisan yoksulluğu ve şaşkınlığı var. Lisanın dili tutuldu. Bir yanda müthiş bir gürültü var, iletişim gürültüsü, diğer yanda tuhaf bir dilsizlik. Ve bu sükûttan farklı bir şey. Sükût son derece güçlü bir ifade şeklidir. Susmak bir lisandır. Sükût konuşur. Sükût bir lisan olabilir. Ama gürültü lisansızdır. Geriye kalan dilsiz gürültülü iletişim, bu bir problem. Bugün bilgi dahi yok, enformasyon var. Bilgi enformasyondan tamamen farklı bir şeydir..." Bu kadar çarpıcı tespitler yapabilen bir düşünürün zihinlerde Heidegger, Bauman ve Foucault sarkacında salınan, güçlü bir retoriğe sahip yakışıklı Asyalı olarak kalmasına gönlüm rıza göstermiyor.

Takdir ettiğim, sayılarının artmasını temenni ettiğim günümüzün bu parlak düşünürü hakkında en baştan korku ve endişemi böylece dile getirdikten sonra asıl konumuza geçebilirim. Onun eleştirel bakışını, mahremiyet ve şeffaflık kavramlarına yaklaşımı eşliğinde ele almaya çalıştım. Kanaatimce günümüzü anlamak için onun mutlaka üzerinde durulması gereken en az iki kavramı daha var: Dikkat ve yorgunluk...

Dikkat Eksilir Aktivite Aşırılaşırken

"Dikkat" sözü, her dilde var ve çok geniş bir kullanım alanına sahip. Sanıyorum, artan bireyselleşmenin bir neticesi olarak son zamanlarda yaygın biçimde kullanılmaya başlanan "kendine dikkat et!" ifadesi, kelimenin geniş kullanım alanına ilave olan son halka. Her işittiğimde gülümsüyorum, "galiba kendimizden uzaklaştıkça, kendimiz ile irtibatımız kesildikçe, böyle ifadelerle avunmaya çalışıyoruz" diyorum.

"Dikkat", aynı zamanda psikolojinin vazgeçilmez kavramlarından. En önemli akli melekelerimizden birine karşılık olarak kullanılıyor. Uyanık olduğumuz sürece, kendiliğinden bir biçimde etrafı, iç-dünyamızı bir radar gibi sürekli olarak taramakla görevli melekemiz... Dikkat melekemiz bizimle, varoluşumuzla, istek ve ihtiyaçlarımızla, kimliğimizle ilgili bir şey fark ettiğinde hemen oraya yoğunlaşıyor, titizce incelemeye, anlamaya koyuluyor. Bu nedenle her zaman konsantrasyon ve irade ile birlikte anılıyor. Hayvanlarda da dikkat var elbette ama insanda fazladan olarak bilişsel (kognitif) süreçlerin başlatıcısı. Bir şeye, bir düşünceye dikkat kesilmeden onunla ilgili bilişsel süreçler, adam akıllı harekete geçmiş olmuyor. Zaten Arapça kökenli olan kelime, "incelik; ince, rafine, detaylı olma, kılı kırk yarma, ince eleyip sık dokuma" manasına geliyor; "dakka" (ufaladı, inceltti) fiilinin mastarı...

Dikkat melekemiz, psikolojik rahatsızlıklardan hemen etkilendiği gibi hâletiruhiyemize bağlı olarak değişiyor. Mesleğimizin ve psikolojik muayenenin zaten bir parçası olan "dikkat" birkaç on yıldır, "dikkat eksikliği hiperaktivite" adlı bir psikolojik rahatsızlık nedeniyle özellikle ebeveyn ve eğiticilerin gündeminden hiç kalkmıyor.

Büyük tarihçi Eric Hobsbawm, 20. Yüzyıl'ı (1914-1991) "aşırılıklar çağı" olarak niteliyordu. Son yıllarda birçok düşünür, günümüz toplumunun hâlini tanımlarken, "hiper" (aşırı) tamlamasından faydalanıyor. Aşırı hız ve aşırı risk, aşırı üretim ve tüketim, aşırı performans ve aşırı iletişim... Bunlar arasında bilişim teknolojileri sayesinde artık gerçeklik algımızın bile altüst olduğunu, simülasyon ve sanallık nedeniyle bir "hiper-gerçeklik" durumunun ortaya çıktığını söyleyen Jean Baudrillard ve konuyu doğrudan doğruya dikkat meselesiyle bağlantılandıran Byung-Chul Han özellikle önemli.

Han, günümüzde zihnimize dolan uyarıcılarda, malumatta ve dürtülerde büyük bir aşırılık olduğunu ve bu ifrat hâlinin dikkatin yapısını ve ekonomisini tamamen değiştirdiğini söylüyor. Ona göre maruz kaldığımız uyaran bombardımanı tüm algı sistemimizi dağıtıyor, dikkatimiz çoklu görev anlayışıyla organize olmak zorunda kalıyor. Onun söylediklerini Ulrich Beck'in küresel boyutta ve artık sigortalama ile denetlenemez hâle gelen riskler nedeniyle "risk toplumu" tespitiyle birleştirdiğimizde ne kadar haklı olduğunu görüyoruz.

Han, dikkatteki bu bozulma nedeniyle günümüzde yaşadığımız hâlin sanılanın aksine ilerlemeyi değil ciddi bir gerilemeyi gösterdiği kanaatinde. Balta girmemiş ormanlardaki hayvanlar arasında hayli yaygın olan bir dikkat tekniği uygulamaya çalıştığımızı düşünüyor. Ormanda yemeğini yediği esnada onlara av olmamak için diğer yırtıcı hayvanları kollamak, yavrusunu korumak ve eşini gözünün önünden ayırmamak zorunda olan hayvanlarınkine benzetiyor dikkat tekniğimizi.

Han'a göre dikkatimiz artıyor artmasına ama bunun derin dikkatle alakası bulunmuyor. Aşırı dikkat, daha ziyade dikkatsizliğe benziyor. Sürekli birçok işi aynı anda başarmak zorunda hissediyoruz ve üstelik bu hâlimiz giderek sıradan bir yaşama kaygısına ve tarzına dönüşüyor. Bir kovalamaca içinde yaşıyoruz, mütemadiyen dur durak bilmeden oradan oraya koşuşturup duruyoruz. Sanki kendimiz pek normal bir aktivite içindeymişiz, her akşam yorgun argın yığılıp kalmıyormuşuz gibi kalkıp bu sefer bizden belki biraz daha aktif olanlara "hiperaktivite" tanısını yapıştırıveriyoruz ya da bu psikiyatrik tanı sayesinde kendimizi normal görüyoruz. "Diskroni" adını veriyor bu tabloya Han, zaman algımız darmadağın oldu, zamanla birlikte hayatımız ve kimliklerimiz de atomlaştı, zamanın anlamı ve kokusu kayboldu diyor.

Her şeyin çalışma, üretim ve tüketim ölçeğinde ele alındığı, "boş zaman"ın işten kalkarak tanımlandığı bir devirde yaşıyoruz. Oysa kadim devirlerde düşünme, tefekkür etme, hayır ve hasenat işleriyle uğraşma ve ibadet bir "çalışma" olarak görülüyor, ona verilen "emek", iş yaşamından daha yeğ tutuluyordu. Şimdiyse mesaiye bağımlıyız, doğrudan çalışma yaşamının içinde olmasak, emekli olsak dahi... Dostumuza randevuyu bile iş saatlerine göre veriyoruz. Modern işlerin tabiatı da öncekilerden çok farklı. Birçok işte tarladaki köylünün yaptığı gibi hem çalışıp hem sohbet etmek mümkün değil...

Modern devirlerde mekân ve zaman algımızı yerinden eden ikinci değişiklik, teknolojiyle birlikte gelen hız tutkusu. Kesinlikle her yere önceki zamanlarla kıyas edilemeyecek ölçüde çabucak ulaşıveriyoruz. Kimi zaman her şeyi altüst eden aksamalar, modernliğin hız idealini dinamitleyen "trafik" gibi komplikasyonlar olsa da mekân engellerini aşma konusunda üstümüze yok. Şimdi burada, yarın dünyanın öbür ucundayız marifetmiş gibi marifetse...

Byung-Chul Han'a göre artık zamanı doğru dürüst algılama şansımız dahi kalmadı: "Bugünün zaman krizi hızlanma olarak nitelendirilemez. Hızlanma çağı çoktan bitti. Bugün hızlanma olarak duyumsadığımız şey, zamansal dağılmanın semptomlarından sadece biri. Günümüzün zaman krizi, zamanda çeşitli aksaklıklara ve yanlış duyumlara yol açan bir diskroniden (zaman algısının bozulması-EG) kaynaklanıyor. Zaman, düzenleyici bir ritmin eksikliğini çekiyor. Bu yüzden de ölçüsünü kaçırıyor... Diskroninin esas sorumlusu zamanın atomlaşması... Yaşamın atomlaşmasına atomlaşmış kimlikler eşlik ediyor. İnsanın elinde kendinden, küçük bir Benlikten başka bir şey yok..." Anlatı, zamana bir koku verir; zaman anlamdan koptuğunda kokusunu kaybeder. Şimdi olduğu gibi... Herkesin acelesi var. Herkes bir yere yetişmeye çalışıyor. Hepimizin ardından atlı kovalıyor. Doğru ama durduğumuzda da sabit bir kimlikle sağlam gelecek planları yapamıyoruz.

Can sıkıntısı, muhtemelen her devirde vardı ama modern zamanlarda çok arttı hatta günümüzün alâmetifarikası oldu. Filozoflar, psikolojiyle ilgilenenler hep bu konuya dikkat çekti. Ünlü psikoterapist Viktor Frankl'ın modern insanın hâletiruhiyesi üzerine görüşlerini temellendirirken can sıkıntısından yola çıktı. Frankl, can sıkıntısını; modern zamanlarda varoluşsal boşluğun artmasına, onu da insanın içgüdülerini kaybetmiş olmasına ve geleneklerin çökmesine bağlıyor. Artan otomasyon ve gelişen teknolojinin zamanımızı boşalttığını ve bu boş zamanda ne yapmamız gerektiğini bize söyleyecek ne herhangi bir içgüdü ne bir geleneğin bulunduğunu, uyumlu ve itaatkâr olma mecburiyetimizin bizi bezdirdiğini anlatmaya çalışıyor. Çare olarak anlam arayışına dayalı "logoterapi" adını verdiği bir psikoterapi tekniği öneriyor. Filozof Martin Heidegger, anlaması hayli müşkül bir dil kullansa da can sıkıntısı konusunda Frankl'a benzer görüşlere sahip. Erken dönem yazılarında insanın eyleme geçme kararlılığının ortaya çıkan boşluğu bertaraf edebileceğini söylüyor, geç dönem yazılarında "eylem" vurgusundan vazgeçiyor. Dünyada tamamen farklı bir biçimde yerleşmekten, itidal ve metanetten bahsetmeye başlıyor. Byung-Chul Han da; Heidegger, sürekli eyleme geçme kararlılığının hükmettiği yaşamın, zorlamalı aktivizmin can sıkıntısının asıl müsebbibi olduğunu sonradan anladı diyor.

Dikkatin psikososyolojisi diyebileceğimiz tablo üzerine Byung-Chul Han'ın düşüncelerine bir ilave yapmak istiyorum. Modernliğin başından beri sürüklendiğimiz ve bilişim teknolojileriyle birlikte şiddeti giderek artan fanatizmin derin düşünme ve anlama kabiliyetimizi yitirmemizle bağlantılı olduğunu düşünüyorum. Dinginlik, derin dikkat, duyuş, içe-bakış ve tefekkür; var olmayı lütuf olarak yaşama ve kendini varoluşunun saadetine bırakma hâli kalkınca insana, haz düşkünlüğü ve fanatizmden başka bir şey kalmıyor diye düşünüyorum...

Yorgunluk Toplumu

"Her çağın nevi şahsına münhasır hastalıkları vardır" diyor Han. Ona göre bu çağı, bir önceki gibi bulaşıcı olanlar değil sinirsel dediği hastalıklar belirliyor: "Hastalık veçhesinden bakılacak olursa, başlamakta olan 21. yüzyıl, sinirsel (neural) olarak belirlenmiştir. Depresyon, dikkat eksikliği ve hiperaktivite bozukluğu, sınırda kişilik bozukluğu veya tükenmişlik sendromu gibi sinirsel hastalıklar başlatmakta olan 21. yüzyılın patolojik manzarasını tayin etmektedir. Bunlar kesinlikle bulaşıcı değildir; bilâkis, bağışıklık açısından yabancı olanın olumsuzlanmasından ziyade ifrat derecesindeki olumlanmasından ileri gelen tıkanmalardır. Böylelikle, yabancının olumsuzluğunu savuşturmak üzere tasarlanmış her bağışıklık tekniğinden sıyrılırlar."

Han'a göre geçtiğimiz yüzyılı niteleyen bağışıklık artık önemini yitirdiğinden yabancı olanın işgali esasına dayalı teoriler geçersizdir. "Başkalık, bağışıklığın temel kategorisidir. Her bağışıklık tepkisi, başkalığa karşı verilmiş bir tepkidir. Fakat günümüzde başkalığın yerini herhangi bir bağışıklık reaksiyonu doğurmayan fark almıştır. Post-immünolojik, yani postmodern fark artık hasta etmemektedir. İmmünolojik satıhta bu durum, aynı'ya tekabül eder. Fark, adeta ateşli bir bağışıklık reaksiyonunu tetikleyecek iğneden yoksun kalmıştır. Yabancılık da kendini bir tüketim reçetesine doğru yumuşatmıştır. Yabancı, egzotik olana boyun eğmiştir. Turist yabancıyı ziyaret eder. Turist veya tüketici artık immünolojik özne değildir...

Aşırı üretim, aşırı performans ve aşırı iletişimden doğan pozitifliğin gücü artık viral değildir. Bağışıklık ona erişim sağlamaz. Pozitifliğin icrası karşısındaki tepki immünolojik savunmadan ziyade sindirimsel-sinirsel bir boşalma ve reddi ifade eder. Keza ifrat karşısındaki halsizlik, yorgunluk ve boğulma da immünolojik reaksiyon sayılamaz... Bunlar, immünolojik manadaki yabancıdan sâdır olan korkudan hepten farklıdır..."

Günümüz toplumu artık Foucault'un bahsettiği hastaneler, tımarhaneler, hapishaneler, kışlalar ve fabrikalardan oluşan bir disiplin toplumu değil. Bunların yerini çoktan beridir fitness salonları, bürolardan oluşan gökdelenler, bankalar, havaalanları, alışveriş merkezleri ve gen laboratuvarı aldı. 21. Yüzyıl toplumu artık bir disiplin toplumu değil, performans toplumudur. Sakinleri de itaatkâr özne değil, performans öznesidir..."

Hannah Arendt, çalışmaya ve işe dayalı modern toplumda inancın yerini aksiyonun aldığı, faal olmanın neredeyse dini bir boyut kazandığı ama insanın alabildiğine edilgenleştirilerek bireyselliğinden vazgeçtiği, anonim hayata bırakıldığı, sonuçta çalışan hayvan derekesine düştüğü kanaatindedir. Han'a göre Arendt'in tespitleri artık geçersizdir. Günümüz insanı bireyselliğini ve egosunu terk etmez, hiperaktif ve asabi bir telaş içinde hiper-nörotiktir. Yalnızca 'Tanrı'ya ve öte dünyaya değil kendisine karşı da inancını yitirmiştir. Sağlığını mutlaklaştırıp bedenini ilahe mertebesine yükseltmekten başka çaresi yoktur.

Byung Chul Han depresyon, borderline kişilik, tükenmişlik sendromu ve dikkat eksikliği hiperaktivite bozukluğunu "çağın yeni hastalıkları" diye niteliyor ve artan asabiyetimizi de bununla bağlantılı görüyor. Han'ın "çağın yeni hastalıkları" olarak saydığı hemen tüm hastalıklar bizim alanımızla yani psikiyatri ile ilgili. Birçok eksik bıraktığı hastalık da var, artık küresel bir salgın hâlini almış obezite, alkol ve madde bağımlılığı, cinsel kimlik bozuklukları gibi. Bunların her biri hakkında çokça yazılıp çiziliyor, araştırmalar yapılıyor. Gerek "dikkat"i gerek günümüzün aşırılık hâlini vurgulamak için kullanılan "hiper-" tamlamasını aynı anda içeren "dikkat eksikliği hiperaktivite bozukluğu" şeklindeki rahatsızlığın adını, sosyolojik değerlendirmelerde ilk kez Han öne çıkarıyor... "Bugünün toplumunu azlık değil fazlalık hasta etmektedir"

Byung-Chul Han'ın *Yorgunluk Toplumu* adlı risalesinde yer alan bu görüşleri, gerçekten de hayranlık uyandırıcı ve mutlaka aktüel psikolojik rahatsızlıkların sosyolojik nedenleri arasında ders kitaplarına koyulacak nitelikte. Bugünlerde çokça rastladığımız kendisini yorgun, bitkin, tembel, uyuşuk hisseden insanlar, onun tespitlerinde biraz kendilerini bulduklarından olsa gerek hayli zor kitapları çok satanlar listesinde yer alıyorlar.

Ancak Han'ın bu hayranlık uyandırıcı tezleri, ilgili literatüre aşina olanlar için pek tanıdıktır. Han'ın tespitleri, aslında Martin Heidegger'in ontolojik kavrayışıyla, Jean Baudrillard'ın hiper-gerçeklik ve tüketim toplumu, Alain Ehrenberg'in performans toplumu anlayışlarının yaratıcı biçimde birleştirilmesinden ibaret. Zaten Han da bu düşünürlerin üzerindeki etkisini reddetmiyor ama onların her birinin eksik ve hatalı bıraktığı hususları kendisinin tamamladığını ileri sürüyor.

Yazının başında Han'ın düşüncelerini artık bir felsefi bakış etrafında derli toplu hâle getirmesini beklediğimi söylemiştim. Yorgunluk toplumu üzerine neredeyse tamamen tıbbi metaforlara dayalı tespitlerinin de önemli olduğunu düşünmekle birlikte, bu kadar tıbbi metafor kullanmanın belki ilgiyi arttırdığı ama düşünce kalitesi açısından pek de hayra alamet olmadığını belirtmek isterim. İnsan bolca tıbbi metafor kullanmasını değil ciddi bir tıp ve psikiyatri eleştirisi bekliyor ve genelleme yapmakta acele etmemesini diliyor. Başka'nın yerini fark'ın aldığıyla ilgili görüşlerinin Avrupa'da artan ırkçılık ve yabancı düşmanlığı karşısında nasıl döküldüğünü görmemesi mümkün değildir. Sanıyorum Gazze'de işlenen soykırım sırasında vatandaşı olduğu Alman devletinin ve Habermas gibi düşünürlerin işbirlikçi tutumlarını analiz etme görevinin de farkındadır.

HER ŞEYİ KONTROL ARZUMUZUN TAMİRCİSİ: HARTMUD ROSA

Modernliğin özellikle sağlık, ulaştırma ve bilişim teknolojilerindeki fevkalade başarılarını ve yaşamımıza getirdiği kolaylaştırıcı değişiklikleri reddetmek olmaz. Ama olan biteni bilimin ve insan aklının yüzlerce yıllık emeğinin bir neticesi gibi görmeye, asıl anlaşılamayan şeyin binlerce yıldır nasıl o geleneksel yapılarda yaşamaya tahammül gösterdiğimiz olduğunu sanmaya teşne bir düşünce biçimine sahip olduğumuzu da unutmamalıyız... Aslında kabul etmemiz gerekir ki insanlık tarihi ölçeğinde bakıldığında, çok kısa ve gerçekten de her açıdan anlaşılması zor bir insanlık periyodu modernlik. Geleneksel dünyada yaşayan bir insanın gözleriyle kendimize bakarsak bizim zihnimizin de onlara hayli komik gelecek tuhaflıkları olduğunu fark ederiz... Öyle sanıyorum ki geleneksel dünyanın insanı bizim ne pahasına olursa olsun her şeyi matematiksel bir kesinlik içinde bilme arzumuza bir anlam veremezdi. Kendilerinin kader, kısmet, nasip ile açıkladıkları olguları, bizim nasıl "kesinlikle" ortadan kaldırmak ve sonuçta istatistik sayesinde şansı terbiye etmek isteğimizi görüp gülümserdi. Gülümserdi zira geleneksel toplumun müphemlik ve olumsallık (contingency) anlayışıyla bakan zihinleri, bizim dünyanın ve hayatın kontrol edilebileceğine dair modern hayalimizin aslında imkânsız olduğunu şıp diye anlardı.

Bizi, her dilde, 'rastlantı' kavramını kullanmaya yönelten ana unsur hayatın akışındaki 'belirsizlik'tir. Tarih boyunca elimizdeki tüm imkânlarla belirsizliği ortadan kaldırma, her şeyi kontrolümüz altında bilebildiğimiz kurallar çerçevesinde ve düzen içinde yapma gayreti içinde olduk. Geleneksel dünyanın insanı da bu çabayı gösterir ama asla tam olarak başaramayacağını bilirdi. Biz modernler; nasılsa bunun mümkün olduğu, şansın, tesadüfün tamamen ortadan kaldırılabileceği, her şeyin hesap edilebileceği zehabına kapıldık... Modern zamanlar boyunca kesin doğruların, mutlak kesinlikte bilginin eninde sonunda bilim tarafından üretileceği ve teknoloji sayesinde hayata geçirileceği inancı giderek her toplumda kök salıyor.

Ünlü sosyolog Zygmunt Bauman'ın "Modern aklın ötekisi, çok-anlamlılık, bilişsel uyumsuzluk, çok-anlamlı tanımlar ve olumsallıktır ; muntazam sınıflandırmaların ve dosya dolaplarının dünyasındaki çok-anlamlılık. Modern aklın egemenliği, tanımlama ve tanımla sabitleme iktidarı olduğu için, kesin bir tayinden kaçan her şey bir anormalliktir, bir meydan okumadır. Bu egemenliğin ötekisi, dışlanmış ortalamanın yasasının ihlalidir..." şeklindeki ifadesi, müphemliğin yanı sıra mutlaka olumsallığı da modern kesinlik arayışının karşıtı olarak ele almamızı ve kavram dünyamıza yerleştirmemizi gerektiriyor. Müphemlik ve olumsallık, biz modernlerin zihin işleyişinin mutlaka yok edilmesi gereken kavramları olunca, günümüzde hoşgörüyü ve toleransı niye kaybettiğimizi, fanatizmin ve ırkçılığın niye başımızın belası olduğunu daha iyi anlayabiliyoruz.

Bu yazıda modern zihnimizin kesinlik arayışını daha iyi anlayabilmek için ona bir de "dünyanın kontrol edilemezliği" açısından bakmak istiyorum.

Dünyanın Kontrol Edilemezliği

Günümüzde kesinlik arayışının ve her şeyi hesap ve kontrol edilebilir hâle getirme çabasının had sahaya varması ama bunun yanı sıra olumsallığın ve müphemliğin alabildiğince ortadan kaldırılması, modern zamanları anlamak için kafa yoran birçok düşünürün dikkatini çekiyor. Günümüz Alman düşüncesinin önemli temsilcilerinden Hartmut Rosa da bu konuyla ilgili olarak *Dünyanın Kontrol Edilemezliği* başlıklı önemli bir kitap yazmış. Rosa'nın modern zamanlarda kesinlik arayışına tüm tabiatı ve insanı, insan ilişkilerini kontrol etmeyi amaçlayan arzuyla ilgili şu tespitleri, şimdiye kadar söylediklerimizi pekiştirmede hayli işlevsel olabilir.

"Kendi arzularımız üzerinde hiçbir kontrolümüzün olmadığı ve aynı zamanda bu arzunun yapısı, yönü ve nesnelerinin sadece bir şans meselesi olmadığı, en katı ekonomik, bürokratik veya kavramsal referanslar için bile gayet açıktır... Cinsel olarak kimi arzuladığımız, bizi uyandıran ve çeken şey, kendi irademizin ötesinde bir şeydir. Aynı şekilde, yiyecek ve içecek, müzik ve edebiyat, giyim ve moda, nerede ve nasıl yaşamak istediğimiz, isteklerimiz, özlemlerimiz, sempatilerimiz ve antipatilerimiz ile birlikte bize basitçe 'verilmiştir'. Eğer modernite, dünyayı kontrol edilebilir kılmaya yönelikse, bu düzenleme öncelikle libidomuz için kontrol edilebilir hâle getirme arzumuzdan kaynaklanmaktadır..."

Dünyanın Kontrol Edilemezliği kitabının yazarı Rosa, modernliğin her şeyi hesap etme, kontrol etme şeklinde kendini dışa vuran kesinlik arayışını sırf insani arzunun niteliği nedeniyle imkânsız olarak görüyor ve buradan enteresan bir sonuca ulaşıyor:

"Arzu, henüz ulaşılamaz bir şeyi ulaşılabilir bir yere getirme isteği tarafından yönlendirilir. Ve belki tam da bu bize, modernitenin sınırsız yükselme oyununu, her şeyi ve herkesi kontrol edilebilir kılma çabasını, ihtiyaç duyduğu motive edici enerjiden yoksun bırakmanın ve bunu bir şekilde libidomuzla olan bağlantısını 'koparak' yapmanın anahtarını sağlamaktadır. Benim iddiam, insan arzusunun temel yapısının ilişkiler için bir arzu olduğudur.[7] 'Elimizde olmayan' bir şeye ulaşmak ve ulaşılabilir kılmak istiyoruz. Bu şey yeni bir gitar, tablet, bilgisayar, göl veya sevdiğimiz biri olabilir. Tüm bu durumlarda, arzu, arzulanan şeyle tepkisel bir ilişkiye girmeyi amaçlar. Bununla birlikte, her hâlükârda, arzunun, diğer kişinin içinde veya onunla birlikte 'keşfedecek' hiçbir şey kalmadığında, ona tüm özellikleriyle hükmettiğimizde ve kontrol ettiğimizde, ona tamamen sahip olduğumuzda sona erdiğini iddia ediyorum... Tam kontrol, arzuyu ortadan kaldırır. Oyunlar anlamsızlaşır, müzik çekiciliğini kaybeder, aşk soğur. Kontrol edilemezlik arzu açısından anlamsızdır, tam kontrol ise çekici değildir. Bu dünyayla başarılı bir ilişkinin, şeyleri kontrol edilebilir hâle getirmeyi değil onları ulaşılabilir hâle getirmeyi amaçladığı anlamına gelir. Karşıtımıza bir şekilde ulaşabilmeliyiz. Karşıtımız ne kararsız dolayısıyla ne tamamen keyfi ne de tamamen kontrol edilebilir olmalıdır ve bu yapıdan canlılık deneyimini mümkün kılan bir yanıt ilişkisine girmek mümkün olmalıdır."

Rosa'nın bu tespitleri modern insanın ruh hâlini, nasıl bir açmazın içinde olduğunu da ele veriyor. Hem her şeyi kesin olarak bilmek hem de sürekli arzularımızın tatmin bulduğu bir hayat istiyoruz, üstelik bu ikisinin aynı anda gerçekleşmesinin imkânsız olduğunu göremeyecek kadar bilincimiz sisli. Hani Milli Piyango reklamında "Size de çıkabilir ama bilet alınca" deniyor ve fakat "tüm biletleri almamalısın!" sözü saklanıyor ya, işte öyle bir hâldeyiz.

---

7 Rosa, bunun her ne kadar kendi iddiası olduğunu söylüyorsa da bu tam olarak böyle değil. Hegel, insani arzunun ayırt edici niteliğinin başkasının arzusunu arzulamak olduğunu yıllar önce söylemiştir. Psikanalitik nesne ilişkileri teorisyenleri, insan dürtüsünün tatmin değil, ilişki aradığı tespiti üzerine psikanalizi yeniden kurgulamıştır. Bu tespitleri biz de aşk ve karşılıksız aşk sendromu tablolarını ele alırken kalkış noktası olarak kullanmıştık. Ayrıntısı için bizim *Aşk Her Şeyi Affederse* kitabımıza bakınız.

Rosa, modern kültürün dünyayı ulaşılabilir kılma yönündeki özleminin her şeyi kontrol altına alma talebine dönüşerek büyük bir hata yaptığı kanaatinde. Ona göre bir başka hata da insan ilişkileri için olan temel insan arzumuzdaki ulaşılabilirlik ve kontrol edilebilirlik isteğinin, nesneler için bir arzuya çevrilmesi. Tüketimin ve meta kapitalizminin mantığı da bu arzumuza cevap vermeye çalışmayı esas alıyor ve ortaya dev bir fetişleştirme süreci çıkıyor.

"Arzu ettiğimiz nitelikler, nesnelere ve metalara (gemi turları, çöl safarileri, Ayurveda tedavileri vb.) atfedilir; istenilen doyum, (belirsiz ve ulaşılamaz) dönüşüm sürecinden değil, onların (güvenilir ve ulaşılabilir) sahiplenilmesinde aranır." Ancak insan satın aldığı ve dolayısıyla kontrol ettiği bu ürünlerle bir türlü tatmin bulmaz, kendini hakiki bir yaşantının içine bırakamaz, bu kez yeni bir ürüne yönelir: "Kapitalizmin başardığı sihirli numara, tüketiciler olarak bizi, onları arzulamayı ve satın almayı bırakacak kadar değil, daha yeni ve her zamankinden farklı olanları doyumsuzca arzulayacak şekilde, sonsuz derecede tırmanan bir umut ve hayal kırıklığı sarmalında (aslında aradığımız şeyi asla bulamayacağımız) tüketiciler olarak bırakmaktır...

Modernite bize, dünyaya olağanüstü bir erişim ve kontrol sağladı. Çağdaş toplumda libidonun, yani yakıcı arzunun, 'ateşli' şehvetin azaldığına dair çok sayıda gösterge var; öyle ki birçok araştırmacı, duygu sonrası, cinsellik sonrası bir çağdan bahsetmektedir."[8] Ona göre dünyamızdaki hayal

---

8 Rosa, duygu-sonrası, cinsellik-sonrası toplum tanımları için bazı Alman düşünürleri referans veriyor. Ancak duygu-ötesi toplum tanımının patenti sosyolog S. Mestroviç'e aittir. Mestroviç, Batı toplumunun Bosna'da uygulanan Sırp vahşetine karşı sessizliğini bu kavramla açıklar ve modern zamanlarda insanların duygusuzlaşmasını etraflıca analiz eder. Mestroviç'in çalışması konusunda bakınız: http://www.erolgoka.net/bati-toplumunun-olumcul-sessizligi/ ve http://www.erolgoka.net/duyguotesi-toplum/

kırıklığı, depresyon, dizginlenemez öfke ve şiddet artışından dünyayı saldırganca kontrol etmeye çalışma, ona sahiplenme ve tahakküm etme arzumuz yatmaktadır. Rosa, tüm bunlar nedeniyle dünyanın geleceğinden büyük bir endişe içindedir. Bu tezine nükleer teknolojilerdeki sözüm ona gelişmeleri örnek verir. Kontrol edilemez olan bir canavar olarak geri gelmektedir.

Yapay Zekâ ve Robotları Hesaba Katmazsak

Rosa'nın tespitlerine temel olarak katılıyorum. Ama kolayca yapabileceği hâlde nasıl olup da giderek bir kumara benzeyen piyasaları, hayatımızı, fanatizmin girdabına sürüklenen riskli siyasi tercihleri bu bakışın içine yerleştiremediğine şaşırıyorum. Ben sadece insanın arzulayan, hayalleri olan, rüya gören bir varlık olması hasebiyle değil âlemin cevherindeki yatışmaz çelişkili yapısı nedeniyle de dünyanın asla kontrol edilemeyeceği kanaatindeyim.

Kendi adıma rastlantı ve zorunluk üzerine okumalarımdan, gözlemlerimden ve yaşadığım tecrübelerden şöyle bir sonuca ulaştığımı söyleyebilirim. Elbette kıyamet inancını ayrı tutarak, eğer hayatın ve tabiatın tıpkı bir insan gibi belli bir amaç ve akılcılık ilkeleri doğrultusunda hareket ettiğini düşünen bir dogmatik veya her ortaya çıkan şeyin bilinebilir ve belli bir nedeni olduğu düşüncesinde olan bir belirlenimci (determinist) değilsek rastlantıyı kabul etmek durumundayız. Şüphesiz hayatta da tabiatta da insan yaşamında da işleyiş, belli kurallar dairesinde ve bir düzen içindedir. Ama bu harikulade işleyiş içinde aynı zamanda an be an her görüntü değişir ve harikuladelik bu sayede katlanır. İşte bu değişikleri ortaya çıkaran, her şeyin birbirinin tıpkısının aynısı olmasını önleyen nedir diye baktığımızda bize hiç değilse dışarıdan 'rastlantı' olarak görünen, aynı anda ortaya çıkışı başka bir kavramla daha iyi açıklayamadığımız durumlar da vardır. Âlemin ve hayatın işleyişini tarif edebilmek için mütemadiyen sabit kalan ve dümdüz bir seyir izleyen bir akıştan ziyade sürekli bir oluş ve bozuluş (el-kevn ve'l-fesâd) süreci daha uygun düşmektedir.

Ancak Rosa da ben de dünyanın kontrol edilemezliğini öne sürerken bir ihtimali hesaba katmıyoruz. Yapay zekâ ve robotlar insanı yenerse, teknoloji ontolojiyi ortadan kaldırmayı başarırsa, bildiğimiz, tanıdığımız insan tamamen yok edilirse dünya da büyük ölçüde kontrol altına alınmış olur!...

IVAN ASCHER'İN *PORTFÖY TOPLUMU*

Modernlik, insanlık tarihinde yepyeni bir düşünme, araştırma ve uygulama gündeme getirdi. Geleneksel zamanlarda insanlar, neyin rastlantı neyin zorunlu olduğuna bugünkünden hayli farklı bir biçimde cevap veriyorlar, âlemi ve hayatı ona göre algılıyorlar, insan-tabiat ve insan-insan ilişkilerini ona göre yönlendirmeye çalışıyorlardı. Denilebilir ki belki kısa ve iddiasız ama bizden daha anlamlı ve kendilerini daha sorumlu gördükleri bir dünyaları vardı. 'Müphemlik' (ambiquity), 'olumsallık' (contingency), 'kalbî akıl', 'basiret ve feraset', geleneksel dünyanın temel zihin kategorileriydi. Buradan derinlikli bir zihni kavrayış, iç-görü ve kendini anlama ve gerçekleştirme hayat stratejisi kolaylıkla çıkabiliyordu. Mücadeleyi ve azmi elden bırakmadan tevekkül ve teslimiyet içinde yaşama dengesini başarabiliyorlardı. 'Kader' ve 'nasip' gibi kavramları kesinlikle bizden daha çok ama mutlaka büyük ölçüde farklı bir içerikte kullanıyorlardı. Büyük ihtimalle 'şans', 'tâlih' gibi kavramları bizim kadar kullanmıyorlardı ve kesinlikle bir şans oyunları girdabında dönüp durmuyorlardı.

Modernlik esasen ihtimallerin çanına ot tıkamak, belirsizlik arayışına son vermek amacıyla gündeme geldi. Nicelik, ölçme, olguculuk ve onlara dayalı bilim, bu motivasyonun sonucu olarak yüceltildi. Tek-anlamlılık, tekdüzelik homojenizasyon, teknik aklın ve teknolojinin egemenliği peşi sıra sökün etti. Kesinlik arayışı ve fanatizm, insan varoluşunu ve anlam arayışını bir mahzene kapatıp müphemlik ve olumsallığı olabildiğince yok edince insanın seçim iradesi, yeni ve umut dolu bir ihtimal arayışına ve maalesef bu arada özellikle psikolojik dünya ve kişilik yapısı olarak şans oyunlarına yöneldi. İhtimal hesaplarının yanı sıra tüketim toplumunun çağrıları sürekli 'fırsat' ve "kazanma" temalarıyla hareket edince bir nevi tüm tercihlerimizin bir şans oyunun içindeymişiz hissini ortaya çıkardı. Eskiden de dünya hayatının oyun olduğunu düşünürdü insanlar ama biz onu âdeta bir şans oyuna çevirdik. Bireycilik, bencillik, toplumun 'sosyopati kutbu' adını verdiğim adeta kendi aleyhine işleyen tarafı güçlendi. Hayat oyununu tevekkül ve dayanışma içinde, daha bir neşeyle oynayamaz hâle geldik."

Hayat Oyunu: Şans, Kader, Kumar kitabımızda modern zamanlarda şans oyunlarına yönelmenin neden arttığını, niye adeta hayatımızın kumara benzemeye başladığını anlatmaya yukarıdaki tespitlerle başlamıştık.

Modernlik ve kapitalizmin bir yandan tüm ihtimalleri yani şansı bilinebilir hâle getirmeye, terbiye etmeye çalışırken bir yandan da tam tersi bir yönde ilerlediği, şans oyunlarını ve kumarı önceki zamanlarla kıyaslanmayacak derecede artırdığı söylenebilirdi. Modernlikle ve kapitalizmle birlikte ele almamız gereken, oyunun ve şansın aldığı yeni biçimleri de göz önünde bulundurmalı, yaşadığımız topluma 'tüketim toplumu', 'risk toplumu' gibi adlar verilmesinin üzerinde durmalıydık. Ama modern kapitalizm ortamında yaşamanın ve karar vermenin âdeta hayatın kendisini kumara çevirdiğini anlatabilmek için bu kavramlar yetmiyordu, yeni bir kavrama ihtiyaç vardı. Kanaatimce bu içeriği en iyi anlatan kavram, 'portföy toplumu'... Ivan Ascher'in aynı adla bir de kitap yazdığı bu kavram, hem yaşadığımız toplumu hem de bu topluma göre biçimlenen günümüzde hemen hepimizin zihin işleyişimizi tasvir etmek için hayli elverişli.

Vampirden Zombiye

Karl Marx'ın insan ve toplum ile ilgili birçok eksik ve hatalı kavrayışı olduğunu düşünüyorum buna rağmen, insanın zihnine ve bilincine maddi yaşam pratiklerinin mutlaka etkide bulunacağı, yani insanın sosyal yaşamının sosyal bilincini belirleyeceği fikrinde haklı olduğu kanaatindeyim. Ona göre bir sarayda ve bir kulübede yaşamak doğrudan doğruya insan zihnini değiştirici bir etkiye sahipti; bir sarayda ve bir kulübede aynı şekilde düşünülemezdi. Marx'ın bu fikri, Hz. Ali'nin "Neye inandığımız nasıl yaşadığımızı belirlemez. Nasıl yaşadığımız neye inandığımızı belirler" (Nehcü'l Belaga) sözüyle birlikte düşünüldüğünde çok geniş ve derin bir anlam kazanır ama şimdilik konumuzdan ayrılmayalım...

Kapitalizm, insanlık tarihinde üretim ilişkilerinin yepyeni bir hâli, öncekilerle kıyaslayarak onu anlamamız mesela efendi-köle diyalektiğinden giderek kapitalist-işçi ilişkisini çözümlememiz mümkün değil. İster işçi, ister patron, ister ikisi birden dindar olsun üretim sürecinin kendine has işleyen bir kuralı var. Bu kural, 'doymak bilmez tamahkârlık ve dizginlenemez büyüme isteği.' Marx, kapitalistin doymak bilmez tamahkârlığını "vampir metaforu" ile açıklamaya çalışıyor ve bu metaforu başta *Kapital* olmak üzere onun tüm külliyatına temel yapıyor. *Hece Dergisi*'nin "Karl Marx Özel Sayısı"nda Mustafa Ertürk, vampir metaforunun Marx'taki anlam katmanlarıyla ilgili şunları söylüyor:

"Birinci düzlemde kapitalist ve burjuvaziyi temsil eder; ikinci düzlemde sermayenin bizatihi kendisini temsil eder; kapitalist ve sermayenin yaşayan-ölü veya "emekle yaşayan-ölü" olma hâlini temsil eder ve son olarak kapitalist ve sermayenin genişleme nosyonunu temsil eder. Toplumsal gerçekliği ekonomik gerçeklik dolayımıyla aslında metaforlaştıran Marx, döngüsel ve görünmez olan ekonomik gerçekliğin sermaye, emek ve sömürü ilişkisini görünür kılmaktadır."

Gerçekten de vampir metaforu, kapitalist sermayenin ancak düzenli biçimde artarak hayatını sürdürebileceği gerçeğine tıpatıp uygun, sadece ona değil günümüzü en iyi biçimde tasvir ettiğini düşündüğümüz 'portföy toplumu' kavramına da... Ancak *Portföy Toplumu* yazarı Ivan Ascher, Marx'ın *Kapital*'de yaptığı meta fetişizmine dair analizleri bugünün finans dünyasına uygulamanın sonucunda vampir metaforunun bile yetersiz kaldığı kanaatinde. Ascher, kapitalizmin "vampir"in günümüzde artık "zombi"ye dönüştüğü sonucuna ulaşıyor.

Ascher'e göre günümüzde finans piyasaları, toplumları allak bullak etmektedir zira kapitalist üretim tarzı kapitalist öngörü tarzına dönüşmüş, ekonomiye hükmedenler üretimden öngörüye kaymışlar, ekonomiyi ve toplumsal alanı bir kumar salonuna çevirmişlerdir. Artık bir şeyler üretmenin veya doğrudan hizmet sağlamanın zorluklarıyla kimse uğraşmamaktadır. İnsanlar günümüzde risk toplumunun alt katmanlarına iştirak etmek, riski ve disiplini aşağı doğru dağıtırken işleyişini gizleyen bir sistemi desteklemek zorunda bırakılıyorlar. Günümüzün finans kapitalizmi Marx'ın çözümlemeye çalıştığı zamanlardan çok daha hızlı ve derin karmaşıklık içeriyor, kendi çelişkilerini toplumu büyüleyerek örtüyor. Ascher, günümüz portföy toplumunda herkesin piyasaları, borsayı, dünya paralarını, petrol ve altın gibi değerli madenleri ve bitcoin fiyatlarını takip etmekten, sözüm ona en karlı olana yatırım yapacağım derken asla denetleyemeyeceği bir süreçte oradan oraya atlayıp durduğunu ve âdeta zombileştiğini öne sürüyor.

Evet, ben de aynı kanaatteyim; herkes gibi biz de adeta insanlıktan çıkıyor, zombileşiyoruz. Yaşadığımız toplum, piyasaları; moda, reklam ve halkla ilişkiler sektörleri aracılığıyla hayat planlarımızı, kararlarımızı ve seçimlerimizi yaparken neredeyse şans oyununa benzer bir zihin işleyişine bizi zorluyorlar. Hayatlarımız her geçen gün giderek daha fazla kumar oyununa, zihinlerimiz her geçen gün giderek daha fazla kumarbazın zihnine benzemeye başlıyor. Günümüzde kumar sorunundaki ve kumarbazlık psikopatolojisindeki artışın tüm bunlarla ilişkili olduğunu tahmin ediyorum. Günümüzde yaşantılar ve zihniyet yapılarında ortaya çıkan bu değişimlerin, aslında kumar bağımlısının düşünme ve karar verme süreçlerinde de görülebileceğini düşünüyorum. "Kumar bağımlılığından mutazarrır olan kişi; hayatın kontrol edilemez yapısına, müphemliğine, insanın belli bir anda birçok farklı biçimde karar verme potansiyeline (olumsallığa) ezcümle belirsizliğe gösterdiği tahammülsüzlük ile modern zihnin daha fanatik bir taşıyıcısı gibi görünüyor" dersem, fazla iddialı bir cümle kurmuş olacağımı sanmıyorum.

Oyun, şans gibi kavramlar ve piyasalar gündelik hayatın içinde yaptığımız tercihler vs. nedeniyle şöyle ya da böyle hepimizi artık çok fazla şekilde ilgilendiriyorken nasıl oluyor da bazılarımızda şans oyunları bağımlılık yapıyor, hayatlarındaki en önemli hatta tek mesele hâline gelebiliyor? Sorusuna biz klinisyenler kafa yoralım. Tamam bu noktada anlaşabiliriz ama yaşadığımız 'portföy toplumu'nda kendimizin ve insan ilişkilerinin bir vampirinkinden ve zombininkinden ne kadar farklı oluğunu düşünüp ortaya koyma vazifesinden hiçbirimiz kendisinin muaf olduğunu zannetmesin!...

GÜNÜMÜZÜN AKIŞKAN AŞKLARI VE BAUMAN

Onun tıpkı Emmanuel Levinas gibi etik ve siyaseti keskin hatlarla birbirinden ayıran, kavmiyetçiliğe kapı aralayan *Postmodern Etik*'teki bakışına karşı çıktım ve eleştirdim[9] ama "günümüz dünyasındaki insan ilişkilerini, özellikle kadın-erkek ilişkilerini en iyi biçimde tasvir eden düşünür kimdir?" deseniz, cevabım kesinlikle 2017'de vefat eden büyük düşünür Zygmunt Bauman olacaktır.

Bauman, başka düşünürlerin postmodern diye aktardığı günümüzü en iyi ifade eden kavramın "akışkanlık" olduğu kanaatindedir, o yüzden yaşadığımız zamanlara "akışkan modernlik" adını verir. Henüz aramızdan ayrılmadan yazdığı 2012'de yazdığı *Akışkan Aşk* kitabında bizi aşk ve kadın-erkek ilişkileri konusunda uyarmayı görev bilir. Gelin bu fevkalade önemli çalışmadaki saptamalara birlikte göz atalım.

Kamusal insan çökmüştür. Politik kategorileri psikolojik kategorilere indirgeyen bir mahremiyet ideolojisi yükselmektedir. Bir yanda özgürlük ihtiyacı diğer yanda aidiyet açlığı; bir yanda yalnızlık diğer yanda topluluğun içinde erime korkusu... "Senin hayatın, senin seçimlerin, senin kimliğinin parçası..." insana dair en çok duyduğumuz sözlerdendir. Herkes kendi kimliğine yakın olanları "biz" olarak niteleyip onları kardeşleri olarak görürken diğerlerini dışlar. Hiç tanımadığı insanların hayali cemaatine üye olduğuna inandırır kimlikleri insanları.

---

9 Bakınız: https://www.erolgoka.net/benim-levinasim/

Yalnızlıktan kurtulabilmek için küçük pohpohlamalar, yakınlaşmalar, hayali cemaatine mümkün olduğunca kendisi hakkında ifşaatta bulunma, herkes gibi olmaya çalışmaktan başka bir yol kalmamıştır. Böyle bir dünyada karşılıklı olarak teşvik edilen benlik ifşaatları üzerinde temellenen içsel benlerin birliği, aşk ilişkisinin çekirdeğini oluşturabilir. Aşk bu dünyada da vardır ama kalıcı, sağlıklı bir ilişkiye dönüşmesi çok zordur. Aşk adasının ötesindeki dünya, şaşkına çeviren ses ve görüntü potporisiyle doludur. Aşk adasındaki iki hayalperest âşık, kendi dışlarındaki dünyayı ehlileştirmeye, evcilleştirmeye muktedir değildir; eninde sonunda anlaşmazlık, fikir ayrılığı ve uyumsuzluklar karşısında güçsüz kalacak, bir süre sonra birbirinden kaçıp kurtulma arzusu baş gösterecektir.

Her Şey Gibi İlişkiler de Akışkandır

Günümüzde insan ilişkilerinin en belirgin özelliği kırılganlık olduğu için, Bauman "akışkan" sıfatıyla tanımlamaya çalışıyor zamane aşklarını. Ona göre aralarında gerçek ilişki bulunmayan günümüz insanı, hiç durmaksızın yeniden yeniden, kablolu ve kablosuz, akışkan bir modernite içinde bağlar kurup bir süre sonra bağsız kalıyor. Özgürlük ihtiyacını ve aidiyet açlığını eş zamanlı olarak gidermeye çalışıyor, modern gündelik hayatın içinde başvurduğu yollar bu iki özlemin yenilgilerini gizlemeye yarıyor. İki ucu keskin bıçak gibi ilişkilerde, düş ile kâbus arasında gidip geliyor. Deneyimini ve insan ilişkisinden beklentisini "ilişkiye girme", "ilişki yaşama" terimlerinden ziyade "bağlantıda olma", "hatta kalma" sözleri açıklıyor. "Eş"ten ziyade "ağ"-dan söz ediyor. "Kendine bir ağ oluşturma"ya, "ağ üzerinde sörf yapma"ya çalışıyor. "Bağlantı" dediği ise, sanal ilişki; kolayca girilip çıkılıveren, ayrıca bakım, özen ve ciddiyet gerektirmeyen, şık ve kullanıcı dostu, "delete" tuşuna basınca kurtulması mümkün ilişki.

Görünüşte bireymiş gibi duruyor ama tam da değil, adeta kararnameyle birey olmuş gibi. İncecik bir buz tabakasında paten kayan, düşmemek, soğuk suda hem donup hem boğulup ölmemek için sürekli sürat yapmak zorunda kalan, güven ve taahhütten uzak bir yaşama sürmeye mahkûm olan günümüz insanı... Sadece bazı noktalardan, dünya görüşü, yaşama tarzı gibi açılardan bize benzeyenlerle "benzerlik cemaatleri"ne katılma şansımız var ama artık onlar bile yerlerini olaylar, idoller, panikler ya da modalar etrafında oluştuğu varsayılan "durum cemaatleri"ne bırakıyorlar...

İnternet üzerinden cep telefonuyla ve mesajlarla gevezeliklerimiz içinde ve bunlar aracılığıyla, içebakışın yerini en mahrem sırlarımız ve alışveriş listemizle birlikte sergileyen çılgınca ve uçarı bir etkileşim almış görünüyor. Herkesin her şeyden haberdar olduğu ama hiçbir şey hakkında fikri olmadığı bir dünya...

Böyle bir görünüm sergileyen insanın temel aktör olmasıyla açıklıyor günümüzdeki "danışma patlaması"nı Bauman. Günümüz insanının görevleri fazlasıyla karmaşık ve yoğun; tek başına altından kalkamayacağı, tahlil edemeyeceği kadar güç, bu yüzden insan her fırsatta soluğu danışma verdiğini söyleyen uzmanların yanında alıyor. Uzmanların sonu gelmez öğütlerinden yararlananlar; haftalık ve aylık lüks dergilerin, ciddi ve daha az ciddi gazetelerin haftalık eklerinin "ilişki" sütunlarına göz gezdirerek "haberdar" kişilerden işitmeyi diledikleri şeyi işitmeye çalışıyorlar. Çünkü kendi adlarına bunu yapamayacak, "kendilerine benzer" kişilerin yapıp ettiklerini dikizleyecek ve ikilemle baş etme çabalarında yalnız olmadıkları konusunda uzmanların onayladıkları bilgiden neyi edinmek onları rahatlatacaksa onu çıkartacak kadar utangaçtırlar.

"Böylece okur, danışmanların dolaşıma soktukları başka okurların deneyiminden, 'elde var ilişkiler', yani 'ihtiyaç duyduklarında ellerinin altında bulabilecekleri' ama ihtiyaçları olmadığında ceplerinin derinine atabilecekleri ilişkiler deneyebileceklerini öğreniyor günümüzde insanlar. Ama bu ilişkiler hazır portakal suları gibidir: Konsantre olduklarından mide bulandırırlar ve sağlığı ciddi biçimde tehlikeye atarlar. Tıpkı bunlar gibi ilişkiler de kullanırken sulandırılmalıdır. Bu 'yarı-bağımsız çiftler', ikili olmanın boğucu baloncuğunu patlatma şerefine ermiş devrimci ilişki kurucuları olarak övülürler. Bu ilişkiler, otomobiller gibi hâlâ trafiğe çıkabilir olduklarından emin olmak için düzenli araç muayenesine katlanmak zorundadırlar. Sonuçta öğrendikleri şey taahhüdün, özellikle de uzun vadeli taahhüdün tuzak olduğudur ve 'ilişki kurma' çabası herhangi bir başka tehlikeden çok bundan uzak durmayı bilmelidir."

Oysa Gerçek Aşk

Oysa gerçek aşk yaşantısı, böyle bir dünya görüşü, böyle bir insan ilişkiler ağıyla taban tabana zıttır. Zaten Bauman da bunu anlatabilmek, bu konuda bizi uyarabilmek için yazmıştır. Aşktaki ötekine zevk verme yetimizi tecrübe etme, benlik ve his farkındalığımız sayesinde ilişkinin anlamını genişletmeyi başarabiliriz. Kişi, karşısındaki insandan ne aldığını bilir, onu hisseder, sözlü olarak onaylasın ya da onaylamasın deneyimine katar ve bunun için minnettar kalır. Bir birlik hissi, karşılıksız, çıkarsız bir sevgi ortaya çıkar.

Bir toplumda insanlar arasında arkadaşlık, dostluk hisleri çok güçlüyse aşk için uygun vasat var demektir. "Kullan-at" türü ürünleri teşvik eden, hızlı çözümlere, anlık tatminlere, riskten kaçınmaya ve garantiye dayanan bizimkisi gibi bir tüketim toplumunda alçakgönüllülük ve cesaret yoksa olmayacak olan aşka yer bulmak neredeyse imkânsızdır. Tüketim nesneleri caziptir; atıklar iticidir. Arzunun ardından atıklar ıskartaya çıkarılır. Aşk ise özen göstermektir ve özen gösterilen nesneyi koruma arzusudur. Arzu oburca tüketmek isterken, aşk sahip çıkmak ister. Tüketim arzusu ne kadar bencil ve merkezcilse, aşk o kadar adanmış ve merkezkaç güçle çalışır; hizmette olma, her an hazır olma, emre amade olma anlamına gelir.

Aslında aşk ve arzuyu değil de geçici istekler ve dileklerle, uzun süreli emek ürünü aşk arzusunu karşı karşıya koymak gerekir. Aşk bir kişiyi, güveni özgürlüğün önüne alabilmeyi gerektirir. Aşkın ardından sevgiye dayalı gerçek bir çift olabilmek için eşlerin sürekli birbirilerini övme becerisini gösterebilmeyi, her hâlükardâ kabul edici, sahiplenici, huzurlu bir liman olduğunun gösterilebilmesi gerekir. Çift olmak, bir insanı tanımlı kılmak adına, belirsiz bir geleceğe rıza gösterebilmek demektir. İnsanın uzun süren, döllenmeyi ve büyümeyi gerektiren aşk arzusunun yanı sıra bir de kısa ömürlü, gelip geçici dilekleri vardır.

Günümüzde alışveriş merkezleri, dileklerin kısa süreli uyanma ve sönme hızlarını dikkate alarak tasarlanmışlardır. Kısa süreli, bir gecelik ilişki istekleri bu anlamda bir dileğin peşinden gitmek, kapıyı başka ihtimallere hep açık bırakmak anlamına gelir. Bu durumu tıpkı günümüzün borsasındaki işleyişe benzetir Bauman ve "Hisseler satın alıyorsunuz ve onları bir değer artışı görülene dek elinizde tutuyorsunuz, sonra karlar düşer düşmez ya da başka hisseler yüksek bir gelir habercisi olduğunda alelacele satıyorsunuz (bütün numara, uygun anı kaçırmamakta)" der. Bugün ilişkilere de tıpkı yatırım aracı gibi bakıyoruz. Ancak bir yandan da hâlâ evlilik gibi eski geleneksel alışkanlıklarımızı sürdürüyoruz. Borsanın tek farkı satın aldığımız hisselere sadakat yemini etmememiz, "varlıkta ve yoklukta, hastalıkta ve sağlıkta, ölüm bizi ayırana kadar bir yastıkta kocayacağımıza..." diye söz vermememiz. Tabii böyle sözler verince de kimse pek de inanmadığı hâlde sadakatsizlik, aldatma vs. gibi temalar hâlâ alıcı bulabiliyor.

Nitelik olmadığında selameti nicelikte ararız. Belirli bir sürenin anlamı kalmamışsa sizi kurtaracak olan şey, değişimin hızıdır. Her şeyin sayılarla ifade edildiği ve başka türlü anlaşılmadığı, kitapların kalitesinin satış sayısıyla, bir filmin veya bir olayın performansının izlenme oranlarıyla, hatta Bauman'ın sözleriyle "tanınmış bir kişinin niteliğinin cenazesini izleyen kişi..., entelektüelin kalitesinin alıntı yapılma" sayısıyla ölçüldüğü bir zamanda, bir ilişkiden diğerine atlanma dileğinde bulunmaya da şaşmamak gerekir. Zaten ilişki danışanları da bizi ilişkilerin " 'Her an çekilip atılabilecek hafif bir palto gibi omza atılmalıdır' ve en çok kaçınılması gereken şey, bu ilişkilerin iradedışı ve kaçamak şekilde 'çelik cendere'ye dönüşmesi" olduğuna inandırmaya çalışırlar. "Yakalanmayın! Sıkı sıkı sarılmayın. Unutmayın ki bağlılıklarınız ve vaatleriniz ne kadar derin ve yoğun olursa riskler de o denli büyük olacaktır... Bütün bu yumurtaları tek bir sepete koymanın budalalığın dik alası olduğunu ise hiç unutmayın!" derler. Modern akışkanlık, çelik cendereye benzeyen kalıcı bağlılıkları reddeder, hafif giysiler önerir Bauman'a göre.

Bauman'ın İlişkilerimizle İlgili Gülleleri

Akışkan Aşk kitabındaki günümüz insanı ve yaşantılarımız hakkında gülle gibi sözleri devam ediyor Zygmunt Bauman'ın...

Uzun süreli ve gerçek ilişkiler yerine, bir ağda bağlı kalmayı tercih ediyor insanlar. Cep telefonları sürekli çalıyor ya da böyle olduğunu umuyorlar. Ama bunun için de cevapsız çağrılardan sonra başvurabileceğiniz geniş, çok geniş bir bağlantı portföyünüz olmak durumunda. Cep telefonları uzakta kalanların temasa geçmesini sağlarken daha çok da temasa geçenlerin birbirlerinden uzakta kalmasına neden oluyor. Zira gerek cep telefonu gerek internet üzerinden sağlanan bu bağlantılar, sürekli hareket eden ve hep hızlı olmaya çalışan insanın ayağının altındaki zeminin kayıp gittiği hissini bir an için ortadan kaldırabilirler diye düşünüyor Bauman.

"Etrafımızdaki kalabalık tadımızı kaçırdığında da hemen bu ağın içine sığınabilirsiniz, kopuverirsiniz kalabalıklardan... Birbirinden kopan insan kitlesi: Daha kesin ifadeyle bir sürü. Birliklerini sağlamak için ne komutana ne şefe ne de ajan provokatör ya da hafiyeye ihtiyaç duyan, kendi kendini teşvik eden kişiler toplamı. Hareketli her birimin aynı şekilde hareket ettiği ama hiçbir şeyin ortak yapılmadığı hareketli bir bütün. Bu birimler tek sıraya girmeden uygun adım yürürler: Klasik kitle kendinden kopan birimleri kovar ya da onları ezer, sürünün izin verdiği tek şey bu birimlerdir. Cep telefonları sürüyü yaratmadı, ama bulunduğu durumda -sürü hâlinde- kalmasına katkıda bulunuyor."

Önce mahremiyetimizi dalgıç giysisi gibi taşıdığımız zamanlar geldi. Beklenmedik bir karşılaşmaya yol açmamak için her şeyi yaptık. Ama ardından mahremiyet suları hızla soğudu; evlerimiz yumuşacık mahremiyet adaları, aşkın ve dostluğun paylaşılan teneffüs avlusu olmaktan çıktılar. Kendi evlerimizde sipere yattık, kendimizi odalarımıza kilitledik. Ev, tüm aile üyelerinin ayrı ayrı yan yana yaşayabildikleri, çok-amaçlı bir eğlence merkezi oldu. Elektroniğin yönettiği sanal yakınlık zamanları çıktı geldi. Sanal yakınlığı gerçek yakınlığa tercih etmeye başladık. Bauman'ın sözleriyle "Tek başına olmak, elinin altında bulunan cep telefonuyla odaya kapanmak, evin ortak alanını paylaşmaktan daha az riskli ve daha emin" olarak algılandı.

İnternet üzerinden partner bulmak da mümkündü. Üstelik mektupla gönderilmiş üzerinde "satın alma zorunluluğunuz yoktur", "memnun kalmazsanız ürünü iade edebilirsiniz" gibi ifadeler bulunan bir satış kataloğuna bakar gibi seçebilirsiniz partnerinizi. Tek sorun onun da tercihini aynı kolaylıkla sizden yana yapmasıdır. Alışveriş merkezlerinin daha fazla kâr amacıyla her gün yaptıkları şeyi, siber-buluşmalar partner pazarlığı için gerçekleştirirler.

Sanal yakınlığa yalnızca bir düğmeye basarak son verilebilir, bir elektronik postaya cevap vermemekten daha kolay bir şey yoktur. Sanki yakınlık yükseldikçe gerçek insani bağlar sıklaşır ve yoğunlaşır gibi görünebilir ilk anda ama aslında olan, kısa ve kolayca "işe yaramaz" diye nitelenen bir hâle gelmeleridir. Sanal yoldan bağlı olmak gerçek bir ilişkiye angaje olmaktan çok daha az masraflıdır, bu doğru ama sanal bağlılıkların, bağların inşası ve beslenmesi anlamında çok daha az üretici olduğu da doğrudur. Bu nedenle sanal yakınlığa dayalı ilişkiler kuran günümüz gençlerinin gerçek sosyallik kapasitesi olmadığından, üstelik bundan da telaşa kapılmadığından söz ediliyor. Dayanışmanın, duygudaşlığın, paylaşmanın, karşılıklı yardımlaşma ve sempatinin olmadığı tüketim toplumunu da kolaylaştırıyor sanal yakınlık. Sanal yakınlığın dayanışmadan habersiz, güvensiz ağında tutunmaya çalışanlar, yalnızca tüketim zevki yoldaşı olabilirler.

"Hepimiz belirsizlik ummanında, güvenlik adacıkları üzerinde kurtuluş ararız." Güçlü ve sağlıklı ilişkilere karşı mayınlarla döşeli bu dünyada, yine de insanlar insan olmalarından gelen şevkle, hayatın tüm insanlara verdiği iki çıpayı da kullanmak isterler diye düşünüyor Bauman. Bunlar sevdiğimiz ve sevilmeyi arzuladığımız bir eş ve ona ait olmamızı ve itaat etmemizi isteyen aile kabilesi, yani akraba ağıdır. Bu iki çıpadan da kolayca vazgeçemez, onları birbirine bağlayan halka olmayı sürdürürüz, yakınlığımızı akrabalığa doğru dönüştürmeye çalışırız. Zayıf bir halka olduğumuzu, eşimiz ve ailemiz arasındaki gerilimlerden en fazla sıkıntı çekecek olanın bizzat kendimiz olduğunu bile bile, üstelik sanal yakınlık imkânı varken eş, evlilik ve akrabalık isteğimizi böyle izah eder Bauman.

Yakınlık, bizi akrabalığın sakin limanına götüren köprüdür; bir kuşağın yakınlığı sonraki kuşağın akrabalık potansiyelini içinde taşır. Yakınlık, eş olma bizim tercihimizdir ama sürdürülebilmek, onu hayatta ve sağlıklı tutabilmek için hiç mola vermeden her gün yeniden o noktada olduğumuz dile getirilmeli, bunu onaylayıcı eylemler yapılmalıdır. Bu öyle bir dünyadır ki eğer böyle yapılmazsa yakınlık zayıflayacak, azalacak ve sonra da çürüyerek tamamen çökecektir. İki kişilik yaşamın geniş bir cadde mi yoksa çıkmaz bir sokak mı olacağı bilinemez, en azından önceden bilinemez. Önemli olan, sanki bu farklılık önemsizmiş gibi günler boyunca yol almaktır.

Yakınlığı, eş olmayı ve akrabalığı açıktan öven, adeta geleneksel dünyanın savunmasını yapan Bauman; acaba yaşasaydı, son 15 yılda olup bitenleri de görseydi, aynı satırları yazar mıydı emin değilim. Zira yalnız, "solo" yaşamaya doğru eğilimi giderek artıyor günümüz insanının ve cinsellikle ilgili Bauman'ın yıllar öncesindeki gözlemleri de giderek sıradanlaşıyor.

Zıp Zıp Zıplayan Cinsellik Kangurusu

Günümüz ilişkilerinin en önemli görünümlerinden birisi de cinselliğin özerk bir niteliğe kavuşması, tüketici rasyonalitesinin egemenliğinin ve kullan-at tarzının burada da kendini göstermesidir. Tüketici yaşamı hafifliği ve hızı öne çıkartır, yeniliği ve çeşitliliği destekler. Bu ilkeler cinsellik alanı için de geçerlidir.

Bauman, Alman seksolog Volkmar Sigusch'un "Bizim kültürümüz, ars erotica'yı değil scientia sexualis'i yarattı" sözünü onaylar. Buradaki "eros" sözü aşka ve arzuya, seks sözü ise kadın-erkek ilişkisinin ilişkiden soyutlanmış cinsellik boyutuna daha yakın bir anlama gelmektedir. Aşk ve arzu sanatındansa, cinselliği bilimsel olarak ve bilimselliğin gerektirdiği tarafsızlık nedeniyle duygulardan, bağlılıklardan uzak bir biçimde incelemeyi tercih etmiştir günümüz insanı. "Günümüzde cinsellik artık zevk ve mutluluk olasılıklarının cisimleşmesi değildir. Vecd ve ihlal olarak olumlu anlamda mistifiye edilmiş değildir, tersine, baskı, eşitsizlik, şiddet, suiistimal ve ölümcül enfeksiyonlar olarak olumsuz anlamda mistifiye edilmiştir." Diyen Sigusch'un bu sözlerine ilave eder Bauman: Cinselliğin bilimsel incelemesi, insanlığa sefaletten kurtuluşu vaat etmesine rağmen öğüt, yardım ve destek alabildiği laboratuvar ve terapistin muayenehanesinin dışında insanı (ki artık homo sexualis'tir) öksüz ve yitik bırakmıştır. Ama ne yazık ki bu öksüz ve yitik durum bırakın fark edilmeyi, ataerkil ve sofu (püriten) toplumun hapishanesinden cinselliğin kurtuluşu olarak görülüp kutlanmaktadır.

Homo sexualis, daimi ve değişmez bir durum değildir deneme ve yanılmalarla yol alan, her fırsatı değerlendirerek ilerleyen bir süreçtir. Onun için sağlıklı yada sapkın cinsel faaliyetin sınırları da pek siliktir, hatta çoğu zaman ruhsal rahatsızlıklara karşı terapi olarak önerilir. Cinsel yaşamın zengin çeşitlilikteyse ruhsal rahatsızlıkların da senden uzak olacağına inanılır.

Ama hakkını yememek lazım, bilimin (tıbbın) insanın yaşamına bir katkısı daha olmuştur bu arada. Cinsellik, eros'tan olduğu gibi üremeden de ayrılmıştır. Tıp, üreme sorumluluğunda cinsellikle rekabet hâline girmiştir, önümüzdeki zamanlarda büyük ihtimalle cinselliğin yerini alacaktır. Bu durum elbette Bauman'ın da dikkatinden kaçmaz. "Mail göndererek ya da moda dergileri yoluyla sipariş vermeye çağdaş tüketicilerin alışık olmaları gibi cazip donör kataloğundan bir çocuk seçmek ve seçim yaparken bu çocuğu da seçmiş olmak giderek büyüleyici bir hâl alıyor."

Çağımız bu nedenle artık çocuğun öncelikle duygusal bir tüketim nesnesi olduğu bir zaman dilimidir. Artık anne baba zevklerinin neşesi için istenilen çocuğu elde edemeyenlerin acısını telafiye çalışan ticaret dünyası, orijinal bebeğin bakımında olduğu gibi üretiminde de giderek daha büyük yer alacaktır. Zira artık parası olan her şeye sahip olabilecektir. Çocuklar da ortalama tüketicinin yapabileceği en pahalı alışverişler arasındadır. Aslında çocuk sahibi olmak, sadakati bölen ve bağımlılığı zorunlu kılan, geri getirilemez özellikleriyle modern yaşam politikalarına zıttır ve bu yüzden çoğu insan bu yükümlülüğü üstlenmek istemez.

Giddens versus Bauman

Bunları görür Bauman baktığı dünya resminde. Endişelidir insanlığın geleceğinden, her satırında belli eder tedirginliğini. Bizi hep uyarır nereye doğru gittiğimiz konusunda. Düşünce dünyasında yer etmiş önemli birisi vardır ki zaman zaman onun önerileriyle dalgasını geçmek durumunda kalır. Böyle bir dünyayı ve şimdiki ilişki sistemimizi düşünce adına yüceltmeye cesaret edebilmiş ender kişilerdendir birisidir Bauman'ın alaya aldığı kişi ve bu kişi meşhur sosyolog Antony Giddens'tır.

Giddens'a göre modernlikle birlikte, toplumsal yaşamın yalnızca kendisi değil eskiden "doğa" adı verilen şey de toplumsal olarak düzenlenmiş sistemlerin hükmü altına girmişti. Yaşanan mahremiyet dönüşümü nedeniyle cinsellik çok önemli hâle gelmiş, heteroseksüellik her şeyin değerlendirildiği bir standart olmaktan çıkmış, elbette bu arada aşk da değişmişti. Modernliğin başat aktörü kadınlar, mahremiyetin dönüşüm sürecini de yönetiyorlardı. Kadın, toplumsal hayata katılıp özgürleştikçe, eski zamanların hastalıklı romantik aşk idealleri parçalanıyordu. Gelenekler ortadan kalkıyor, "saf ilişki"yi esas alan yeni bir ilişki modeli ve etik ortaya çıkıyordu.

Mahremiyetin Dönüşümü: Modern Toplumlarda Cinsellik, Aşk ve Erotizm adlı çalışmasında Giddens, cinselliğin alabildiğine özgürleşmesi ve demokratikleşmesinden yanadır; ona göre heteroseksüel ve homoseksüel çiftler, "saf ilişki"ye dayalı olarak yaşamalı, çocukların, akrabalıkların ne olacağı gibi ortaya çıkan yeni sorunlara demokratik çözümler bulunmalıdır. Giddens'ın "saf ilişki"sine yaşlı kurt Bauman asla yüz vermez.

Giddens'ın "saf ilişki" adını verdiği şey, günümüzde insan birlikteliğinin egemen biçimidir. Bu yüzyılda doğmuş, büyümüş, olgunlaşmış insanlar bu tanımla hareket ediyorlar. İlişkiyi sürdürmek için yegâne koşulun, birbirlerine yeterince tatmin verebilmek olduğunu düşünüyorlar. Tam da Giddens'ın dediği gibi partnerlardan herhangi biri, ilişkiye herhangi bir anda son verme imkânına sahip; kim ki kendisini, sürme koşulları için bir anlaşma yapmadan ilişkiye çekincesiz bırakıyorsa, ileride başı çok ağrıyacaktır. İyi günde, kötü günde, zenginlikte ve yoksullukta, ölüm ayırana dek gibi kesin ve koşulsuz sözleşmeler geçerli değil artık. Onayladıkları bir şeye çok "cool" derken gençler, tam da Giddens'ın "saf ilişki" ilkelerine göre hareket ediyorlar. İnsan eylemleri ve etkileşimleri, karşılıklı ilişkinin ısınmasına, hele hele sıcak kalmasına izin vermiyor. "OK" olabilmek için "cool" olmak gerekiyor. Bağlılık yemininin anlamı yok, tabii bu durumda ötekinin sorumluluğunu almak gibi kavramlar da hiçbir anlam ifade etmiyor.

Giddens'ın "saf" dediği ilişki, ancak eşlerden birinin "yeni bir tebliğine kadar" süreceği kırılgan bir ilişkidir ve asla güvenin kök salacağı ve yeşerebileceği gerçek bir zemin olamaz. Eski zamanların "ölüm bizi ayırana kadar" şeklinde ifade edilen birlik modeli, güvenin kendiliğinden ve koşulsuz bir biçimde bağışlanması söz konusu değildir "saf ilişki"de. İnsanlık tarihinde eşi görülmemiş bir akışkanlığın, kırılganlığın söz konusu olduğu insan ilişkileri ağında "yaşam perspektifleri, bir füzenin önceden tasarlanmış ve belirlenmiş, öngörülebilir balistik yörüngesinden ziyade, yakalanamaz, geçici ve yerinde duramayan hedeflerin peşindeki zeki roketlerin tesadüfi kıvrımlar çizmesine giderek daha fazla benzemektedir." Bu keskin ifadelerle ve yüksek teknolojiye benzeterek anlatır Giddens, "saf ilişki" adını verdiği günümüz ilişkilerini...

Bugün dünya, bugün insan ilişkileri güvene karşı bir fesat kurma tezgâhı içindedir. Güvenin olmadığı, belirsizliklerle dolu bir dünyaya ahlaki umutları yerleştirme şansı da kalmaz. Bugün "Niçin ahlaklı olmalıyım?" sorusu birçok insanın zihninde baş göstermişse, ahlaki tutumların sonunun geldiğinin de bir göstergesidir. Zira ahlaklılık bir ihtiyaçtan kaynaklanmaz, insanın doğuştan bir tezahürüdür. İhtiyaçtan kaynaklanan, onunla izah edilen eylemler, güdülü nitelikte olduklarından gerçek anlamda "ahlaki" olarak sınıflanamaz.

Ahlakla birlikte insan olmanın da sonuna gelindiğini düşünür Bauman ama umutsuz değildir. Ona göre belirsizlik, güvensizliğe ve ahlaksızlığa yol açmasının yanı sıra ahlakın yeşerip filizlenmesine de kapıyı aralar. İnsan, eninde sonunda insanlığına dönecek, yaşamın egemen ifadesi kendisini hissettirecektir. Dünya ve diğer insanlar, bizim dışımızda değillerdir. Biz henüz seçmeye başlamadan önce dünyanın içindeyizdir, dünyaya gömülmüşüzdür. Mutlaka zayıf, kırılgan, ıstırap içinde ve yardım talep eden insanların varlıklarından etkilenecek, yardım etmek, teselli etmek, tedavi etmek için harekete geçeceğizdir. Bu nedenle günümüzde etik buyruğun sessizliği hiç olmadığı kadar sağır edicidir.

Batı dünyası böyle: Bir yanda Bauman'ın endişeleri, bir yanda Giddens'ın heyecanla yenidünya beklentisi. Asıl kutuplaşma orada, sisten göz gözü görmüyor. Kim ne derse desin Demokratlar ve Cumhuriyetçiler kavgasının arkasında da bu gerilim yatıyor ve tüm batıya yayılma istidadı gösteriyor. Biz ise bir yandan modernleşmeye çalışırken, bir yandan da bunun pek de hayırhah bir şey olmadığını, özgünlüğümüzü korumamız gerektiğini fark ediyoruz. Biraz safça bir fark ediş çoğunlukla da gözlerini gerçekliğe kapamak bizimkisi... Ama olsun, çoğumuz direnmemiz gerektiğinin bilincindeyiz. Biz yarı uyur yarı uyanık hâlde, direniş setimizi oluşturmaya çalışırken dünya çığ olmuş üzerimize doğru geliyor. Hayırlısı Allah'tan!...

ROLLO MAY'İN "*AŞK VE İRADE*"Sİ

Günümüzün kadın-erkek ilişkileri ve aşk açısından pek hayırhah olmayan görünümlerinin nedenleri üzerine düşünürken birçokları gibi ben de daha ziyade "teknomedyatik dünya" adını verdiğim günümüzdeki bilişim teknolojilerinin altını çizmeye çalıştım. Ancak elimde tam da öyle olmayabileceğini, sorunun çok daha gerilere götürülebileceğini düşündüren bir kitap var: 1994'te aramızdan ayrılmış ama en verimli eserlerini 1970'lerde vermiş olan Amerikalı varoluşçu psikanalist Rollo May'in *Aşk ve İrade*'si...

May, bu kitabı 1969'da, Bauman *Akışkan Aşk*'ı ondan kırk yıl sonra henüz yaşananları, yani bugün yaşadıklarımızı gözlemleyerek yazmış. Her iki düşünürün de yazdıkları bir arada ele alındığında, en azından 2. Dünya Savaşı'ndan sonra, hiç değilse aşk ve kadın-erkek ilişkileri anlamında benzer bir dünyada yaşadığımızı kolayca görüyoruz. Esasen Batı kökenli olan bu dünyanın giderek tüm yerel farklılıkları ortadan kaldırıp tüm yeryüzü coğrafyasına yayıldığını, derdin hepimizin derdi hâlini aldığını, bilişim teknolojilerinin olsa olsa zaten derinlerde var olan meseleyi iyice şiddetlendirdiğini anlıyoruz.

Bozuk İrade Çağı, Şizoid Çağ

1960'ların ortasında yaşanan zamanlara "bozuk irade çağı" denmesi gerektiğini söyleyen düşünürlerin haklılığını, inanılmaz bir boşluk ve hiçlik duygusunun ve onun ortaya çıkardığı kayıtsızlık ve duygu eksikliğinin her yeri sardığını söyleyen May, ilginç bir biçimde Bauman'la aynı kelimeleri kullanarak "modern akışkanlık"tan söz ediyor, ta o günlerden bizi uyarıyor: "Bu dünya, bizi her yandan saran gelişmiş iletişim araçları arasında gerçek bireysel iletişimin fazlasıyla güç ve seyrek olduğu bir dünyadır. Çağımızın en önemli oyun yazarları, konularını bu iletişim kaybından alanlar bize, Ionesco, Genet, Beckett ve Pinter'ın gösterdiği gibi insan olarak şimdiki alınyazımızın, kişiler arasındaki iletişimin neredeyse yok edildiği bir dünyada yaşamak olduğunu gösterenlerdir. Beckett'in *Son Band* adlı eserindeki gibi yaşamımızı bir ses kayıt cihazına konuşarak geçiriyoruz; evlerimizdeki radyo, televizyon ve telefon kablolarının sayıları arttıkça varlığımız daha yalnızlaşıyor." May ayrıca 1960'ların ortalarında insanlığın yaşadığı boşluk hissinin yalnızca "boşluk" olarak kalmayacağını, umutsuzluğa, yıkıcılığa, şiddete, suikasta ve kayıtsızlığa dönüşeceğini de belirterek zamanın gazete haberlerinden de örnekler veriyor: "1964 yılı Mart ayında *The New York Times*, 'Queens'de, yasalara saygılı otuz sekiz saygın vatandaşımız, bir katilin bir kadına sezdirmeden yaklaşmasına ve onu Kew Gardens'ta üç ayrı saldırıda bıçaklayışına yarım saatten fazla seyirci kaldılar' diye yazıyordu. Aynı yılın Nisan ayında, bir grubun, bir otel çıkıntısına tutunup atlamaya çalışan çılgın genci "korkak" ve "ödlek" diyerek kışkırttıklarıyla ilgili bir başka olay, *Times*'ın heyecan verici baş makalesinde yer alıyordu: 'Bunların, Kolezyum'da insanlar ve hayvanlar birbirilerini parçalarken, onları izleyen ve tezahürat yapan gözü dönmüş Romalılardan ne farkları var? Bu Albany serserilerinin tavırları pek çok Amerikalının yaşam biçimini mi yansıtıyor? Eğer öyleyse, çanlar hepimiz için çalıyor demektir.' O yılın Mayıs ayında *Times*'da "Tecavüze Uğrayanın Çığlığını Duyan 40 Kişinin Kılı Kıpırdamadı" başlığı yer almıştı. Takip eden aylarda, modern şehrin, içimizdeki umursamazlığı ve duyumsuz ayrıklığı ne kadar büyüttüğünü fark ettirmeye yetecek ölçüde kayıtsızlığımızdan bizi uyandıran bir dizi benzer olay meydana geldi."

Birkaç olaydan yola çıkıp bir dünya hâli tahlili yapmanın sakıncalarının farkındadır farkında olmasına ama yine de kaygılıdır May, bu sözleriyle ta 1960'lardan günümüzü haber verir gibidir. Fazladan olarak nedenler üzerine de kafa yorar. May, bizi giderek yalnızlaştıracakları için evimizdeki kabloların sayısının artmasından endişe ediyordu ama büyük ihtimalle elli yıl sonra dünyamızın bu hâle geleceğini, iletişim ve bilişim teknolojilerinin günümüzde alacağı biçimi, okyanusların fiber optik kablolarla dolacağını tahmin bile edemiyordu.

1960'ların dünyasında May, en çok insanların düştüğü kayıtsızlık nedeniyle kaygılıdır. Çünkü ona göre aşkın tam karşıtı yönde yol almaktadır insanlık. Çünkü ona göre nefret değildir aşkın zıttı, kayıtsızlıktır. İradesiz kalan insan, önemli olaylara ilgisiz kalmış, onlardan ayrı durmuş, onlarla ilişki kurmamıştır, karar vermek için bir çaba içinde değildir dolayısıyla aşktan da bihaberdir. Aşk yoksa kapıyı çalacak olan şiddete dayalı cinselliktir. "Kitle iletişiminin yabancılaşmış durumunda ortalama bir vatandaş, her hafta evinin oturma odasına gelen düzinelerce televizyon karakteri tanır; fakat o hiç tanınmaz. Kimsenin dayanamayacağı kadar acı veren bu yabancılaşma ve adsızlık durumunda, ortalama bir kişi gerçek patolojinin kenarında duran bazı fantezilere kapılabilir. Adsız kişinin ruhsal durumu; 'Hiç kimseyi etkileyemiyor veya kimseye dokunamıyorsam, en azından seni bazı duygulara sürükleyebilirim, yaralama ve acı verme yoluyla bazı ihtiraslara zorlayabilirim; en azından ikimizin de bir şeyler hissettiğinden emin olacağım ve senin beni görmeni, benim de burada olduğumu bilmeni sağlayacağım!' şeklindedir."

Şizoid Çağda Eros

Bu giderek kendi içine doğru gömülen insanların yaşadığı zamana "şizoid çağ" der May. Bir yandan radyo, televizyon ve sanayiden kaynaklanan uyaran bombardımanı söz konusudur; sayılar, önüne gelen tüm canlıları boğmak ve fosilleştirmekle tehdit eden bir lav seli gibi kimliklerin üzerine yağmaktadır; bir yandan da "normal"liğin insanın soğukkanlılığını koruyabilmesi olduğu söylenmektedir. Cinselliğin, iç merkezini korumanın tek yolunun kendini vermeden, kolay yoldan, cinsel ilişkide bulunmak olduğu, sabrın ve zahmetin kıymetsiz görüldüğü bu şizoid dünyada aşk ve iradenin, adanmanın, sahiplenmenin ve sorumluluğun gitgide sorunlu ve hatta imkânsız hâle gelmesinde şaşılacak bir durum yoktur. Sorunların kökeni, insan ilişkilerinde, kadın-erkek ilişkilerindedir.

Eski insanlar, seks ve aşkı (amor, eros) birbirinden ayırırlar, onlar için farklı sözcükler kullanırlar sexus'tan fazlaca bahsetmezlerdi. Aşk olduğunda, eros'un cazibe hâlesine girildiğinde seks mesele değildi. Eros, insanı soylu ve iyi yaşamı bulmaya, bizi ait olduğumuzla birleşmeye iten arzudur; şefkatin kaynağıdır. Seks, yani şehvet ise bir nörofizyolojik işlevler örgüsüdür, cinsel organların yaptığından ibarettir. Seksin amacı orgazm iken eros, diğer insanla hazda ve tutkuda birleşmeyi ve iki insanın da varlığını genişletip derinleştirecek yeni deneyim boyutlarını üretmeyi ister. Seks sonrası uykuyu isteriz ama eros hep uyanık kalıp sevdiğini düşünmenin, onu hatırlamanın tadını çıkarmanın peşindedir. Eros'un seksten en büyük farkı zaman ve emek gerektirmesidir.

Eros'un iş başında olduğu aşk yaşantısı sırasında Freud'un sandığının tam tersine insanın kendisine güveni artar. Freud, sadece belirli miktarda aşkımız olduğuna, onu da kendimize yatırdığımız sevginin bir kısmını başkasına doğru yönelterek sağladığımıza ve dolayısıyla, birisini sevdiğimizde kendimizi daha az seveceğimize inanıyordu. Oysa May böyle düşünmez, insana da aşka da bakışı çok farklıdır. İnsan varlığını, onları cezbeden ve geleceğe çeken yeni olasılıklarla, amaçlar ve ideallerle güdülenmiş olarak tanımlar. Eros'un ve aşkın; bize gelecekle geçmişin, temelle maksadın birleştiği bir nedensellik verdiğini, kendimizi sevmemizle başkasını sevmemiz arasında güçlü bir ilişki olduğunu düşünür. Ben âşık olduğumda daha değerli hissederim ve kendime daha özenli davranırım. Kendinden emin olmayan, ama âşık olduğunda birden bire kendinden emin ve güvenli bir biçimde "şu anda birine bakıyorsun" edasıyla yürümeye başlayan çekingen genci hepimiz gözlemlemişizdir. Karşılıksız bile olsa âşık olmaktan kaynaklanan bir iç değer duygusu artışı yaşar âşık.

Aşkın, eros'un faydaları bu kadarla kalmaz. "Eros, insanı sadece diğer bir insanla aşkın cinsel ya da diğer biçimlerinde birleşmeye iten değil, aynı zamanda insanın içinde bilgi özlemini alevlendiren ve onu gerçeklikle birleşmeye teşvik eden dürtüdür. Eros sayesinde yalnızca şair ya da mucit olmayız, ahlaki iyiliğe de ulaşırız. Eros hâlinde aşk, üretici güçtür ve bu üretim bir çeşit sonsuzluk ve ölümsüzlüktür-yani bu tür yaratıcılık, insanın ölümsüz olmaya en çok yaklaştığı andır." Lakin şizoid çağın insanı eros'tan, aşktan yana değil seksten, şehvetten yana, kendini ve kendisiyle birlikte sorumluluklarını da teknolojinin kollarına bırakmaktan yana karar kılmıştır.

Bu çağın hemen öncesinde cinsel istekleri, duyguları ve dürtüleri inkâr etmenin moda olduğu, cinsellikten iğrenmenin kutsallaştırıldığı Viktorya dönemi yaşanıyordu. May'e göre bu dönemde cinsellik o kadar çok bastırıldı ki, bastırılan her şey gibi güçlü bir şekilde geri gelmesi kaçınılmazdı. Daha sonra 1920'lerde, neredeyse bir gecede, kökten bir değişiklik oldu. Birinci Dünya Savaşı'nı takip eden şaşırtıcı derecede kısa sürede Batılılar, seks hiç yokmuş gibi davranmaktan sürekli sekse takar hâle geldi; bu kez bastırmanın tam karşıtı, cinsellik konusunda konuşma, hissetme ve ifade ve eğitim özgürlüğü, cinsellik ne kadar serbest bırakılırsa o kadar sağlıklı olunacağı anlayışı liberal çevrelerde inatla savunuldu. Viktorya döneminde insanlar, cinselliği yaşadıkları için suçlu olurlarken 1920'lerden sonra yaşamadıkları için suçlanmaya başladılar. Kadın-erkek ilişkisi cinselliğe, cinsellik performansa ve tekniğe indirgendi, bazı yazarlar bu tabloya "orgazmın zulmü" bile dediler. Her şey o kadar değişti ki, eros'tan kaçarken sekse tutunan batılı yeni yaşam için John Galbraith, otoban kenarlarındaki otelleri kast ederek "sipariş seks" çağındayız demek zorunda kaldı.

Modernlikle birlikte ortaya çıkan olumlu değişiklikleri de açıkça savunan asla nankörlük yapmadığını belirten May, kadın-erkek ilişkilerindeki bu yepyeni dönemi, daha önceki zamanlarda yaşanan şiddetli bastırmayla açıklarken elbette haklıdır. Hele Hristiyanlığı seçen Batı'nın pagan dönemdeki pespaye cinsellik anlayışıyla baş edebilmek adına, bedeni göstermemek için temizlenmekten bile vazgeçme yoluna sapmasıyla birlikte düşünüldüğünde haklılığı bir kez daha ortaya çıkıyor. Batı'nın adeta ifrat ve tefrit arasında psikolojik savunmalarla kendisine bir yol bulmaya çalıştığı anlaşılıyor. Viktorya dönemi insanı sekse karışmadan aşkı elde etmeyi ararken, modern insan aşka karışmadan seksi elde etmeyi amaçlıyor oluşu arasındaki boşluk ve gerilim hemen fark ediliyor.

Eros'u Yok Eden Teknoloji

Ama elbette yaşadığımız dünyayı yalnızca cinsellik anlayışındaki ve kadın-erkek ilişkilerindeki değişiklikle açıklayamayız. Her ne kadar psikolojiden bakıldığında böyle görünse de aslında modernleşmenin birçok veçhesi, özellikle modern teknolojinin bu sürece katkı verdiği besbellidir. Tüm bunların şüphesiz May de farkındadır, eros'la teknoloji arasında bir savaş olduğu onun da dikkatinden kaçmaz. Şöyle der: "Seks ve teknoloji arasında savaş yoktur: teknik buluşlarımız seksin, doğum kontrol hapları ve nasıl yapılır kitaplarıyla kanıtlandığı gibi, güvenli, kolay bulunur ve verimli olmasını sağlar. Seks ve teknoloji uyum elde etmek için güçlerini birleştirirler; hafta sonunda gerilimin tamamen boşaltılmasıyla, pazartesi günü düğmeleri ilikli dünyada daha rahat çalışabilirsiniz... (Oysa) âşık, şair gibi, montaj hattının baş belasıdır. Eros var olan biçimleri kırıp yenilerini yaratır ve bu da, doğal olarak, teknoloji için bir tehdittir. Teknoloji düzenlilik ve önceden kestirilebilirlik gerektirir ve zamanla yarışır. Uysallaştırılmamış eros zamanın tüm kavramları ve kısıtlamalarına karşı savaşır."

May, eros'la seksin uzlaşmaz ayrılığını fark ederek Batı toplumunu analiz etmek için püf noktasını yakalamış gibidir. Ona göre Batı toplumunun ölümden kaçışının, iktidar arzusunun nedeni de budur. Zira Aşk, ölümlülük duygumuzla yalnızca zenginleşmez, bizatihi ondan oluşur. Aşk, ölümlülük ve ölümsüzlüğün birbirini dölleyip durmasıdır. Ama bunu görmeyen modern insan, cinsellik saplantısıyla ölüm korkusunu örtmeye çalışır. Cinsel etkinlik, içsel ölüm korkusunu susturmanın ve üreme simgesi sayesinde, onu yenmenin; seks, canlılığımızı kanıtlamanın, hâlâ genç, çekici ve iktidarlı olduğumuzu göstermenin en kolay yoludur.

May, yaşadığı zamanların açmazlarından kurtulabilmek için aşkı ve iradeyi yeniden önemsemenin, birleştirmenin gerekliliğini öneriyordu. İlk bakışta birbirleriyle çelişiyor gibi görünseler de aşk ve irade, diğerlerini önemli ölçüde etkileme ve diğerlerinden etkilenme gücünü taşıyan kişiler arası deneyimlerdir. Aşkın kişisel olduğu gerçeği, aşk eyleminin kendisinde görülür. Yüz yüze sevişen, eşine bakarak çiftleşen tek yaratık insandır. Her ikisinin de kökeninde insan varlığının doğumdan itibaren sahip olduğu "aldırış"ın bulunduğu aşk ve irade, Batının son dönem tarihinde hep birbirlerini tıkadılar. Viktorya döneminde irade gücü, aşka eşlik eden duyarlılıktan ve esneklikten yoksundu; hippi hareketinde ise bu kez bunun tam aksine iradeye eşlik eden kalıcılıktan yoksun bir aşk vardı. Birinin iyiliğini dilemek olan aldırış, aynı zamanda vicdanın da kaynağı olduğundan aşk ve iradenin birleşemeyişi, Batı'da bir ahlak sorunu olarak da karşımıza çıktı.

May, bunları söylediğinden beri elli yıl geçti. Onun Bauman'ın *Akışkan Aşk*'ta tasvir ettiği başımıza gelecekleri çok önceden gördüğü, yani günümüzde yaşananların nedenlerinin eskilere uzandığı bellidir. Önerdiği aşk ve iradeyi birleştirme çaresi de pek uygun, yerli yerinde. Ama insanları ve zihniyetleri değiştirmeden bunun nasıl yapılacağı belli olmadığı gibi kimse bilmiyor, dahası üzerine kafa dahi yormuyor. Sadece onu mu, insanlık olarak treni kaçırıp kaçırmadığımızı da bilmiyoruz.

SON SÖZ

İşte böyle!... Bir kitabın daha sonuna geldik. Uzunca bir zamandır, modernliğin bazı tezlerine karşı çıkmaya ve geldiğimiz noktada karşılaştığımız sorunlara dikkat çekmeye çalışıyorum. İnsanlığın binlerce yıllık mirasından, geleneksel dünyanın değerlerinden tamamen kopmamamız, ahlak ve erdemlerle olan bağlantılarımızı sürdürmeye davam etmemiz, yenileşmeyi ancak bu temelde yapmamız gerektiğini ileri sürüyorum. Bugün modern teknolojinin istenmeyen yan etkileri ve komplikasyonları gibi ele alınan birçok sorunun temelinde insan anlayışımızda modern zamanlarda çok köklü bir değişiklik olmasının bulunduğunu fark ediyorum.

Modernlik, 'Avrupa-merkezli' olmasının yanı sıra 'insan-merkezli' olarak da nitelene geldi. Gerek insan aklı ve emeği odaklı bakış açısı gerek insan hakları, özgürlükler ve demokrasi söylemleri, bilim ve teknolojinin insan hayatını kolaylaştırıcı, sağlığını ve ömrünü artırıcı etkileri nedeniyle böyle deniyor, modernliğin insan-merkezli olması; akademide ve entelektüel çevrelerde bir aksiyom muamelesi görüyordu. Son 20-30 yılda olup bitenlere bakarak kendi adıma artık modernliğin, önceden sanıldığı gibi 'insan-merkezli' bir uygarlık olduğunu düşünmüyorum. Tam tersine insan-merkezlilik görüntüsünün sadece belli bir evreye özgü olduğu son tahlilde modernliğin insan karşıtı bir nitelik taşıdığı kanaatindeyim. Teknomedyatik dünya, özellikle bilişim ve yapay zekâ teknolojilerinde ortaya çıkan görünümler, her geçen gün biraz daha bu tezi doğruluyor. Giderek insan diğer canlılarla ve robotlarla, hayat bilgisayar oyunlarıyla özdeş görülüyor...

Bunu fark ettiğimden beri modernliğe itirazımızın tam da buradan başlaması, insana, insani varoluşa itibarının yeniden iade edilmesi, "insanın mükerremliği" kavramının yeniden bayraklaştırılması gerektiğine dikkat çekmeye gayret ediyorum. Eğer bunu başaramazsak sözüm ona insanın refahı ve hayatının kolaylaştırılması adı altında, epey bir zamandır mühendislerin teknolojik aklına teslim ve terk ettiğimiz insanlığımızın itibardan düşmesinin devam edeceğini, "aklın zaferi" adı altında ahlaklı ve erdemli bir dünyanın, bildiğimiz tabiatın ve canlılar dünyasının sonuna gelineceğini söylüyorum.

İnsanın mükerremliği ve indirgenemez ontolojisi; yaşanılan dünyaya manevi bir itirazın temelini oluşturmalı, insan haysiyet ve şerefini ortadan kaldırmaya çalışan girişimlere şiddetle itiraz edilmeli, onlara karşı direnilmelidir. Çok sık biçimde karşımıza çıkan insan şeref ve haysiyetini dinamitleme çabalarına rağmen insanın mükerremliğinde ısrar edilmelidir. Eğer bunu yapamazsak insanlığın binlerce yıllık mücadelesi boşa gidecek, "insan hakları", "hak", "hukuk", "adalet" gibi kavramlar ıskartaya çıkacak, kaçınılmaz olarak gücü yetenin her şeye hâkim olduğu, onunla yetinmeyip zihinlerimizi de biçimlendirmeye kalktığı, tüm dijital teknolojileri, yapay zekâ ve robotları bunun için üzerimize saldığı bir dünya ortaya çıkacaktır.

Başlangıç İçin Bir Filozof: Immanuel Kant

Kanaatimce kitapta "ödev ahlakı"nı savunmak için önerdiğimiz filozofumuz Immanuel Kant, insanı savunmak daha doğrusu insanı neden savunmak zorunda olduğumuzu bir batılıya anlatmak için de gayet uygun bir başlangıç. Kant, hem tıpkı bizim gibi modernliğin insana yakışır bir uygarlık olmasını istiyor hem de ahlak, maneviyat ve ölçülülükten vazgeçilmemesini savunuyordu. Kant'ın "ödev ahlakı" bahsinde ele almaya başladığımız fikirlerini konuşmaya devam edelim.[10]

"Üstümüzdeki yıldızlı gök" ile temsil edilen tabiatın düzeninin Kant'a göre iç dünyamızdaki karşılığı "ahlak yasası"ydı. Newton'un çekim yasasını "en yüksek tabiat yasası" olarak gören Kant, bütün ahlaki buyrukların da tek bir yüksek buyrukta toplanabileceğini düşünüyordu: "Öyle davran ki, davranışın temelindeki ilke, tüm insanlar için geçerli olan evrensel ilke veya yasa olsun." Bu genel yasayla, hayattaki tüm eylemlerin ahlaka uygun olup olmadıklarını ölçmek mümkündü.

Kant, ahlak yasasını tabiat yasalarıyla kıyaslıyordu ama onun duyularla, nedensellik ölçütleriyle kavranamayacağını biliyordu. Çünkü insan özgür ve iradi bir varlıktı. İhtiyaçları, istekleri elbette dışarıdan tabiatın yasaları tarafından yönetiliyordu ama iradesi özerkti, kendi kendini yönetmeye muktedirdi. İnsan, özgürdü; yasaya uyup uymamak ona bağlıydı. Ahlak yasası, "en yüksek iyi"yi gerçekleştirmemiz için bizi sürekli kendisine uymaya çağırırken tabiattan gelen yanlarımız da bizi hep isyana doğru sevk ediyordu. İçimizdeki dürtüler, istek ve ihtiyaçlarımız tatmin olmak ve insan da bu yolla mutlu olmak ister. Ama içimizdeki ahlaki buyruk, kendimiz için istediklerimizi başkaları için de istememizi, mutluluğu erdemden ayırmamamızı emreder. İnsana en yüksek mutluluğu sağlayacak olan gerçek hedef, sürekli ahlak dairesi içinde kalmaya çalışmaktır.

---

[10] Lütfen Kant hakkındaki fikirlerimizin onun tüm görüşlerini kapsamamasıyla, özellikle ırkçı berbat fikirlerini tamamen reddettiğimizi görmek için 2 nolu dipnota müracaat ediniz.

İnsan, özgür olduğunun farkındadır ama bu bilgi ona duyularından değil tıpkı ahlak yasası gibi içeriden, doğadaki nedenselliği aşan bambaşka bir yerden gelir. Özgürlük ve ahlak, birbirleriyle kopmaz şekilde bağlı olup birbirlerini temellendirirler. Özgürlük, bir gelişigüzellik demek değil yasaya uymaktır. Özgür olduğumuzu, içimizdeki ahlak yasası dolayısıyla biliriz. Aynı şekilde özgür olmasaydık, içimizdeki ahlak yasasının da hiçbir anlamı olmazdı. Bu görüşlerin sahibi Kant için iradesi ve özgürlüğü ile insan bambaşka bir varlık kılınıyor, onu sonsuzluğa ve Yaratıcıya bağlıyordu. Özgür ve irade sahibi her insan, insanlığın ve kutsalın taşıyıcısı olduğundan haysiyetli ve saygıdeğerdi. Her insan, şüphesiz her davranışıyla değil ama insan olması hasebiyle haysiyetine saygıyı hak ediyordu.

İnsan Haysiyeti

Kant, ahlaki davranışlarımızın din sayesinde mükemmellik kazandığını ve ahlaki yükümlülüklerin önemli bir destekçi bulduğunu, dinin amacının da insanlardaki ahlakı geliştirmek olduğunu söyler. Ama ona göre ahlak, en nihayetinde pratik akıldan kaynaklanır ve din olmadan da mümkündür. Bu görüşü, bir Müslüman'ın bütünüyle sindirmesi mümkün değil. Ama Kant'ın özetini sunmaya çalıştığımız ahlak anlayışının Müslüman kültürü boyayan inançlardan kaynaklanan ilkelerle benzerliğinden bahsetmekte bir mani olmasa gerek. Mesela onun evrensel ahlaki yasası, doğrudan doğruya "sana yapılmasını istemediğin bir şeyi başkasına yapma" hadisini akla getirmiyor mu? Yine aynı şekilde, Kant'ın ahlak anlayışının meydan okumasıyla karşılaşan her Müslüman'ın zihninde "Her doğan çocuk fıtrat üzere doğar", "Allah'ın ahlâkı ile ahlâklanınız", "İslam güzel ahlaktır" hadislerinin parıldayıp duracağını söylemek, kehanet olmaz. Kant'ın ahlak felsefesiyle Müslümanların bakışlarının kesiştiği ana noktalardan birisi ise onun "İnsan haysiyeti" kavramı...

Müslümanlara göre insan haysiyeti, insanın mükerremliğiyle alakalı, insanın mükerremliği ise Kur'an'ın beyanıyla sabit: "And olsun ki Biz, insanları mükerrem/haysiyetli kıldık. Onları, karada ve denizde taşıdık, kendilerine güzel rızıklar verdik; onları, yarattıklarımızın pek çoğundan üstün kıldık" (İsra, 17/70). Mükerrem olmak demek, Allah'ın halifesi olarak yeryüzünü yönetmek (Bakara, 2/30); arzda, arzı imar etmek için var olmak (Hud, 11/61) demektir. Allah'ın eliyle (Sad, 38/75) ve bütün esma-i ilahîyesinin kâmil tecellisi olarak yarattığı varlık demektir. Göklerin ve yerin çekemediği ağır yükü sırtlanmak, ilahî emaneti yüklenmek demektir (Ahzab, 33/72). Göklerde ve yerde bulunan her şeyin ilahî bir rahmet olarak insana verilmesi, her şeyin onun emrine müsahhar kılınması demektir (Casiye, 45/13). Ahsen-i takvim sırrına ermek demektir (Tin, 95/4). Allah'ın topraktan yaratıp kendi ruhundan nefh ederek (Hicr, 15/29; Secde, 32/9) onurlandırdığı varlık olmak demektir.

Prof. Dr. H. Kamil Yılmaz Hocaya göre sonuç olarak "Mükerrem olmak demek, toplumda ırk, din, dil ve cinsiyet ayrımı gözetmeden bütün insanlarla iyi geçinmektir. Herkese karşı güzel söz ve hüsnü muaşeret içinde bulunmaktır. Sevgi ve kardeşlik duygularıyla insanlarla kaynaşmak, düşmanlıkları sona erdirmektir. Allah'ın kıymet verdiği insanı küçük, değersiz ve onursuz görmemektir." Bütün bunlara eyvallah lakin şu ilave de şart: İnsan emaneti üstelenen, yeryüzünün halifesi varlık olmak için tüm canlıları ve tabiatı da tıpkı insan kardeşleri gibi ve hatta onlardan daha fazla koruyup kollamak zorunda. Hatta daha fazla, zira tüm insanlar aynı hamurdandır ve aynı misyonla donatılmışlardır. Bu nedenle insan haysiyetini tanımak, insanların bu misyonuna saygı duymak yeterli olabilir ama diğer canlılardan, hayvanlardan ve tabiattaki dengeden bizatihi biz sorumluyuz.

Kant'ın "insan haysiyeti" kavramı, sonradan hukuk felsefesine de çok büyük etkide bulundu, modern zamanlarda birçok ülke anayasasının esasını teşkil etti. Halihazırda ülkeler bu anayasalarla yönetiliyor; görünüşte bu bakış mer'i, güya onlara bakılarak karar veriliyor. Ama hep anlatmaya çalıştığımız gibi "insan-sonrası" (posthuman) diye anılan dönemle birlikte bu yolun sonuna gelindi. Şu anda "de facto" olarak insan-karşıtı bir gerçeklik söz konusu korkarım bu durum yakın bir gelecekte "de jüri" hâle dönüşecek. Bunları fark etmek, insanın mükerremliğine karşı tuzakları görmek zorundayız. Öyle değil mi? Sözüm ona sevginin mesela "doğa sevgisi", "hayvan sevgisi", hatta "cansız varlıkların hakları" vs. gibi kavramların arkasına gizlenerek insan itibardan düşürülmüyor mu? Sanki tabiatı bu hâle getiren modern bakış değilmiş, emaneti gerçekten üstlenen mükerrem insan, zaten sevgi hasletinin âlâsına sahip değilmiş gibi konuşulmuyor mu?

İnsanın mükerremliğini savunurken mutlaka eşlik etmesi gereken başka ilkelerimiz de olmalı. Sıralamaya çalışalım:

1. İnsanın mükerremliğinin ve indirgenemez ontolojisinin bir veçhesi de tabiata ve âleme de aynı nazarla bakabilmektir. "Her âdem, bir âlemdir", her insan kâinatın küçültülmüş bir suretidir. Yani "insan küçük âlem, âlem büyük insan" bakışını muhafaza edebilmek lazım gelir. Bunun için bilimin ve tekniğin faydalarını bilmek ama aynı zamanda teknolojinin ontolojiyi tahribatına karşı durmak gerekir. Giderek ontolojiye karşı işleyişi artan teknolojiye yeri geldiğinde "dur!" demesini bilecek, ontolojiyi teknolojiden üstün tutan bir "kalbi akıl" başta akademi ve siyaset olmak üzere her yerde devreye girmelidir.

2. Bilimsel olmadığı gerekçesiyle değerden düşürülmüş olan "kalp", "kalple akletmek" gibi geleneksel dünyanın ana kavramlarını yeniden canlandırmak şarttır. Yine sadece akademik bir alana, etik'e indirgenmeye çalışılan, toplumların oluşumunda ve işleyişindeki önemi reddedilen, geleneksel insan ilişkilerinin temelini oluşturan ahlak ve erdemlerin; iyiliğin, merhametin ve umudun tarihsel değil evrensel-ontolojik hakikatler olduğunu düstur edinmelidir. Her yerde ahlakın insanın bir keşfi değil temeli olduğu hatta ontolojiyi öncelediği ya da at başı gittiği anlatılmalıdır.
3. İnsanın en nihayetinde "aşkın" (transcendental) ve "inanan varlık" (homo religiosus) olduğunda ısrar edilmeli ama aynı zamanda bilim-din, inanç-akıl zıtlaştırılmasına karşı durulmalıdır. Bilim, akıl yoluyla hakikatin ortaya konmasının en sağlam yöntemidir ama inanç da hakikatin bir parçasıdır.
4. Dinin insan için olduğu, her beşerin ahlak ve erdemler sayesinde insanlaşabileceği idrak edilmelidir. Tüm beşere olabildiğince bu bilinç ve hoşgörüyle yaklaşılmalı, -şüphesiz insanlığın ve erdemlerin çanına ot tıkayanlar, insan düşmanları ayrı tutularak- tüm insanlara kardeşimiz gözüyle bakılmalıdır.

Bu kitap insan haysiyetini, insanın mükerremliğini tekrar hatırlatmak sözünü ettiğimiz ilkeler görülebilsin diye perdeyi aralamak için yazıldı; daha doğrusu bu amaçla yazılan yazıları bir araya getirmeye çalıştı. Okuyucumuzla olan ufuk kaynaşması, fikir ve gönül birliği başarımızın yegâne kanıtı olacaktır.

KAYNAKÇA

Aktok, Ö., Bal, M. Heidegger. Doğu Batı Yayınları, 2010.

Ascher, I. Portföy Toplumu. Çev. Gezgin, U. Açılım Kitap, 2018.

Ballard, JG. Çarpışma. Çev. Deveci, N. Ayrıntı Yayınları, 1997.

Başer, S. Yitik Yurdun İçinde. Post Yayınevi, 2017.

Baudrillard, J. Amerika. Çev. Avunç, Y. Ayrıntı Yayınları, 2000.

Baudrillard, J. Simulakrlar ve Simulasyon. Çev. Adanır, O. Doğu Batı Yayınları, 2014.

Baudrillard, J. Tüketim Toplumu. Çev. Keskin, F. Deliceçaylı, H. Ayrıntı Yayınları, 2024.

Bauman, Z. Akışkan Aşk-İnsan İlişkilerinin Dayanıksızlğı. Çev. Ergüden, I. Alfa Yayınları, 2023.

Bauman, Z. Postmodern Etik. Çev. Türker, A. Ayrıntı Yayınları, 2016.

Beck, U. Risk Toplumu: Başka Bir Modernliğe Doğru. Çev. Doğan, BO., Özdoğan, K. İthaki Yayınları, 2019.

Beckett, S. Son Band. Çev. Özgüven, F. Soysal. A. İletişim Yayınları, 1993.

Berman, M. Katı Olan Her Şey Buharlaşıyor, Modernite Deneyimi. Çev. Peker, B., Altuğ, Ü. İletişim Yayınları, 22. Baskı, 2024

Borgna, E. Ruhun Yalnızlığı. Çev. Meryem M. Çilingiroğlu, Yapı Kredi Yayınları, 3. Baskı, 2015.

Cansever, E. Sonrası Kalır/Bütün Şiirleri. Yapı Kredi Yayınları, 2019.

Comte-Sponville, A. Büyük Erdemler Risalesi. Çev. Ergüden, I. İletişim Yayınları, 2024.

Çelebi, SL. Padişahlar Ve Fizyonomi. Çev. Alpsoy, H. Yazıgen Yayıncılık, 2016.

Debord, G. Gösteri Toplumu. Çev. Ekmekçi, A. Taşkent, O. Ayrıntı Yayınları, 2021.

Demir,T."BüyüsüBozulmuşDünyayıBüyülemek."https://dergipark.org.tr/tr/download/article-file/116936.

Duhm, D. Kapitalizmde Korku. Çev. Sölçün, S. Ayraç Yayınevi, 2002.

Düzgüner, S. "Psikoloji literatüründe maneviyat kavramı (Batı ve Türkiye karşılaştırması). Maneviyat Psikolojisi. Editor. Atak, M. Türdav Ajans, 2016.

Foley, M. Saçmalıklar Çağı. Çev. Sezgintüredi, A. Domingo Yayıncılık, 2019.

Frank, JD. Frank, JB. Persuasion and Healing: A Comperative Study of Psychotherapy. John Hopkins University Press, 1993.

Giddens, A. Mahremiyetin Dönüşümü: Modern Toplumlarda Cinsellik, Aşk ve Erotizm. Çev. Şahin, İ. Ayrıntı Yayınları, 2014.

Göka, E. "Batı Toplumumun Ölümcül Sessizliği" 2019 http://www.erolgoka.net/bati-toplumunun-olumcul-sessizligi/

Göka, E. "Benim Levinas'ım" 2020 http://www.erolgoka.net/benim-levinasim/

Göka, E. "Duyguötesi Toplum" 2019 http://www.erolgoka.net/duyguotesi-toplum/

Göka, E. "Kötülüğün sıradanlığı" 2014 https://www.erolgoka.net/kotulugun-siradanligi/

Göka, E. "Modernlik insanı merkeze mi alıyor yoksa insana karşı mı?" 2020 http://www.erolgoka.net/modernlik-insani-merkeze-mi-aliyor-yoksa-insana-karsi-mi/)

Göka, E. "Zamanın Ruhu İnsanın Ruhunu Döver Mi? Teknolojideki değişimlerin sosyopsikolojiye yansımaları", Defter Dergisi, 1998, Sayı:32.

Göka, E. Aşk Her Şeyi Affederse. Timaş Yayınları, 2015.

Göka, E., M. Beyazyüz. "Ahlaki Meydan Okumaya Türklerin İki Cevabı: Kınalızade ve Erol Güngör." Erol Güngör. T. C. Kültür

Bakanlığı Anma ve Armağan Kitapları Dizisi. Haz. M. Yılmaz. Orient Yayıncılık, 2006, 274-285.
Göka, E., Beyazyüz, M. Geçimsizler: Kişilikleri Tanıma ve Geçinmeyi Kolaylaştırma Kitabı. Timaş Yayınları, 2012 (Daha sonra Kapı Yayınları tarafından tekrar yayınlandı.)
Göka, E., Beyazyüz, M. Gerçek İnsanın Yüzünde Yazar Mı? Batı, İslam ve Bilim Dünyasında Kişiliği Yüzden Tanımak. Timaş Yayınları, 2015 (Daha sonra Kapı Yayınları tarafından tekrar yayınlandı.)
Göka, E. Hayat Oyunu: Şans, Kader, Kumar. Kapı Yayınları, 2023
Göka, E. Hoşça kal. Kapı Yayınları, 2020.
Göka, E. İnternet ve Psikolojimiz: Teknomedyatik Dünyada İnsan. Kapı Yayınları, 2017.
Göka, E. Kalpten: Varoluşsal Merkezimiz Kalp ve Temel Eylemi Merhamet. Kapı Yayınları, 2020.
Göka, E. Psikiyatri ve Düşünce Dünyası Arasında Geçişler. Vadi Yayınları, 1996 (Genişletilmiş baskısı 2021 yılında yapılmıştır.)
Göka, E. Varoluşun Psikiyatrisi. Vadi Yayınları, 1997 (Genişletilmiş baskısı 2020 yılında yapılmıştır.)
Göka, E. Psikoloji Varoluş Maneviyat. Kapı Yayınları, 2021.
Göka, E. Yalnızlık ve Umut. Kapı Yayınları, 2020.
Koç, E. Gabriel Marcel Üstüne. Pegem Yayıncılık, 2014.
Gözel, Ö. "İletişimin Özünü Yeniden Düşünmek." Medya ve Din Tartışmaları: Sempozyum Bildirileri. Yayına Haz. Çamdereli, M., Şener, NK., Doğan, BO. İstanbul Ticaret Üniversitesi Yayınları, 2015.
Groopman, J. Umudun Anatomisi–İnsanlar Hastalıklarla Nasıl Baş Ederler?. Çev. Arı, FM. alBaraka Yayınları, 2022.
Gürpınar, HR. Mürebbiye. Türkiye İş Bankası Yayınları, 2018.
Han, BC. Yorgunluk toplumu. Çev. Karlıtekin, S. Açılım Kitap, 2017.
Hece Dergisi. Karl Marx Özel Sayısı, Hece Yayınları, 2019.
Heimsoeth, H. Kant'ın Felsefesi. Çev. Mengüşoğlu, T. Remzi Kitabevi, 1986.

Hobsbawm, EJ. Kısa 20. Yüzyıl 1914-1991 Aşırılıklar Çağı. Çev. Alogan, Y. Everest Yayınları, 2020.

İbn Arabi, M. Fütuhat-ı Mekkiye. Çev. Demirli, E. Litera Yayıncılık, 2024.

İnam, A. "Özgülük-Özgelik Odağında Can Cana Yaşama Üzerine Bazı İpuçları." Ortak Yaşama Kültürü ve Felsefesi. Yayına Haz. Türer, C. Türk Felsefe Derneği Yayınları, 2015.

Kant, I. Ahlak Metafiziğinin Temellendirilmesi. Çev. İ. Kuçuradi. Türkiye Felsefe Kurumu Yayınları, 1995.

Kant, I. Yaşamın Anlamı. Çev. A. Sarı, G. Uyanık. Yeni Zamanlar Dağıtım, 2010.

Kelsen, H. Adalet Nedir?. Çev. Kaya, M. alBaraka Yayınları, 2023

Kınalızade Ali Çelebi. Ahlak-ı Alai (Günümüz Türkçesiyle). Sadeleştiren. Demirkol M. Fecr yayınevi, 2017.

Kierkegaard, S. Ölümcül Hastalık Umutsuzluk. Çev. Yakupoğlu M. Doğu Batı Yayınları, 2004.

Klein, M. Haset ve Şükran. Çev. Koçak, O., Erten, Y. Metis Yayınları, 2020.

Klinenberg, E. Going Solo: The Extraordinary Rise and Surprising Appeal of Living Alone. Penguin Books, 2013.

Koç, E. Gabriel Marcel Üstüne. Pegem Yayıncılık, 2014.

Kristeva, J. "Şen Başkaldırı". Umut: Değişim İçin Yeni Felsefeler. Edi. Zournazi, M. Çev. Abacı, U. Literatür yayınları, 2004.

May, R. Aşk ve İrade. Çev. Namer, Y. Okuyan Us Yayınları, 2019.

May, R. Kendini Arayan İnsan. Çev. K. Işık, Okuyan Us Yayınları, 7. Baskı, 2014.

May, R. Varoluşun Keşfi. Çev. A. Babacan. Okuyan Us Yayınları, 3. Baskı, 2014.

Mestroviç, SG. Duyguötesi Toplum. Çev. Yılmaz, A. Ayrıntı Yayınları, 2000.

Mevlana. Mesnevi. Ter. İzbudak, VÇ. MEB Yayınları, 2014.

Mevlana. Mesnevi'den Seçmeler. Haz. Şafak, Y. Konya Valiliği İl Kültür ve Turizm Müdürlüğü, 2006.

Nişancı, TŞ. "Bir Bütün Olarak İnsan Gerçeği Açısından 'Kant Ahlakı'nın Pratik Değeri." *Köprü* dergisi, Yaz 2001, sayı 75. http://www.koprudergisi.com/index.asp?Bolum=EskiSayilar&Goster=Yazi&YaziNo=23.

Pargament, KI (editor). APA Handbook of Psychology, Religion and Spirituality. APA, 2013.

Riesman, D. Yalnız Kalabalık. Çev. Erdem, Y. Heretik Yayıncılık, 2016.

Ritzer, G. Büyüsü Bozulmuş Dünyayı Büyülemek. Çev. Kaya, ŞS. Ayrıntı Yayınları, 2000.

Robins, RS. Post, JM. Politik Paranoya/Nefretin Psikopolitiği. Çev. Kurmuş, İ. Doğan Kitapçılık, 2001.

Rosa, H. Dünyanın Kontrol Edilemezliği. Çev. Kaya, M. alBaraka Yayınları, 2022.

Sartre, Jean-Paul. "Varoluşçuluk Bir Hümanizmdir." Hümanizmin Özü. Çev. ve der. Aydoğan, A. İz Yayıncılık, 2002, s.99-133.

Schwarts, B. Bolluk Paradoksu. Çev. Odabaş, Ş. Mediacat Kitapları, 2018.

Seligman, MEP. "Positive social science." Journal of Positive Behavioral İnterventions, July 1, 1999.

Türker, Ömer. "İslâm Siyaset Düşüncesinde Şehir-Beden Benzetmesi: Yapısal Bir Tahlil." *İNŞA* 1/1 (Aralık 2023), 6-27. https://dergipark.org.tr/en/download/article-file/3680022)

Varol, SF. "Kant düşüncesinde ırkçılık." 2024 https://dergipark.org.tr/tr/download/article-file/4035577

Weber, M. Bürokrasi ve Otorite. Çev. Akın, B. Adres Yayınları, 2005.

Weber, M. Sosyoloji Yazıları. Çev. Parla, T. İletişim Yayınları, 2000.

Yılmaz, H K. "Mükerrem olmak demek." 2013 https://dergi.diyanet.gov.tr/makaledetay.php?ID=13443

Zinnbauer, B. Ve ark. Religion and Spirituality: Unfuzzying th Fuzzy. Journal for The Scientific Study of Religion. 1997, 36 (4): 549-564.

EROL GÖKA

HAYAT OYUNU

ŞANS KADER KUMAR

kapı

EROL GÖKA
HOŞÇAKAL
kapı
psikoloji

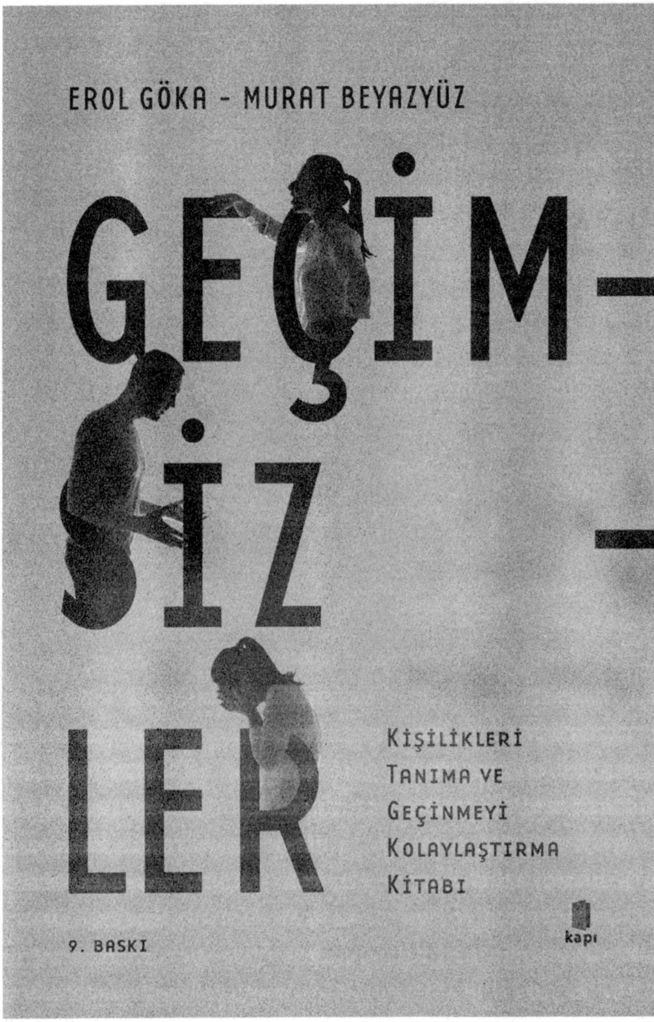
EROL GÖKA - MURAT BEYAZYÜZ
GEÇİM-
SİZ-
LER
KİŞİLİKLERİ
TANIMA VE
GEÇİNMEYİ
KOLAYLAŞTIRMA
KİTABI
9. BASKI
kapı

EROL GÖKA
MURAT BEYAZYÜZ

Gerçek İnsanın Yüzünde Yazar mı?

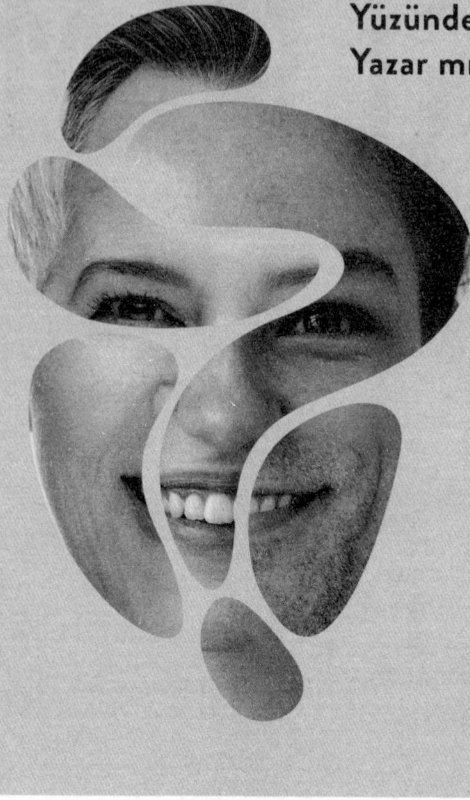

kapı